本书由国家社会科学基金"十三五"规划2017年度教育学一般课题"体育项目业余锻炼等级标准的制定与完善研究"（课题批准号：BLA170224）资助出版。

我国体育锻炼等级标准研究

—— 马思远◎著 ——

WOGUO TIYU DUANLIAN DENGJI
BIAOZHUN YANJIU

吉林大学出版社
·长春·

图书在版编目（CIP）数据

我国体育锻炼等级标准研究 / 马思远著 . —长春：
吉林大学出版社, 2023. 3
　ISBN 978-7-5768-1625-9

　Ⅰ . ①我… Ⅱ . ①马… Ⅲ . ①体育锻炼—称号等级
（体育）—标准 Ⅳ . ① G806

中国国家版本馆 CIP 数据核字（2023）第 068662 号

书　　　名：我国体育锻炼等级标准研究
　　　　　　WO GUO TIYU DUANLIAN DENGJI BIAOZHUN YANJIU

作　　者：马思远　著
策划编辑：李伟华
责任编辑：王默涵
责任校对：柳　燕
装帧设计：中北传媒
出版发行：吉林大学出版社
社　　址：长春市人民大街 4059 号
邮政编码：130021
发行电话：0431-89580028/29/21
网　　址：http://www.jlup.com.cn
电子邮箱：jldxcbs@sina.com
印　　刷：廊坊市海涛印刷有限公司
开　　本：710mm × 1000mm　　1/16
印　　张：21.5
字　　数：290 千字
版　　次：2023 年 5 月　第 1 版
印　　次：2023 年 5 月　第 1 次
书　　号：ISBN 978-7-5768-1625-9
定　　价：98.00 元

前　言

　　我国体育锻炼标准制度，最早脱胎于苏联的《劳卫制》，后逐步演化为《国家体育锻炼标准》《国家学生体质健康标准》和全国性各单项体育协会制定的部分体育项目业余锻炼标准等3类。作为群众体育的一项重要制度，它对强化国防安全、促进国民经济发展和增强国民体质健康等方面发挥着重要作用，并产生广泛的政治外交、经济生产、文化教育、休闲娱乐等价值。

　　上述3类标准的实施对象和策略略有不同，但其性质、目标和任务基本相同，而它们的名称、评定指标和等级设计各异，这不仅引发了社会认识上的混乱，也造成了评价效果的失信和失效，管理成本和社会资源的巨大浪费。长期以来，3类标准所属管辖部门不同，形成了条块分割管理、政出多头和制度交叉管理的局面，致使其管理权责不清，治理碎片化和执行乏力，影响群众体育发展。制度应随着时代的需要而变化，国家体育战略赋予体育锻炼标准制度新时代历史使命，制定和完善各类体育锻炼等级标准，构建我国体育锻炼等级标准体系是国家体育治理研究的重要课题之一。

　　本研究运用多种研究方法，从"全民健身""健康中国"等国家体育战略高度，科学谋划、精心设计，在统合3类标准的基础上，依据身体素养理论，统一评定指标，重构我国体育锻炼等级标准体系，以期贯通体育锻炼的"业余等级"与竞技体育的"专业等级"，实现体育发展双轮（群众体育与竞技体育）驱动的

"一体化"格局。宏观层面上，统筹协调 3 类标准的各方利益关系，创新体育治理机制，处理人民日益增长的健康生活需要和体育不充分、不协调发展之间的矛盾；中观层面上，相关部委依据现有的 3 类标准制度厘清权责、统一认识、共商对策、整合资源、统一部署，避免管理交叉而导致治理失效，更好地服务于群众体育科学发展、广大人民群众的健康需求和国家体育战略的发展需要。研究内容主要包括以下五个部分，共十四章。

第一部分，研究的缘起与研究现状综述，共两章。第一章关于研究背景与问题提出；第二章阐述研究的理论基础，并对研究现状进行文献综述。

第二部分，主要就构建我国体育锻炼等级标准体系的现状、经验与启示进行研究，共三章。第三章是对体育项目业余锻炼等级标准制定与落实的现状进行调查；第四章梳理了我国体育锻炼标准制度历史沿革、功能嬗变过程；第五章是研究发达国家健康促进体育政策经验与启示。

第三部分，对构建我国体育锻炼等级标准体系的理论与实践进行探讨，在此基础上，构建了"体育项目业余锻炼等级标准"（以下简称"标准"）体系，共三章。第六章在身体素养理念视域下对体质健康类标准体系化进行研究；第七章探讨了青少年运动技能评价的理念、目标与原则；第八章依据身体素养理论，遵循统合贯通、协调发展、综合促进 3 项原则，构建"3 阶 6 级""标准"体系。

第四部分，"标准"体系的实施与保障研究，共五章。第九章是关于"标准"的实施原则、路径和机制研究；第十章构建了我国业余体育竞赛体系，以期形成"业余体育竞赛"与"业余锻炼等级标准"互补互促机制，推动业余锻炼等级标准体系建设；第十一章探讨了全民健身与健康养老融合研究；第十二章研究了"标准"体育权利保护等相关问题；第十三章就"标准"网络信息平台建设进行研究，以期为体育锻炼用户提供方便快捷、优质高效的网络信息服务。

第五部分，主要研究结论，共一章。第十四章综上研究认为，本研究厘清了我国体育锻炼标准制度发展脉络、功能嬗变规律和落实效果不佳的问题根源，借鉴了发达国家在战略决策、依法治体、绩效评估等方面的经验及其启示，确立了体育促健康身体素养认知理念，构建了"业余锻炼等级标准"体系和"业余体育竞赛体系"，形成"赛""评"互补互促机制，破除"业余"与"专业"体育之间的壁垒，对推动"体育人口"向"体育项目人口"发展，实现群众体育与竞技体育"一体化"发展格局具有战略意义。

本研究分工如下：第一、二、三、四章，马思远；第五章，马思远、李晨晓；第六章，张振龙、马思远；第七章，李耀章、马思远；第八章，马思远；第九章，马思远、李科、仇乃民；第十、十一章，马思远；第十二章，马法超、马思远；第十三章，朱惠平，马思远；第十四章，马思远。

课题从立项到顺利结项，衷心感谢笔者的本科导师卢元镇先生，博士导师史康成先生，感谢邢文华教授、任海教授和笔者的师妹邹新娴教授，在你们悉心指导下，课题研究才把准了方向；真诚感谢首都体育学院骆秉全副校长、董杰处长对笔者课题研究的关心、鼓励和帮助；诚挚感谢笔者的博士同学李耀章、张振龙、仇乃民，马法超和朱惠平老师参与课题设计和研究；感谢笔者的研究生朱艳、顾建光和白浩江参与课题研究资料的收集和整理。同时，也特别感谢家人的无私奉献和默默支持。

马思远

2022 年 12 月 28 日

目 录

第一章 导论

　　我国体育锻炼标准作为群众体育的一项重要制度，对强化国防安全、促进国民经济发展和增强国民体质健康等方面发挥着重要作用，并产生广泛的政治外交、经济生产、文化教育、休闲娱乐等价值和良好的社会效益。然而，近二三十年来，由于制度本身在执行理念与指导、落实与管理、评价与反馈等方面存在一系列问题，导致制度的治理效果越来越不明显。新时代赋予了这项制度重要的历史使命，我们当以史和现实为镜，谋划它的未来，以期更好地服务全民健身、健康中国和体育强国等国家体育战略建设，更好地满足广大人民群众日益增长的美好生活需求。

一、研究背景与问题提出

（一）研究背景

　　关于体育运动，我国现有两类"标准"，一类是针对专业运动员制定的《运动员技术等级标准》，另一类是为广大人民群众（包括学生在内）锻炼身体制定的《国家体育锻炼标准》《国家学生体质健康标准》和全国性各单项体育协会制定的部分体育项目业余锻炼标准，姑且统称为"体育锻炼标准"。《运动员技术等级标准》始建于 20 世纪 50 年代，经多次修订，现更为科学、规范，正发挥着重要的激励和评价作用。而《国家体育锻炼标准》脱胎于苏联的《准备劳动与卫国体育制度》(以下简称《劳卫制》),发展到今天三类并行的"体育锻炼标准"制度。尽管它们的实施对象和采取措施各有侧重,但其本质、目标和任务基本相同,即业余锻炼的性质,实现国民体质健康的目标和任务。基于三类标准的管辖部门、隶属关系不同,所形成的条块分割管理,政出多头和部分管理制度交叉,导致部门之间的管理权责不清,难以协调和统一,治理碎片化和执行乏力,造成管理成本和社会资源巨大浪费①;又囿于三类标准的名称、评定指标和等级设计各异,引发社会认识上的混乱,造成社会认同度不高,评价效果的失效和失信② 割裂与竞技体育的联系,制约了群众体育与竞技体育协调发展。随着社会主义市场经济体制确立,社会结构发生深刻变化和单位制隐退,其实施效果和社会效益越来越不明显,产生的背景与原因阐述如下。

1. 群众体育与竞技体育长期割裂,制约我国体育事业协调发展

竞技体育"优先发展"战略是导致二者长期割裂的主要原因。与竞技体育相比,群众体育因"制度供给不平衡,资源分布不均匀,进而形成了二元失衡的发展局面③"。1979 年,国家体委明确提出"省级以上体委在普及与提高相结合的基础上,侧重抓提高"的战略方针,一改新中国体育"经常化与普及化④"的发展战略,确立了竞技体育适度超前的战略指导思想。竞技体育的"优先发展"战略,举国之力实现《奥运争光计划》等政策施行,使得竞技体育空前繁荣。在政府财力有限的情况下,强调竞技体育优先发展,必然会挤压群众体育的发展空间,导

---

① 马思远,张振龙,李耀章,等.我国体育项目业余锻炼等级标准的研制背景、体系构建与现实意义 [J].首都体育学院学报,2022,34 (4):424-434.

② 毛振明,杨多多,李海燕.《"健康中国 2030"规划纲要》与学校体育改革施策 [J].武汉体育学院学报,2018,52 (4):75-80.

③ 陈玉萍,郭修金.我国竞技体育与群众体育和谐共生研究 [J].体育文化导刊,2019 (9):20-25.

④ 田雨普.新中国 60 年体育发展战略重点的转移的回眸与思索 [J].体育科学,2010,30 (1):3-9+50.

致竞技体育与群众体育相互脱节，难以形成有效的互补互促①。群众体育与竞技体育作为我国体育事业的重要组成部分，长期割裂，不利于我国体育事业健康发展。早在1995年全国人大八届三次会议的《政府工作报告》明确指出："体育工作要坚持群众体育和竞技体育协调发展的方针，把发展群众体育、推行全民健身计划、普遍增强国民体质作为重点。②"由于"奥运争光"一直处于核心位置，国家对竞技体育的高要求及相应资源的非均衡配置在一定程度上制约了全民健身的发展，竞技体育的崛起与国民体质的逐年下滑成为我国体育发展日渐突出的问题③。这不符合我国体育事业发展格局，也不符合党的十九大报告提出的"以人民为中心"的根本要求，必然制约国家体育战略推进和体育事业协调发展。

2. 体育锻炼标准制度条块分割管理，其治理成效越来越不明显

"业余锻炼标准"从制定到实施管理，不仅部委之间条条分割管理，部门（各类单项协会）之间也彼此割裂，实行块块管理。这是由我国行政管理体制、政府主导体育治理和行政部门权力分割的特点决定的。新中国体育要赶超西方体育强国，必须采取非常规的手段，发挥体制优势，才有可能实现体育的突破和超越。政府驱动治理体育之所以高能又高效，单位制功不可没。单位制以其强大的社会组织动员力，能很快将政府发展体育运动的意志转化为广大人民群众的体育行为。当年亿万群众参加达标锻炼的轰轰烈烈的场面历历在目。改革开放后，随着我国社会主义市场经济体制的建立，国企改制，民营企业异军突起，我国社会结构发生了根本性变化，人的社会流动性和社会属性逐步增强，其单位属性不断弱化。过去那种仅依靠单位组织体育、治理体育的做法，因组织依托缺失，政府

---

① 马德浩. 新中国成立70年我国竞技体育发展方式演进历程与展望［J］. 中国体育科技，2021，57（1）：4-11.

② 任海. 中国体育治理逻辑的转型与创新［J］. 体育科学，2020，40（7）：3-13.

③ 刘小静，钟秉枢，蒋宏宇. 协同治理视角下我国竞技体育与全民健身发展中的问题与思考［J］. 北京体育大学学报，2022，45（2）：84-95.

驱动传递链条断裂，越来越呈现出社会内生无力和政府驱动无效[①]。以"中央 7 号文件"扩散为例，25 个省级政府扩散时间最短为 155 天，最长为 1 516 天，平均用时为 544.22 天[②]。"中央 7 号文件"的扩散效果尚且如此，且不必说别的体育政策落实成效了。

3. 身心二元认知逻辑致知行分离，以运动技能促体质健康难达预期

"体育锻炼标准"仅以强化运动技能、体能促进体质健康，而忽视身体活动本身的意义。身体活动不被人们重视的思想根源在于身心二元论，它主张人分为心智和身体两个部分，心智高于身体，身体的意义仅在于服务心智[③]。这种主张将二者对立，不仅扭曲了原本相互交融的身心关系，使身体沦为单纯的工具层次，贬损身体活动的价值地位，而且使离身的心智失去根基，从而导致知行分离。

人是寻求意义的高级动物，过去人们之所以参与身体活动，是基于其生存的工具意义，在很大程度上属于功利的被动行为。随着科技进步，身体活动的工具意义逐渐削弱时，仅为了体质健康难以激发人们参加身体活动，这既不是社会对身体活动重要意义缺乏足够认识，也不是政府、体育部门采取干预措施不力，而是需要改变认知观念，将着眼点由关注仅以运动技能促健康的实际效用，转向将身体活动时的情感体验、认知探求和运动技能习得融为一体，并积极主动参与其中。那种仅以"运动技能、体能论英雄"，把达标数据作为评价结果的做法，严重忽视了人的主体地位，抑制了人在身体活动中体验的敏感性和体知的深刻性，导致体育中的人无法体验自我，认知自我。如此，不仅使参与者无法感悟身体活动的意义，体验体育的乐趣，也打击了参与者的自信与自尊。

---

① 任海. 身体素养：一个统领当代体育改革与发展的理念［J］. 体育科学，2018，38（3）：3-11.

② 郇昌店. 我国青少年体质健康政策扩散：模式、效应与改进策略［J］. 山东体育学院学报，2020，36（6）：1-7.

③ 任海. 身体素养：一个统领当代体育改革与发展的理念［J］. 体育科学，2018，38（3）：3-11.

4. 无体育项目支撑的"体育人口"，统计学意义缺少可靠依据

体育人口是人口质量的重要指标，其数量、质量和结构等反映社会经济和文化教育的发展程度，对国家制定社会体育发展规划和战略研究具有重要的参考意义。"体育人口"与"经常参加体育锻炼的人数"是同一概念的两种不同提法，"体育人口"概念有明确的内涵界定。我国体育人口统计主要包括在校的大、中、小学生数量和对城市、农村人口进行百分比抽样调查数量两个部分。相关统计数据表明，我国体育人口 2017 年约 4.13 亿，2020 年约 4.35 亿，同比增长 1.64%，其中，全年全国 7 岁及以上人口中经常参加体育锻炼人数比例达 37.2%[①]，预计到 2025 年体育人口达到 5 亿。这样庞大的体育人口数量是否真实？把在校的大、中、小学生数量全部统计为体育人口，是否合理和具有统计学意义？对城市、农村人口进行抽样调查是否注意到体育人口的年龄、性别、家庭、阶层和区域等结构？体育人口的稳定性、质量和结构合理性怎么样？未把以上问题考虑在内，统计出来的体育人口是不可靠的。

片面追求体育人口数量，必然导致"体育人口泡沫现象"，它不是高无止境的，发展到一定阶段，实际上是一个动态化的常态性数值[②]。体育人口稳定发展需要依托体育项目支撑，国家体育总局原副局长冯建中在 2014 年国家体育总局系统全民健身工作会议上首次提出"体育项目人口"概念，他明确要求"各单项体育协会，要积极创建各类体育项目俱乐部，大力发展各类体育项目和培育项目人口"[③]，以助力群众体育快速健康发展。一般认为，运动技能水平与参与该项运动的稳定性和经常性存在一定的关系，运动技能水平高，表现为参与该体育项目兴

① 国家统计局.中华人民共和国 2020 年国民经济和社会发展统计公报［EB/OL］.（2021-02-28）［2022-03-26］.http://www.stats.gov.cn/tjsj/zxfb/202102/t20210227_1814154.html.

② 李相如."经常参加体育锻炼的人数"取代"体育人口"的科学意义［J］.体育文化导刊，2009（9）：18-19.

③ 冯建中在 2014 总局系统全民健身工作会上的总结［EB/OL］.（2014-05-28）［2022-03-26］.https://www.sport.gov.cn/n4/n305/c319108/content.html.

趣浓厚和参与锻炼的经常性。

（二）问题提出

"体育锻炼标准"作为我国群众体育的重要制度，对推动群众体育发展，促进国民体质健康起到重要作用[①]。我国体育锻炼标准制度从中华人民共和国成立初期借鉴学习苏联的《劳卫制》，发展到今天三类并行制度，有它深刻的历史背景和形成原因。如何统合三类体育锻炼标准制度，实现节流、降本和增效的目标？从2014年10月，国家体育总局群体司牵头制定《关于开展运动项目业余锻炼标准达标工作指导意见》，到2017年，国家体育总局政法司启动《关于进一步加强体育运动水平等级评定规范化管理的意见》研制，已经做了探讨性研究。两个《意见》至今都没有落地的原因是复杂的，也是多方面的。前者是为落实2013年修订的《国家体育锻炼标准试行办法》采取指导性的意见和措施，属于制度的补充和完善，后者仅用"运动水平"一维评定指标，统领竞技体育和群众体育的运动等级，显然难达预期。原因在于竞技体育水平高低不限于运动水平，还体现运动员的坚毅品质、心理素质和团队的合作能力等方面；群众体育的业余锻炼除了要重视运动技能的提升，还要兼顾少年儿童对体育的情感认知，运动兴趣的培养和良好运动习惯的养成，以及中老年人促进健康的运动参与等方面。

基于"体育锻炼标准"多项制度并行，管理条块分割、政出多头造成治理碎片化，标准等级名称各异和评定指标不一造成社会认可度逐渐下降等问题。2021年10月，国家体育总局《"十四五"体育发展规划》明确提出，"在现行运动员技术等级评定政策框架基础上，打通业余和专业之间的界限，按照科学合理、便民利民的原则，建立健全统一规范、面向全体公民的体育运动水平等级标准体

---

① 马思远. 我国体育锻炼标准的制度化历程与功能嬗变 [J]. 首都体育学院学报，2021，33（5）：481-487.

系。①"紧接着，2022 年 3 月，中共中央办公厅、国务院办公厅《关于构建更高水平的全民健身公共服务体系的意见》强调："构建更高水平的全民健身公共服务体系，是加快体育强国建设的重要基石，是顺应人民对高品质生活期待的内在要求，是推动全体人民共同富裕取得更为明显的实质性进展的重要内容。②"如何应时、应势，以问题为导向构建科学的《体育项目业余锻炼等级标准》体系，激励广大人民群众积极参与体育锻炼，推动全民健身、健康中国和体育强国等国家战略建设，正是本研究亟待探讨和解决的问题。

二、研究目的与意义

（一）研究目的

本研究旨在从长计议、战略谋划、科学设计，在统合三类"体育锻炼标准"制度基础上，统一评定指标，构建《体育项目业余锻炼等级标准》（以下简称《标准》）体系，贯通体育锻炼的"业余等级"与竞技体育的"专业等级"，实现体育发展双轮（群众体育与竞技体育）驱动的"一体化"格局。从宏观层面上，统筹协调"体育锻炼标准"制度各方利益关系，创新社会治理机制，处理人民日益增长的健康生活需要和体育不充分、不协调发展之间的矛盾；从中观层面上，相关部委依据现有的《标准》制度厘清权责、统一认识、共商对策、整合资源、统一部署，避免管理交叉而导致治理失效，更好地服务于群众体育科学发展和广大人民群众的健康需求，实现"健康中国"和"体育强国"等国家战略。

---

① 国家体育总局《"十四五"体育发展规划》［EB/OL］.（2021-10-25）［2022-03-26］. https://www.sport.gov.cn/n315/n20001395/c23655706/content.html.

② 中共中央办公厅、国务院办公厅《关于构建更高水平的全民健身公共服务体系的意见》［EB/OL］.（2022-03-23）［2022-08-08］http://www.gov.cn/zhengce/2022-03/23/content_5680908.htm.

（二）研究意义

1. 理论意义

我国体育锻炼标准制度是 20 世纪 50 年代初，在借鉴学习苏联的《准备劳动与卫国体育制度》（以下简称《劳卫制》）的基础上逐步建立起来的，至今已经 70 多年。在这 70 多年的时间里，人们参与体育锻炼，在很大程度上属于功利驱动的被动行为，是基于其实用性的工具意义，在特定的时期，甚至具有很强的政治意义。社会经济的快速发展，在促进人类健康的同时，日益严重的"文明病"不断威胁着人类的健康。与此同时，科技进步使得身体活动的工具性意义逐渐消失或弱化，导致"身体活动缺失症"在全世界蔓延。为此，各国政府采取各种手段、措施，呼吁大众为了健康"动起来"，并支持其国民参与不同类型的身体活动和体育锻炼。尽管我们今天比以往任何时候更需要身体活动，参与身体活动的条件比以往任何时代更优越，但取得的实际效果却不显著，原因何在？

基于这样的思考，本研究旨在探讨如何让非工具性的身体活动成为亿万大众的自愿选择，特别是多处于健康状态的青少年，如何激发他们参与体育锻炼的动机，让体育锻炼成为其生活的常态？很多研究指向：人们不愿意参加身体活动的原因既不是大众缺乏对身体活动重要性的认识，也不是政府体育部门、公共卫生部门未采取积极的干预措施，而是在于"基于健康的促进模式"的认知不足以改变人们的行为，也就不能有效地促进身体活动。综合研究，以问题为导向，探寻用身体参与活动主体体验，取代被动身体活动的工具意义；改变认知观念，即将研究的着眼点由关注身体活动促进健康的实际效用，逐步转向人们参与身体活动的体验，将人们参与身体活动的焦点由结果转向过程，由生理维护转向意义探求，从而将人置于身体活动的主体位置，试图从人参与身体活动的原因上寻求答案，是本研究的理论意义。

2. 实践意义

（1）指导各类单项业余锻炼等级标准的制定与完善

《体育项目业余锻炼等级标准》（以下简称《标准》）体系建构以问题为导向，科学研判群众体育发展面临的新形势，依据身心一元、具身认知观和身体素养理论，改革创新《标准》体系评定指标和进阶等级设计等关键环节，破除群众体育锻炼标准与专业运动员技术等级标准之间的制度壁垒，激活《标准》体系激励评价机制，形成群众体育发展新模式。《标准》在未获得国家相关部门认证，成为国家标准之前，拟作为推荐性的行业标准，以期对各单项业余锻炼等级标准的制定和完善提供理论参考和指导。

（2）促进群众体育与竞技体育协调发展

苟仲文局长在2017年全国群众体育工作电视电话会议上明确指出，"群众体育和竞技体育不能割裂开来，管理上的条块分割、通过行政手段配置资源，必然会导致目标上的冲突，甚至相互对立矛盾。[①]"《标准》体系构建不能拘泥于运动技能指标的评定与进阶等级激励，还应遵循个体的发育水平和运动技能发展规律，兼顾少年儿童体育运动认知和兴趣培养，老年人的运动参与、体育生活化和运动促健康等方面，形成个体在不同年龄阶段对情感认知、运动技能与运动参与各有侧重的进阶等级体系。这对夯实群众体育基础，打通业余与专业体育竞技人才培养通道，助推二者互补、互促、协调发展具有重要意义。

（3）推动体育人口向"体育项目人口"过渡

扩大"体育项目人口"是构建《标准》体系的重要任务之一。国家体育总局副局长杨树安在2016年国家体育总局系统全民健身工作会议上要求，"以各单项体育协会为载体，加大创建项目俱乐部力度，科学制定和完善各体育项目的业余

---

① 苟仲文局长在2017年全国群众体育工作电视电话会议上发表讲话［EB/OL］.（2017-04-20）［2021-11-18］.http://www.sport.gov.cn/qts/n4985/c799239/content.html.

锻炼等级标准，大力发展各体育项目人口数量。[①]" 2021 年，国家体育总局发布的《"十四五"体育发展规划》再次提出要"研制并推广体育运动水平等级评定标准，扩大项目人口。[②]"《标准》一方面从学理上科学设计评定指标和 3 阶 6 级进阶等级，指导各单项业余锻炼等级标准制定与完善，逐步实现各类《标准》施行普及化，推动"体育人口"向"体育项目人口"过渡发展。另一方面实现《标准》等级与运动员技术等级衔接，打通"体育项目人口"向"运动员人口"晋升通道，"扎实推动体育人口向结构性、稳定和高质量发展，使体育人口真正具有统计学意义"[③]。

（4）夯实健康中国和体育强国国家战略建设基础

到底把什么作为落实国家体育战略的重要抓手？这不仅关乎健康中国和体育强国战略能否落地，也将关乎民族的未来和国家命运。统合三类"体育锻炼标准"，科学设计三维评定指标（情感认知、运动技能和运动参与）和 3 阶 6 级进阶等级，建立《标准》体系，以此作为参考性的行业标准，指导各单项业余锻炼等级标准制定与完善。新《标准》体系有利于整合群众体育管理资源，理顺群众体育治理关系，避免在缺乏必要的监督和约束机制条件下，出现"政府权力部门化""部门权力利益化"和"部门利益习惯化"等问题[④]；有利于实现群众体育治理由政府包办转向"政府主导监督""社会本位回归"，提升群众体育治理水平和提质增效。这对夯实全民健身、健康中国等国家体育战略基础，筑构体育强国梦具有重要的战略意义。

---

① 杨树安在 2016 年国家体育总局系统全民健身工作会议上的讲话 ［EB/OL］.（2016-11-10）［2022-03-26］. https://www.sport.gov.cn/n10503/c775054/content.html.

② 国家体育总局《"十四五"体育发展规划》［EB/OL］.（2021-10-25）［2022-03-26］. https://www.sport.gov.cn/n315/n20001395/c23655706/content.html.

③ 马思远. 我国业余体育竞赛体系构建研究 ［J］. 北京体育大学学报，2021，44（10）：22-32.

④ 任海. 以群众体育促进社会建设 ［J］. 北京体育大学学报 .2014，37（9）：1-9.

三、研究对象、研究内容与研究方法

（一）研究对象

本课题研究对象是如何构建《体育项目业余锻炼等级标准》体系（以下简称《标准》）。《标准》体系作为"构建更高水平的全民健身公共服务体系"的组成部分，要统合各类标准的名称、等级和管理方式，打破部门之间条块分割管理存在的壁垒，解决政出多头和制度并行等问题，创新推动群众体育和竞技体育协调发展机制，加强顶层设计，科学统一评定标准，综合促进国民体质健康发展。

（二）研究内容

根据 2022 年中共中央办公厅、国务院办公厅《关于构建更高水平的全民健身公共服务体系的意见》的精神要求，本研究运用文献资料法、逻辑分析法、专家访谈法、问卷调查法、德尔菲法、层次分析法等，在梳理我国体育锻炼标准制度的历史沿革、功能嬗变基础上，借鉴国外发达国家健康促进体育政策的经验、启示和我国全民健身与健康养老融合的实践，依据身体素养理论，构建《体育项目业余锻炼等级标准》体系。研究内容主要包括 5 个部分（如表 1-1 所示）：第一部分：研究的缘起与现状（包括 2 个部分），第二部分：构建《标准》的现状、经验与启示（包含 3 个子课题），第三部分：构建《标准》的理论与实践探讨及其《标准》体系（包含 3 个子课题），第四部分：《标准》体系的实施与保障研究（包含 5 个子课题），第五部分：《标准》的案例研究：2 个体育项目案例研究（限于课题研究的要求，在结题报告中省略了案例研究的 2 篇子课题硕士论文）。

表 1-1 《体育项目业余锻炼等级标准》研究内容

研究阶段	序号	研究内容
第一部分: 研究的缘起与现状	1	研究背景和问题提出
	2	理论基础与文献综述
第二部分: 构建《标准》的现状、经验与启示研究	3	体育项目业余锻炼等级标准制订与落实的现状研究
	4	我国体育锻炼标准的制订化历程与功能嬗变
	5	发达国家健康促进体育政策经验与启示
第三部分: 构建《标准》的理论与实践探讨及其《标准》体系研究	6	身体素养理念视域下体质健康类标准体系化研究
	7	青少年运动技能评价的理念、目标与原则
	8	《标准》的研制背景、体系构建与现实意义
第四部分: 《标准》的实施与保障研究	9	《标准》的实施原则、路径和机制研究
	10	我国业余体育竞赛体系构建研究
	11	国家战略下全民健身与健康养老融合研究
	12	《标准》体育权利保护研究
	13	体育项目业余锻炼等级标准化网络信息平台建设研究
第五部分: 案例研究	14	打花棍业余锻炼等级标准制定研究
	15	射弩业余锻炼等级标准制定研究

研究报告中子课题及研究内容概要具体如下。

第一部分：构建《标准》的现状、经验与启示研究（包含 3 个子课题）

子课题 1：体育项目业余锻炼等级标准制定与落实的现状及对策

研究内容概要：制定落实各类体育项目业余锻炼等级标准是完善全民健身公共服务体系的重要组成部分。在对专家深度访谈和座谈会研讨的基础上，为国家体育总局《关于制定和完善各类体育项目锻炼等级标准的指导意见》提供调查依据和相应对策，对实现"经常参加体育锻炼的人数"向"体育项目人口"过渡，落实全民健身国家战略具有重要意义。通过分析认为：经费不足、政策配套不够完善和组织力度不足严重影响业余体育锻炼的开展；已有的业余锻炼等级标准难以落实、某些体育项目业余锻炼等级标准制定难度大和普及程度不高等因素制约着标准的制定落实；完善相关配套政策、建立专项经费和运动项目基金是制定落实业余锻炼等级标准的重要保障等。

子课题 2：我国体育锻炼标准的历史沿革、功能嬗变与新时代使命

研究内容概要：运用文献资料法、专家访谈法和逻辑分析法，梳理体育锻炼标准的历史沿革、功能嬗变过程，探究体育锻炼标准制度实施面临的困境和问题。研究认为，体育锻炼标准发展经历了学习借鉴期、停滞期、探索实践期、科学规划期和战略机遇期五个阶段；从《劳卫制》到《国家体育锻炼标准》，再到《国家学生体质健康标准》，以强化体能到重视体质，再到关注健康等功能为主，以国防安全、经济建设和教育娱乐等功能为辅的嬗变过程；社会结构发生根本性变化，制度的条块分割和碎片化管理，以及评价指标的差异性，导致体育锻炼标准的治理成效逐渐下降。新时代，全民健身、健康中国和体育强国建设等国家战略赋予体育锻炼标准制度重要的历史使命，如何提升体育锻炼标准制度治理水平和治理成效是亟待研究的重要课题。

子课题 3：发达国家健康促进体育政策经验与启示

研究内容概要：主要采用文献资料、经验总结、定性分析等方法，对美国、英国、德国和日本等发达国家的健康促进体育政策进行研究梳理，为推进我国体育治理能力和治理水平现代化提供政策经验借鉴和参考。研究发达国家健康促进体育政策认为，在国家决策层面上，注重健康促进体育政策的顶层设计，整体、连贯推进国民健康战略计划施行；在法律层面上，加强立法，依法治体，保障健康促进体育政策的法律地位；在具体措施和绩效评估方面，兼顾公平与效率，通过社区、学校和健身俱乐部落实国家体育战略，重点加强青少年和老年人健康促进体育政策具体施行，重视健康促进体育政策的绩效评估等。启示：把体育作为强国之路，把健康作为利民之本，把持续推进健康促进体育政策作为兴国之要；依法治体，积极推进健康促进体育政策法制化；注重学校、家庭、社区的协调发展，共同促进青少年体质健康；全社会关注老年人健康，加强老年人健康促进体育政策研究，以体育运动干预老年人健康；引入第三方政策绩效评估机构，介入健康促进体育政策绩效评估，提高健康促进体育政策效率和效果。

第二部分：构建《标准》的理论与实践探讨及其体系研究

子课题 4：身体素养理念视域下体质健康类标准体系化研究

研究内容概要：身体素养理念是以具身认知观为理论基础，着眼于人的身体活动与积极生活之间的关系，关注人的整体健康发展，为各国体育政策的制定提供了新视角和新依据。运用文献资料法、比较研究法和系统分析法研究我国在实践中形成的三类体质健康类标准发现：它们依然停留在"体质"的"技能"层面，存在制度管理条块化、评价指标各异和输出结果不统一等问题，面临体育人口数量和质量提高、评定指标科学性和理论基础缺失等挑战。以身体素养理念作为依据，对体质健康类标准体系化建设，及其体系化后的实施、评定、结果采用及其法规体系建设等方面进行理论探讨，以期提高体质健康类标准的科学性和有效性，更好地服务全民健身、健康中国和体育强国等国家体育战略建设。

子课题 5：青少年运动技能评价的理念、目标与原则

研究内容概要：运动技能对促进青少年体育兴趣形成、体质健康具有重要作用，如何科学评价青少年运动技能将成为开展体育教学，推动全民健身工作的重要依据。采用文献资料法、专家访谈法和定性分析法等，探究青少年运动技能评价的理念，厘清青少年运动技能评价的目标，分析国内青少年运动技能学习中存在的症结问题。研究认为，青少年运动技能评价应秉持以人为本、尊重科学、以评促学、注重实践和价值多元的理念；按照青少年运动技能教学人本化和科学化的评价目标，提高运动技能的教学与学习效果，培养青少年喜欢体育、热爱运动，掌握一到多项运动技能，奠定终身体育或竞技体育参与的良好基础；确立青少年运动技能评价应遵循以青少年的发展为中心、尊重科学规律、审慎确定评价内容、评判价值多元化、注重在实战场景中进行考评、综合运用评价工具和提高教师和学生的测评素养等 7 项原则。

子课题 6：《标准》的研制背景、体系构建与现实意义

研究内容概要：构建更高水平的全民健身公共服务体系，是服务国家体育战略和满足人民日益增长的美好生活的需要。采用文献资料法、访谈法、德尔菲法和层次分析法等，以问题为导向，深刻剖析现行"体育锻炼标准"制度面临的现实困境和存在的主要问题，依据身体素养理论，遵循统合贯通、协调发展、综合促进 3 项原则，构建"3 阶 6 级"《体育项目业余锻炼等级标准》体系。该标准体系将年龄划分为：6～12 岁、13～18 岁、19～35 岁、36～59 岁和 60 岁及以上 5 个阶段，确立情感认知、运动技能、运动参与三维评定指标及三者之间的逻辑关系，以及不同年龄阶段三维评定指标的权重。分析认为，新构建的标准体系具有显性激励作用、贯通性和可操作性等特点，对规范和指导各单项业余锻炼等级标准制定，发展体育项目人口，促进群众体育与竞技体育协调发展，筑牢体育强国建设根基，实现体育治理体系科学化具有重要的现实意义。

第三部分：《标准》的实施与保障研究

子课题 7：《标准》的实施原则、路径和机制研究

研究内容概要：《体育项目业余锻炼等级标准》的实施原则、路径和机制，是构建更高水平的全民健身公共服务体系的重要内容，对实现群众体育科学发展，推动体育人口向"体育项目人口"过渡具有重要的现实意义。采用文献资料法、专家访谈法等研究认为，《标准》的实施要紧紧围绕习近平总书记提出的"坚持以人民为中心"指导思想，遵循重在普及、兼顾提高，以赛促评、评建结合，全民参与、共建共治共享等实施原则，积极动员体育社会组织力量，盘活体育协会资源，激发体育协会活力，完善群众体育制度建设；主动引入市场竞争机制，重视体育竞赛开展，以赛促练、促评、促建；理顺多元主体参与关系，协同治理群众体育，逐步实现《标准》法制化管理。同时，不断强化体育专业人才培养，建立资金多元化筹集和奖惩激励，引入社会监督评估，发挥信息平台交互功能等机制，高效管理，科学落实，不断满足人民日益增长的美好生活需要，切实服务于全民健康和体育强国等国家体育战略。

子课题 8：我国业余体育竞赛体系构建研究

研究内容概要：体育竞赛是开展体育活动的基本形式和重要手段，能有效调动广大人民群众参与体育锻炼的积极性，对促进体育运动普及与水平提高，推动群众体育发展具有杠杆作用。运用文献资料法、专家访谈法和逻辑分析法，阐释业余体育竞赛内涵、业余体育竞赛体系构建的意义和目标；遵循分类、分层、互通和包容原则，构建国际、国家、地区三个层级业余体育赛事，动员社会层面的力量，承办、开发各类业余体育赛事，形成"三阶一面"业余体育竞赛内容体系；提出建立健全法规制度，理顺四级组织管理，拓宽市场开发、融资渠道，建立资金多元化筹集机制和竞赛安全风险管理系统，搭建竞赛信息平台和宣传推广平台，开展赛事绩效评估工作等六大措施，保障业余体育竞赛体系依法、有序、稳定、安全、高效和良性运行，以期推动群众体育健康、快速发展，更好地服务于全民健身、健康中国和体育强国等国家战略。

子课题 9：国家战略决策下全民健身与健康养老融合研究

研究内容概要：积极应对我国人口快速老龄化带来的健康养老问题是解决国计民生的重要难题之一。查阅文献资料分析认为，全民健身与健康养老融合存在广泛的社会认同、政策基础和"健身运动促健康"逻辑关系，对解决健康养老具有重要的现实意义。通过问卷调查研究发现：老年人健身观念淡薄、健身意愿不强，健身场地设施不足和缺乏体育社会组织管理等因素严重制约老年人融入全民健身进程；老年人健身方法不科学、体育健身周频次低、每次健身持续时间短，表明老年人融入全民健身的程度还不够。研究二者融合关系认为：全民健身国家战略需要和老年人健康养老诉求构成二者融合的内、外部动力；健身运动促健康观念渗透融合，体育旅游产业和健身休闲产业重组融合，以及全民健身与养老健康服务共享融合，分别形成观念融合、产业融合和服务融合 3 种路径；政策支持、组织实施、健康教育和健身环境是实现全民健身与健康养老有机融合的重要保障。

子课题 10：《标准》体育权利保护研究

研究内容概要：体育权利是公民应该享有的体育活动参与权以及体育教育权。推行和落实《标准》，对实现和保护公民体育权利具有重要意义。采用文献资料法、定性研究法等阐释体育权利的概念内涵、范围和内容，以及体育权利的性质。研究认为，积极推进各类体育项目业余锻炼等级标准制定与完善，推行其"双轨制"配套实施规划是落实公民体育权利的重要内容；建立体育项目业余锻炼等级标准考评机构、审批监察专项小组，加强对测试人员的培训管理，加大《标准》社会指导员培训工作等相关制度是践行公民体育权利的重要保障。同时，不断加大对健身场地设施的投入和各类体育项目业余锻炼等级标准推广宣传力度，建立体育项目业余锻炼等级标准专项经费，完善业余锻炼等级标准实施激励机制，做好各类体育项目业余锻炼等级标准实施的保障服务，切实保障公民体育权利。

子课题 11：体育项目业余锻炼等级标准化网络信息平台建设研究

研究内容概要：建设体育项目业余锻炼等级标准化网络信息平台，是互联网的创新成果与全民健身深度融合的结果，它对完善全民健身公共服务体系，实现全民健身国家战略顶层设计，加速推进健康中国具有不可替代的作用。本研究从体育项目业余锻炼等级标准化网络信息平台建设的背景入手，对平台的基本特点和预期功能进行了详细的阐述，在此基础上提出了平台的设计理念与原则，并根据当前的技术手段和前后台操作人员的实际需要开发了 C/S 结合和 B/S 的混合模式组织架构，以期为体育项目业余锻炼用户提供方便快捷、优质高效的网络信息服务。

第四部分：案例研究（根据课题结题报告的要求，此部分在结题报告中略去）

子课题 12：打花棍业余锻炼等级标准制定研究

研究内容概要：制定《打花棍业余锻炼等级标准》（以下简称为《标准》），是规范打花棍项目发展、增加项目人口基数的重要手段和方法。本文采用文献资料法、专家访谈法、问卷调查法等研究方法，以构建打花棍业余锻炼等级标准的内容体系为核心，制定打花棍业余锻炼等级标准。研究主要得出以下结论：①参与打花棍的以 40 ～ 69 岁的女性为主，每周练习次数在 3 次以上占 68.5%，93.7% 的参与者每次锻炼时长达 30 分钟以上；他们以自发群众参与为主，经费自筹，指导教师多为爱好或长期锻炼的离、退休人员；经常练习，身体机能得到相应改善。②标准等级体系整体采用 "3 阶 6 级" 制，分为初、中、高级三个阶段，每个阶段包含 2 个等级，每个等级包括三项评定指标。通过进行两轮指标筛选和专家对测试指标优化，将技术测试内容分为技术达标和技术评定两个部分；技术达标测试共含有 27 项技术指标，从 4 级至 9 级，每一等级分别测试 3 种动作打法；技术评定测试主要从稳定性、协调性、灵活性以及艺术表现力四个层面进行综合评价。经评价指标男女差异性检验，并采用专家调查法确定各评价指标的权重系数。通过百分位数建立单项指标评分标准，由各等级考核专家根据技术动作要求与测试者的真实表现评出对应的分值。依据各项三级指标所占权重进行加权求和，最终得出达标测试项目指标的综合得分。③采用专家评分的方法，依据评价标准对各等级选取 10 位参与者进行测试、评分。经检验得出，在初级阶段中，70% ～ 80% 的参与者能够通过 8 ～ 9 级测试；在中级阶段中，6 ～ 7 级通过率为 50% ～ 70%；在高级阶段中，4 ～ 5 级的通过率为 20% ～ 40%，等级数越小通过达标的人数越少，整体通过率偏低。④《标准》推广，应加大政府组织力度与经费投入；建设推广站，成立推广团队，制定推广策略与组织管理办法；举办群众性业余赛事活动；开发商演市场，完善器材、服装定制服务，最终使打花棍项目走进广场、社区、学校和乡村。

子课题 13：射弩业余锻炼等级标准制定研究

研究内容概要：本研究运用文献资料法、调查法、实地考察法、数理统计法、专家评价法等研究方法，通过对射弩业余锻炼基本现状的调查分析，研究制定射弩业余锻炼等级标准，旨在推动射弩运动项目标准化和科学化发展，提高射弩运动"体育项目人口"数量。研究结论如下：①参与射弩运动人群的性别、年龄、职业的基本特点，以及参与射弩运动的目的、形式，参与射弩运动的年限、周锻炼频次与锻炼时长等方面因素，影响射弩业余锻炼等级标准科学制定。②射弩业余锻炼等级标准的制定要遵循科学性、面向全体性、层次性和激励性原则；射弩业余锻炼等级设为"3 阶 6 级"制，三阶为初级阶段、中级阶段和高级阶段，每个阶段又分为 2 个等级，即初级阶段为 8 ～ 9 级，中级阶段为 6 ～ 7 级，高级阶段为 4 ～ 5 级；每阶的等级数越小，代表射弩运动水平越高。③射弩业余锻炼等级标准评价指标分别为射弩理论（安全条例与竞赛规则）考试成绩、射弩测试成绩（环数）和获得竞赛名次三个部分。初级阶段与中级阶段等级评定包括射弩理论（安全条例与竞赛规则）考试成绩和射弩测试成绩（环数）两个部分，理论考试占总成绩的 20%，射弩测试成绩（环数）占总成绩的 80%；高级阶段等级评定包括射弩理论（安全条例与竞赛规则）考试成绩、射弩测试成绩（环数）和获得射弩竞赛名次三个部分，这三个部分分别占总成绩的 15%、70% 和 15%。④射弩业余锻炼等级标准的推广需要政府体育部门主导，体育组织协会积极参与，主要通过政府体育组织协会、学校体育教学和学校运动队以及民间体育社团、社区体育和家庭等途径进行推广普及。

（三）研究方法

1. 文献资料法

通过中国知网、万方数据平台、维普期刊资源整合服务平台、百度等搜索引擎，中国国家（数字）图书馆，各高校图书馆等信息平台，国务院、教育部、国家体育总局官网及其内部部分资料库等学术检索与课题研究相关的主题词，筛选出相关的体育政策、制度、法规和具有重要参考价值等文献资料，为本研究提供政策指导，学理依据、观点与数据支撑。同时引用国外较为成熟的体质测量、心理学、生理学、行为学及其交叉学科理论，身体素养理论以及研究方法，为本研究提供史料、学理支撑和研究参考。

2. 逻辑分析法

对上述搜集到的文献和与相关专家访谈交流的内容进行分析与梳理，选取本研究所需要的素材，加工提炼出论点和论据；在撰写课题的过程中，运用逻辑学的方法对我国体育锻炼标准制度的历史沿革、功能嬗变、政策法规，《体育项目业余锻炼等级标准》的研制背景、体育权利保护、实施机制和"我国业余体育竞赛体系"的运行保障措施等相关问题进行分析、归纳、提炼和总结。

3. 专家访谈法

采用个别访谈和专家座谈两种形式。个别访谈：因为疫情影响，历时近 2 年，走访和电话访谈了教育部政策法规司、体育卫生与艺术教育司、国家体育总局群众体育司、政策法规司、体育科学研究所和 7 个运动管理中心的 15 个单项体育协会，以及四所体育高校的部分专家或负责领导，与不同领域的专家、领导分别就群众体育制度政策、激励机制、群众体育与竞技体育协调发展，体育锻炼标准的历史沿革、存在问题、未来展望，《标准》体系构建的理论依据、评定指标、等级设计，体育人口等内容进行深度访谈。专家座谈：通过国家体育总局群体司召开"关于委托研制体育项目业余锻炼标准达标工作方案""关于开展业余锻炼标准开展现状调查"汇报会,《国家业余体育竞赛体系方案》研讨会,"体育项目业余锻炼等级标准研究"课题开题、中期报告研讨会,以及课题组成员多次线下、线上研讨论证会等,就《标准》体系的科学规划、顶层设计,标准制定的学理依据、评定指标维度和进阶等级设计,年龄阶段的划分,评定指标之间的逻辑关系等方面进行深入探讨。

4. 问卷调查法

在查阅大量相关文献和收集相关数据的基础上,根据本课题研究目的和研究内容设计了不同类型的相关问卷,按照体育统计学的要求,分别随机抽取不同群体、不同地域、不同类别作为调查样本,调查问卷通过信度和效度检验后,由国家体育总局群体司和课题组组织、协调和帮助发放问卷,进行相关问卷调查和研究。

5. 德尔菲法

（1）确定咨询专家

依据年龄划分与人的生长发育、情感认知、兴趣爱好,身体素质,运动技能形成和锻炼标准制定等因素相关,遴选12位3类业内权威专家,其中体质健康研究专家4人,运动生理、心理研究专家4人,体育锻炼标准研究专家4人。专家基本情况如表1-2所示。

表1-2 德尔菲法调查专家情况（$n=12$）

基本情况		人数
性别	男	11
	女	1
年龄（岁）	≤ 50	2
	$51 \sim 60$	9
	≥ 61	1

续表

基本情况		人数
职称	副高级	2
	正高级	10
来源	国家体育总局	6
	高等院校	6
从事相关研究（年）	≤ 20	2
	21 ~ 30	9
	≥ 31	1

（2）咨询步骤

将《标准》体系构建年龄阶段划分的背景资料、划分年龄阶段的研究目的，以及对不同年龄阶段划分的李克特量表（5级），专家函询表（专家判断依据和熟悉程度）一并以微信或邮件等形式发给各位专家，请专家填写函询表，并对年龄阶段划分进行评价。对专家不认可的、或认可度不高的，恳请他们给出具体修改意见或建议。第1轮专家调查：对年龄阶段划分的科学性进行初步评价。第2轮专家调查：根据第1论专家的意见和建议，将第1轮调查修正后的结果再次反馈给专家，并请专家对修改后的评定指标的重要程度进行评价，最终确定年龄分段。

（3）专家积极系数、权威系数与协调系数

本研究中第2轮专家问卷均在规定时间内收齐，回收率为100%，具有较高的专家积极系数。专家权威程度 Cr 对咨询结果的质量具有重要影响，且 Cr 由专家对指标做出的判断 Ca 和专家对问题的熟悉程度 Cs 决定，计算公式为 $Cr=(Ca+Cs)/2$。根据相关计算方法得出，$Ca=0.88$，说明实践经验和理论分析在很大程度上能代表专家意见；$Cs=0.87$，表明专家对咨询的内容非常熟悉；$Cr=0.91$（$≥ 0.7$），代表咨询的专家权威程度非常高。协调系数（W）表示专家对评定指标评价的一致程度，通常用 Kendall's W（肯德尔和谐系数）和变异系数 Cv 来评价。Kendall's W 计算公式如下：

$$W = \frac{12\left[\sum R_i^2 w \sum ww - \dfrac{\left(\sum R_i\right)^2}{N}\right]}{K^2(N^3 - N)}$$

注：N 为被评对象数，R_i 是第 I 个被评对象被评的水平等级之和。

变异系数 Cv 来解释专家对指标的重要性、计算公式的合理性和收集方法的可操控性，变异系数 Cv 的系数越小，说明专家协调程度越高。变异系数 Cv 计算公式如下：

$$Cv = \frac{\text{标准差}}{\text{平均数}}$$

注：平均数即所有专家对一个指标的评分取平均值，标准差与此相同。

第一轮协调系数 W 为 0.64（介于 0.6～0.8 之间），说明一致程度较高，但有 3 个评定指标变异系数 $Cv > 0.25$（$Cv < 0.25$，表明指标得到专家一致认可）；第二轮协调系数 W 为 0.86（介于 0.8～1 之间），表明一致程度很高，各项评定指标变异系数 $Cv < 0.25$，表明专家认可程度非常一致。

6. 层次分析法（AHP）

根据《标准》体系对不同年龄阶段参与者情感认知特点、运动技能水平和运动参与程度等要求，本研究采用层次分析法来确定不同年龄阶段 3 项指标的权重。建立层次结构模型（如图 1-1 所示）。目标层：构建科学的体育项目业余锻炼等级标准体系；准则层：培养运动兴趣、提高运动技能和促进体质健康；方案层：情感认知、运动技能和运动参与。

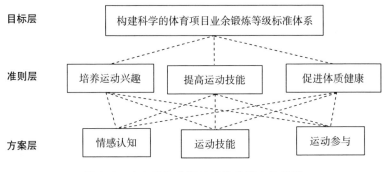

图 1-1　业余锻炼等级标准体系层次结构图

　　建立评定指标判断矩阵。在德尔菲法确定不同年龄阶段划分的基础上，请专家对不同年龄阶段的方案层指标重要程度进行两两因素比较后赋值，以确定两两指标之间的相对重要性。成对比较矩阵是表示本层所有因素针对上一层某一个因素（准则或目标）的相对重要性的比较。成对比较矩阵的元素 a_{ij} 表示的是第 i 个因素相对于第 j 个因素的比较结果，这个值使用的是 Santy 的 1—9 标度方法（如表 1-3 所示）。最后运用 Yaahp 计算出评定指标体系中方案层指标的相对权重，得出各个指标的权重系数。

表 1-3　判断矩阵标度及其含义

标度	含义
1	表示两个因素相比，具有同样重要性
3	表示两个因素相比，一个因素比另一个因素稍微重要
5	表示两个因素相比，一个因素比另一个因素明显重要
7	表示两个因素相比，一个因素比另一个因素强烈重要
9	表示两个因素相比，一个因素比另一个因素极端重要
2，4，6，8	上述两相邻判断的中值
倒数	因素 i 于 j 比较的判断 a_{ij}，则因素 j 与 i 比较的判断 $a_{ji}=1/a_{ij}$

（四）研究的技术路线与结构安排

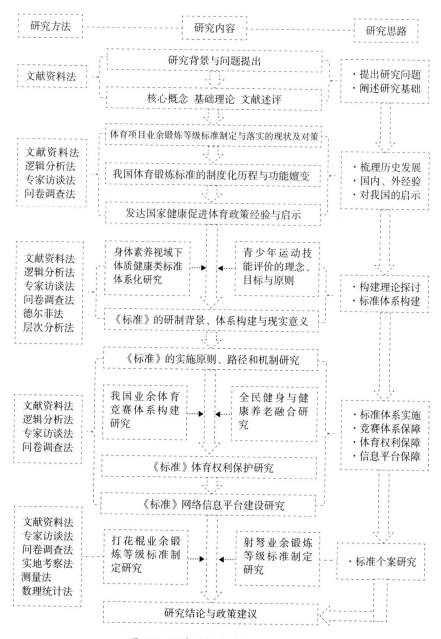

图 1-2　研究的技术路线与结构安排

第二章　理论基础与文献综述

一、核心概念界定

（一）体质健康相关概念

1. 体质健康

从 20 世纪 80 年代，"体质健康"一词在一些学术研究中开始高频出现。实际上，体质与健康是两个不同的概念，从概念种属关系而言，健康是体质的上位概念，体质是健康的重要内容。北京大学何仲恺教授研究认为，"体质是健康的物质基础，健康是体质的外在表现，二者关系密切。[①]""体质健康"作为合成词，有两层意思，一是"体质的健康"，二是"体质与健康"，本课题研究侧重"体质的健康"，即把体质作为健康的重要内容进行研究。

那么，什么是体质？体质健康包含哪些内容？

什么是体质？由于东西文化的差异，在西方学术研究中找不到与我国"体质"概念相对等的词。目前，涉猎体质研究有三类学科视角：医学、体育学和人类学，从不同学科视角认识和理解体质是有区别的。认识"体质"，源于我国中医相关理论的认知，后逐步形成的病理生理学概念。中医理论认为，体质是由先

---

① 何仲恺. 体质的概念及其与健康的关系 [J]. 体育科学，2002，22（2）：37-38.

天遗传和后天获得所形成的，人类个体在形态结构和功能活动方面所固有的、相对稳定的特性，与心理性格具有相关性。体育学和人类学的发展，有效地推动了中医体质理论的完善。19世纪末、20世纪初，西方体质人类学思想传入我国，在人类学和医学界的努力下逐步完成了"体质"概念的科学化，并最终形成了人类学意义上的体质概念①。

从体育学视角涉猎体质研究也较晚。1917年，毛泽东同志发表的《体育之研究》一文中"勤体育则强筋骨，强筋骨则体质可变，弱可转强，身心可以并完。②"论及体育锻炼可以提高"体质（身体素质）"。中华人民共和国成立后，党和国家领导十分关心广大人民群众的身体健康，在学习苏联《准备劳动与卫国体育制度》基础上，我国建立《劳卫制》，发动人民群众积极参与体育锻炼，以强健体格。特别是毛泽东同志1952年为全国体总代表大会的题词："发展体育运动，增强人民体质"，极大地鼓舞广大人民群众参与体育锻炼达标的热情，"体质"一词开始在体育锻炼和研究中得到广泛应用。然而，对体质的理解，大多还是基于中医体质说的层面。直到1982年，中国体质研究分会从体育学视角界定了体质的概念：体质是人体的质量，它是在遗传性和获得性基础上表现出来的人体形态结构生理功能和心理因素的综合的相对稳定的特征，包括人的形态结构、身体素质、运动能力、生理功能、心理状况及对内外环境的适应能力③。

体质健康包含哪些内容呢？据现相关文献研究表明，在健康的语境中最早涉及"体质"一词，是20世纪50年代中期。限于当时经济水平落后，学生健康状况不好，毛泽东主席做出了"健康第一，学习第二"的重要指示，强调了身体健康的重要性，形成"体质健康"的概念。但这一时期"体质健康"一词未广泛使

---

① 于涛，魏丕勇."健康"语境中的"体质"概念辨析［J］.天津体育学院学报，2008，23（2）：134-136.

② 毛泽东.体育之研究［M］.长沙：湖南出版社，1990：64.

③ 王则珊.体育理论基本概念的新阐释［J］.体育与科学，1990（3）：10-13.

用，直到 20 世纪 80 年代以后，很多冠以"体质健康"的调查研究，"体质健康"才被广泛使用。当时的体质健康的调查主要包括两个部分，体质指标（形态、机能、素质）和健康指标（包括视力、沙眼、龋齿、脊柱侧弯等 8 项指标），未涉及心理与社会因素 ①。21 世纪初，教育部在全国试行《学生体质健康标准》，并对体质健康的内容进行较为严格的界定，即体质健康包含身体形态、身体机能、身体素质和运动能力等方面，旨在综合评定学生的体质健康水平。

2.身体素质

身体素质是一个人体质强弱的外在表现，是体质的下位概念。然而在很多官方文件中，如 1995 年颁布实施的《全民健身计划纲要》和《体育法》，乃至《宪法》，偶有将"体质"与"身体素质"混用。

那么，我们常说的身体素质的内涵和内容分别是什么？与体质又有什么关系？"身体素质"在《新华字典》中是指人在生活、劳动和体育运动中机能的表现能力。每个人身体素质有差别，造成差距的原因是由人体生理特点、身体能量和神经系统以及内脏器官调节水平等决定 ②。《现代汉语大词典》中"身体素质"是指：人体综合性的活动能力（人在劳动、生活与运动中表现出来的速度、力量、耐力、柔韧性和灵敏等机体能力）③。表明词典中强调身体素质是人体的一种综合能力，具体表现为速度、灵敏、力量、耐力等机能能力。《运动训练学词解》中身体素质是运动员体能的重要组成部分，分为：力量素质类、速度素质类和耐力素质类 ④。运动训练学的研究中把身体素质更趋向于人体在运动中的各种表现，属于体能的重要组成部分。体质学中的"身体素质"是衡量体质状况的一个重要方

---

① 于涛，魏丕勇."健康"语境中的"体质"概念辨析 ［J］.天津体育学院学报，2008，23（2）：134-136.

② 新华字典 ［M］.北京：商务印书馆出版社，2004：512.

③ 罗竹风.现代汉语大词典 ［M］.上海：上海辞书出版，2006：546.

④ 体育词典编委会.体育词典 ［M］.上海：上海辞书出版社，1984：49.

面，是体质的下位概念，身体素质在一定程度上可以看作是人体形态结构和机能的综合表现（速度、肌力、柔韧性、持久力、协调性以及各种平衡能力）[1]，体质学的研究中身体素质更趋向于与健康有关，认为身体素质是体质的重要组成部分和外在表现。

研究认为，身体素质表现为人们在生活、学习、劳动和体育锻炼等方面的潜在身体能力，一般是指人体在活动中所表现出来的力量、速度、耐力、灵敏、柔韧等机能。身体素质结构主要包括速度、耐力、力量以及协调能力等机体外在相互促进和制约的要素[2]。人的身体素质的优劣与遗传有一定的关系，但与后天的营养摄取和体育锻炼的关系更为密切。科学地参加体育锻炼，可以有效地提高身体素质水平。

3. 身体素养

基于全球人口健康状况下降和身体活动不足等问题，《世界卫生组织通讯》2013 年的社评："我们为什么不能在全球范围内促进身体活动？[3]"原因既不是社会对身体活动的重要性缺乏认识，也不是公共卫生部门未采取积极的干预措施。而是"基于健康的促进模式"（health-based models）不足以改变人们的行为习惯和有效地促进身体活动[4]。

19 世纪 80 年代，美国提出的"身体素养"理念，但一直未引起重视[5]。直到

---

① 陈明达，于道中，于葆，等.实用体质学［M］.北京：北京医科大学、中国协和医科大学联合出版社，1993.

② 何强.近 20 年我国身体素质研究进展及未来趋向［J］.体育文化导刊.2017（2）：201-206.

③ Bull World Health Organ, 2013；91：390. http://dx.doi.org/10.2471/BLT.13.120790.

④ 任海.身体素养：一个统领当代体育改革与发展的理念［J］.体育科学，2018，38（3）：3.

⑤ CAIRNEY J，KIEZ T，ROETERT E P，et al. A 20th-century narrative on the origins of the physical literacy construct［J］.Journal of Teaching Physical Education, 2019，38（2）：79.

1993 年 Whitehead 再次提出"身体素养"[①]后，才引起国际体育领域学者的广泛关注，并得到全球多个国家政府的积极响应。身体素养理念着眼于身体活动与积极生活方式的相关关系，立足于人的全面发展，将人的身体活动的焦点由结果转向过程，由基本生理功能维持转向身体活动体验与远期的健康效益并重，提高人对自身身体活动的主动性，遏制身体活动不足在全球蔓延的趋势[②]。此概念的提出为解决全球人口身体活动不足及健康状况下降问题提供了新视角。

世界不同组织对"身体素养"概念界定趋于相同，皆强调其整体性和综合性，认为身体素养是一种综合能力[③]。在国际上，加拿大"国际身体素养协会"对"身体素养"的定义获得较高的认可：身体素养包含四个相互关联的核心要素，热心让身体活动成为生活的组成部分，并从中获得乐趣和自信的动机和信心；掌握运动技能和运动类型的能力，体验运动时间和强度变化的身体能力；具有确认并表述影响运动的基本因素的能力，懂得积极生活方式的健康效益，知晓与多种场合和自然环境相匹配的身体活动的安全性等方面的知识与理解；为生活而参与身体活动的行为。这 4 个要素相对重要性随年龄增长而持续变化[④]，身体素养理念是以具身认知为依托，强调身心一元，将参与身体活动的动力源内置于活动者自身，探究身体活动的意义。它着眼于身体活动与积极生活方式的契合关系，立足于人的整体，在认知、情感和身体等相互关联的多维度上激发动机，不断学习新

---

① WHITEHEAD M. The concept of physical literacy［J］.European Journal of Physical Education，2001，6（2）：127.

② WHITEHEAD M.Physical literacy：philosophical considerations in relation to developing a sense of self, universality and propositional knowledge［J］.Sport, Ethics & Philosophy, 2007, 1（3）：281.

③ SHEARER C, GOSS H R, EDWARDS L C, et al. How is physical literacy defined? a contemporary update［J］.Journal of Teaching Physical Education, 2018, 37（3）：237.

④ Canada's Physical Literacy Consensus Statement.https://www.participaction.com/en-ca/thought-leadership/research/physical-literacy consensus-statement.

技能，培养能力和自信，促成终身参与体育活动的行为习惯[①]。

因此，身体素养能有效促进体育的内外相关因素，作用于人的整体发展，成为各国国家制定体育政策的依据和新视角。美国、加拿大等国家陆续将提高学生的身体素养作为体育教育的指导思想和培养目标[②]。2019 年，国务院印发的《体育强国建设纲要》，明确提出"将促进青少年提高身体素养和养成健康生活方式作为学校体育教育的重要内容。[③]"由此表明，身体素养理念已经纳入我国国家政策，进入实践操作层面的研究和探讨。然而，我们对身体素养的探讨还在不断地深入，对身体素养理念的认知还存在诸多问题和不足，但它推动了体育理念认知、体育教育和体育理论支撑系统的改革，有效促进学校体育、群众体育，乃至竞技体育的发展，成为体育各个领域的改革与发展的风向标和重要理论基石。

综上通过研究三类体质健康类概念认为，身体素质是体质健康的基础和重要内容，体质健康是提高身体素质的目标，而身体素养是一种理念，它将着眼点由关注身体活动促进健康的实际效用，转向人们在身体活动过程中的体验，转向身体活动意义的本身，对改变人们参与体育活动的行为观念，促进体质健康具有重要意义。

（二）健康促进的相关体育概念

1. 体育锻炼

体育锻炼是人类利用各种自然力和卫生措施，通过各种运动方法和手段，以增强体质、发展身体、增进身心健康和娱乐身心等为目的的身体活动。体育锻炼

---

① 任海.身体素养：一个统领当代体育改革与发展的理念［J］.体育科学，2018，38（3）：3.

② 张翼华，李红娟，张柳，等.身体素养：概念、测评与价值［J］.首都体育学院学报，2021，33（3）：337-347.

③ 体育强国建设纲要［EB/OL］.（2019-09-02）［2022-06-27］.http://www.gov.cn/xinwen/2019-09/02/content_5426540.htm.

是社会经济、科技发展到一定阶段和水平，人类逐渐从体力劳动中解放出来的补偿性身体活动，是人们主动改造和完善主体自身的一种有意识活动，是活动主体的人与自身间一种能动关系的反映，是人的再生产的实践活动[①]。体育锻炼是运动参与的方法和手段之一，对调节心情、缓解精神压力、促进体质健康、丰富文化生活和支配余暇时间等方面具有重要意义。

关于"体育锻炼"概念界定的研究较少。天津体育学院李宗浩教授研究认为，体育锻炼是指参加者通过反复的重复性身体运动，达到增强参加者的体质，增进参加者健康（三维系统健康）目的的文化活动[②]。安徽师范大学席玉宝教授认为，体育锻炼以身体练习和运动负荷为手段，以健身健美、娱乐休闲、保健康复、心理智能锻炼为活动内容，为增强体质、增进身心健康，提高和保持机体能力而进行的一类体育运动。其主要特征是将体育锻炼作为提高工作、学习能力，提升生活质量的手段。体育锻炼是实现我国体育目的任务的基本途径之一，它不仅是群众体育的基本活动形式和方法，也是学校体育、竞技体育的活动形式和方法[③]。从两个概念研究表明，体育锻炼是一种文化活动，具有一定的目的性，参与体育锻炼的目的不同，参与体育锻炼的强度和获得的锻炼效果也有所区别。

中华人民共和国成立后，党和国家领导高度重视国民体质健康，始终把提高国民体质健康作为开展群众体育的重要内容，并通过制定各类政策、制度和法规条例，指导、实施国民参与体育锻炼，旨在实现国防安全、经济生产和体质健康等主要目标。

2. 运动参与

"参与"是组织行为学和管理学的概念，表示人作为个体在群体活动中是否

---

① 席玉宝.体育教学体育锻炼运动训练运动竞赛的概念地位和关系［J］.天津体育学院学报，2001，16（1）：62-65.

② 李宗浩.体育学元概念开发及其辨析［J］.天津体育学院学报，2012，27（5）：369-371.

③ 席玉宝.体育锻炼概念及其方法系统的研究［J］.北京体育大学学报，2004，27（1）：118-120.

"在场"的外显行为。随着心理学的发展，参与也强调个体在群体活动中的认知、情感和内心感受等方面。《英汉辞海》对"participation"的解释是：和别人一起参与某一活动的行为和状态①。

20 世纪 60 年代末，美国学者对"sport involvement"现象产生浓厚兴趣，并从 4 个方面分析运动参与行为：运动参与程度（频率、持续时间和强度）、运动参与的性质（实际参与或替代参与）、运动参与的类型（情感的、行为的或认知的）和运动参与的形式（运动训练、身体活动和游戏等）②。运动参与作为体育促进健康的途径和内容，我国对"运动参与"的提法要比"体育锻炼"晚，这是由我国经济发展水平，人民大众对体育促进健康的认知水平和群众体育发展规律决定的。过去由于军事防御、经济生产和祖国建设的需要，强化了体育锻炼的实用性的工具意义，尽管人民大众积极投入到体育锻炼中，享受着体育的快乐，但这种体育参与难免带有被动色彩和工具性，忽视了人的主体性和人本性。

运动参与，通常指体育运动参与，参与是运动的行为或状态，运动是参与的目标。运动参与是实现体育健身、休闲娱乐和享受体育运动的重要途径，是体育爱好者参与体育活动的行为过程。对参与者而言，运动参与是体育运动的体验过程，感受体育运动的魅力过程，对培养参与者的体育兴趣，建立积极健康的生活方式，树立自信等具有重要意义。对少年儿童而言，体育运动参与不仅是实现儿童社会化的一种重要手段，也是他们融入运动、了解、认识社会，融入社会的过程。因此，运动参与作为人类体育文化中的一种重要现象，越来越受到各国政府教育的重视③。

进入 21 世纪，我国对"运动参与"给予高度关注，并把它作为我国基础体

①　王同亿. 英汉辞海. 北京：国防工业出版社，1987：3802.

②　刘海燕，于秀. 关于运动参与概念的研究［J］. 沈阳体育学院学报，2005，24（1）：79-80.

③　戴晶斌，邓锡平. 儿童运动社会化中的社会学习机制［J］. 上海大学学报（社会科学版），1998(3)：107-112.

育教育发展的纲领性文件《义务教育体育与健康课程标准》的体育学习目标，即将"运动参与"纳入体育学习领域五个目标（运动参与、运动技能、身体健康、心理健康及社会适应）之一，并明确要求运动参与领域学习目标：一是要具有积极参与体育活动的态度和行为，二是要用科学的方法参与体育活动[①]。所以，作为学习领域的运动参与，要求学生具有积极参与体育活动的态度和行为，掌握科学健身的知识与方法，养成坚持体育锻炼的习惯。

综上两个概念的研究认为，体育锻炼具有较强的目的性和功利性，最初强调保卫祖国，促进经济生产，具有鲜明的时代印记。随着体育目标泛化和体育功利性弱化，后多强调促进体质健康，提高生活品质和生活幸福，但仍具有被动性和强制性。运动参与，一般指人参与体育活动的行为状态，是人对体育活动的认知、情感认同和心理良好感受的结果，具有主动性和自觉性。二者对促进体质健康皆有益处，但对养成体育运动的习惯，仅靠行政命令是远远不够的，要加强广大人民群众对体育的教育认知，注重体育知识的宣传与普及，认识体育运动的益处和健康的意义，创造（硬件设施）条件和营造（软件环境，如各类体育竞赛）氛围的体育育人环境，让广大人民群众有机会参与体育健身，实现参与体育活动由不自觉到自觉的运动参与行为过程。

（三）体育锻炼标准的相关概念

体育锻炼标准作为我国群众体育的重要制度，对推动群众体育发展，促进国民体质健康起到重要作用[②]。中华人民共和国成立后，党和国家领导高度重视群众体育工作和国民体质健康，在学习苏联《准备劳动与卫国体育制度》的基础上，建立了体育锻炼标准制度，并在不同历史时期有针对性地颁布实施了不同类

---

① 中华人民共和国教育部制定《体育健康课程标准》[M].北京：北京师范大学出版社,2001：1.

② 马思远.我国体育锻炼标准的制度化历程与功能嬗变[J].首都体育学院学报，2021，33（5）：481-487.

型的体育锻炼标准。现将不同历史时期不同类型的体育锻炼标准的概念内涵阐述如下。

1.《国家体育锻炼标准》

《国家体育锻炼标准》是经国务院批准推行的一项重要体育制度。实施《国家体育锻炼标准》的目的是：鼓励和推动人民群众，特别是青少年、儿童积极参加体育锻炼，以增强体质，提高运动技术水平，培养共产主义道德品质，更好地为社会主义现代化建设和保卫祖国服务。

《国家体育锻炼标准》是一套以检验公民体育锻炼效果、评价身体素质为目的，以测验达标为手段的评价体系。适用于 6～69 周岁的健康人群，按年龄分为儿童、少年、青年、壮年和老年五个组别。检测项目包括力量、速度、耐力、灵敏、柔韧五类身体素质。主要项目有：短跑、长跑、往返跑、掷实心球、绕杆跑、坐位体前屈、立定跳远、跳绳等项目[①]。该制度脱胎于 1954 年原国家体委参照了苏联 1931 年建立的《准备劳动与卫国体育制度》(简称《劳卫制》)，1964 年，根据周总理的指示，国家体委在全国体育工作会议上将《劳卫制》改名为《青少年体育锻炼标准》[②]，国家体委、教育部等部委根据我国国情，通力协作、研制《国家体育锻炼标准》，1975 年经国务院批准公布了《国家体育锻炼标准条例》，并在全国试行[③]。1982 年、1989 年对《国家体育锻炼标准》进行进一步修订；2003 年国家体育总局联合 8 个部委对《标准》进行了再次修订，颁布了《普通人群体育锻炼标准》；2013 年 12 月 16 日，国家体育总局、教育部、全国总工会印发《国家体育锻炼标准施行办法》修订后的《国家体育锻炼标准施行办法》(以下简称

---

① 人民网.《国家体育锻炼标准》新版：青少年将成重点［N］.人民日报，2013-08-08.

② 曾吉.新中国成立以来我国学生体质健康标准的演变与发展［J］.沈阳体育学院学报，2007，8（4）：16.

③ 马思远.我国体育锻炼标准的制度化历程与功能嬗变［J］.首都体育学院学报，2021，33（5）：481-487.

《锻炼标准》），标志着我国群众体育进入了新标准航道。

2.《学生体育合格标准》

《国家体育锻炼标准》属于体育推荐性国家标准，不具有强制性，对学生体质施加的影响受多种条件限制。《学生体育合格标准》是国家教委根据《学校体育工作条例》制定的，是一项具有强制性的体育制度。

改革开放为我国社会经济的发展注入了生机和活力，促进了经济的快速发展，有效地改善了国民体质健康和青少年的体质健康。然而，我国1985年学生体质指标与1984年日本学生体质指标相比，我国学生身体素质水平除个别年龄外，均低于日本[①]。如何改善学生的体质健康，仅靠不具有强制力的《国家体育锻炼标准》和营养膳食是远远不够的。

国家教委为了有效地促进学生参加体育锻炼，20世纪80年代末就自行研制并试行了《学生体育合格标准》，并于1990年、1991年和1992年分别颁发《大学生体育合格标准》《中学生体育合格标准》和《小学生体育合格标准》及其实施办法，意在强制学生参加体育锻炼和《国家体育锻炼标准》测验，遏制学生体质下降[②]。

《学生体育合格标准》严格把学生体育课成绩、《国家体育锻炼标准》测验成绩和两操一课、课外体育活动考勤纳入体育考核体系，对学生现有的体育水平、参与体育活动的态度、身体形态、机能、素质、视力状况评定作了具体规定[③]。它旨在鼓励学生经常参加体育锻炼，增强体质健康，提高健康水平和自我保健能力，为社会主义现代化培养健康体格的建设者。但因落实监管制度不到位，学生

① 中国学生体质与健康调研组1985年中国学生体质与健康研究［M］.北京：人民教育出版社，1987：185.

② 马思远.我国体育锻炼标准的制度化历程与功能嬗变［J］.首都体育学院学报，2021，33（5）：481-487.

③ 顾明远.教育大辞典（下卷）［M］.上海：上海教育出版社，1998：183.

体质持续下降 ①。1994 年 9 月，《中学生体育合格标准的试行办法》被废止，《学生体育合格标准》逐渐退出了历史舞台。

3.《国家学生体质健康标准》

进入 21 世纪以来，随着社会经济和科学技术的快速发展，现代文明在带给人们充分的物质享受的同时，也给人类的健康带来了新的威胁，表现为精神压力增大、膳食营养过剩、参与运动不足、环境食品污染等方面，引发的各类非传染性疾病在全球的范围内不断蔓延，"亚健康状态"的人口数量不断扩大。对学生而言，升学压力大、运动时间少、睡眠不足和营养摄入过剩等因素导致学生体质健康呈现下降趋势 ②。

根据社会发展和形势的变化要求，面对新情况和新问题，为加强学校体育教育工作，落实"健康第一"指导思想，促进学生积极参加体育锻炼，培养学生参与体育运动的兴趣，提高学生的体质健康水平，经教育部与国家体委积极采取措施，经协商由教育部牵头成立一个课题组，研制关于学生的"体质健康标准"，并于 2002 年由教育部颁布《学生体质健康标准（试行）》，2007 年经修订后，确定为《国家学生体质健康标准》③，2014 年又进行了新一轮的修订。《国家学生体质健康标准》是《国家体育锻炼标准》的重要组成部分，是《国家体育锻炼标准》在学校的具体实施，是国家对不同年龄段学生体质健康方面的基本要求，是测量学生体质健康状况和锻炼效果的评价标准，是学生体质健康的个体评价标准，具有激励功能、教育功能、反馈功能和引导锻炼功能，适用于全日制的小、中、大学和中等职业学校的在校学生。

① 　杨文运，林萍《学生体质健康标准》与《学生体育合格标准》的比较［J］. 体育学刊,2003,10(5): 69-71.

② 　马思远 . 我国中小学生体质下降及其社会成因研究［J］. 北京体育大学报，2012.

③ 　教育部、国家体育总局 .《国家学生体质健康标准》［EB/OL］.（2007-04-04）［2022-07-18］. http://www.moe.gov.cn/srcsite/A17/moe_943/moe_947/200704/t20070404_80275.html.

　　《国家学生体质健康标准》除继承了《国家体育锻炼标准》的适应性、健身性、激励性和群众性等优点之外，二者之间最大的区别在于测试项目，《国家体育锻炼标准》只是每年测试：力量、速度、耐力、灵敏、柔韧五大类身体素质项目，《国家学生体质健康标准》测试包含了身体形态（身高体重）、身体机能（肺活量）、身体素质三个部分的测试项目，设计上意在科学的评价学生的体质健康状况。但《国家学生体质健康标准》在落实和实施过程中出现很多问题："注重测试项目质量而忽视起点公平，制约着学生体育锻炼的选择性；侧重评分标准质量而忽视过程公平，限制着学生体育锻炼的积极性；偏重学校体育工作评价的结果公平而忽视外部质量，制约着学校体育工作的积极性；倚重检测规定的结果公平而忽视外部质量，影响着国家学生体质健康促进的成效；不健全的测试体系忽视过程公平与外部质量，影响着残障学生体育锻炼的积极性"[1] 等，造成评价效果的失效和失信[2]。

　　综上研究认为，我国体育锻炼标准制度是国家教育和体育两大部委在不同的历史条件下制定施行的，对促进不同类型的人群的体质健康，发挥着各自的作用。但囿于不同类人群身份的交叉性，这必然造成部门之间的管理权责不清、政出多头和部分管理制度交叉局面，导致政策管理难以协调和统一，管理成本和社会资源的巨大浪费以及执行乏力等后果；同时，我国体育锻炼标准的名称、等级设计和评定指标各异，引发认识上的混乱，造成评价效果的失效和失信，严重影响其施行效果。应国家"构建更高水平的全民健身公共服务体系"的要求，加强我国体育锻炼标准顶层设计，统合各类标准的名称、等级和管理方式，科学统一评定标准，创新群众体育治理机制，高效促进国民体质健康发展，是亟待解决的问题。

---

[1] 张强峰，颜亮，申宝磊，等.公平与质量：《国家学生体质健康标准》中的失衡与发展［J］.天津体育学院学报，2018，33（2）：110-114+138.

[2] 毛振明，杨多多，李海燕.《"健康中国2030"规划纲要》与学校体育改革施策［J］.武汉体育学院学报，2018，52（4）：75-80.

二、理论基础

（一）基于健康的促进模式（health promotion model）

1."基于健康的促进模式"概念的形成

健康促进的概念是在 20 世纪 70 年代末提出来的，舒尔茨·A.（Schultz A.,1997）提出"健康促进"（health promotion，HP）是指人们采取一些特定的行为来保持并加强健康，可以通过加强人们的技能和改变社会、环境和经济条件来实现[1]。1978 年，世界卫生组织在 Alma-Ata 发表"全民均健"宣言，健康促进被视为是护理的重要功能。1986 年 11 月 21 日，世界卫生组织在加拿大的渥太华召开的第一届国际健康促进大会，《渥太华宪章》提出的关于"健康促进"的概念，健康促进是促进人们维护和改善自身健康的全过程[2]。世界卫生组织前总干事布伦特兰在 2000 年的第五届全球健康促进大会上则做了更为清晰的解释："健康促进就是要使人们尽一切可能让他们的精神和身体保持在最优状态，宗旨是使人们知道如何保持健康，在健康的生活方式下生活，并有能力做出健康的选择。"锻炼身体、保持乐观的心情、练太极和气功、戒烟、控制饮酒、合理饮食等均是促进健康的行为[3]。

对"健康促进"（health promotion，HP）概念研究最为典型的是美国护理学者娜勒·潘德（Nola Pender）于 20 世纪 80 年代提出"健康促进模式（health promotion model）"[4]。她将护理学和行为科学整合起来，认为健康促进不是疾病预

---

[1]　Schultz，A.（1995）. What is health promotion? Journal of Canada Nursing，91（7），31-34.

[2]　葛向煜，丁红. 护理研究［J］. 中华行为医学科学，2004，13（5）：587-588.

[3]　Piazza，J.，Conrad，K.，& Wilbur，J.（2001）. Exercise behavior among female occupational health nurse. Influence of self efficacy，perceived health control，and age. Journal of AAOHN，49（2），79-86.

[4]　Shin，K.R.，Kang，Y.，Park，H.J.，Cho，M.O.， & Heitkemper，M.（2008）. Testing and developing the health promotion model in low-income，Korean elderly women. Journal of Nursing Science Quartely，21（2），173-178.

防，也不是健康维护，而是通过采取各种有益于促进健康的方式达到一种健康—幸福（well-being）的状态^①。该模式是全面预测健康促进行为的模式，强调认知因素在调节健康行为中的作用，主要用于个体及家庭护理中的健康促进行为及其相关研究。潘德及同事发展的研究工具被各国广泛应用于测试不同国籍人群的健康行为，各国护理人员常应用此模式来研究和指导健康促进行为。

2. 基于健康的促进模式的内容

娜勒·潘德（Nola Pender）的健康促进模式（health promotion model）理论主要源于统合建构期望理论、期望价值理论、社会学习理论和社会认知理论的概念，形成健康促进行为影响因素的理论模式。该模式经过 1987 年、1996 年、2002 年 3 次修订，将对"健康的定义""感受到健康状况"和"人种及生物学特征"这 3 个因素置于"个人因素"中，新加入 3 个变量：行动相关情感，允诺某行动计划，即刻竞争性需求和喜好。新修订的健康促进模式（health promotion model）包含 3 组共 10 个类别的健康促进行为决定因素：个人特征及经验、特定行为认知及情感和行为结果（如图 2-1 所示）。在以上的类别中可感受到健康促进行为受到多个方面因素的影响，人们是否执行健康促进行为绝非仅靠是否有意愿，而是与个人的认知、经验、环境和健康需求性有关^②。在娜勒·潘德（Nola Pender）健康促进模式的 10 个因素中，除先期相关行为和个人因素与健康促进行为的关系是间接的，其他 8 个因素都可能直接或间接地影响健康促进行为^③。

---

① Blais, K.K., Hayes, J.S., Kozier, B., et al. (2002). Professional nursing practice: concepts and perspectives (pp. 111-122). New Jersey: Person Education. (4th ed.).

② 李贤华，徐丽华. 健康促进模式及应用［J］. 解放军护理杂志，2007，24（4）：89-91.

③ Wu T Y, Pender N.A panel study of physical activity in Taiw anese youtht: esting the revised health-promotion model［J］.Fam Commu nity H ealth，2005，28（2）：113-124.

个人特征及经验　　　　　　特定行为认知及情感　　　　　　行为结果

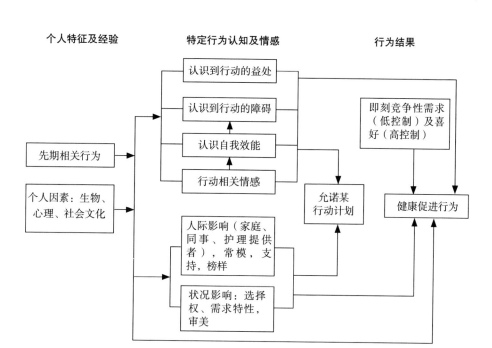

图 2-1　基于健康的促进模式

　　基于健康的促进模式主要由三个部分组成：认知因素（cognitive-perceptual factors）、影响因素（modifying factors）及健康促进行为（health promoting action）（如图 2-2 所示）。认知因素指人能否采用某种健康行为的激励因素。包括对健康重要性的认识、健康的控制感、自我效能、健康状态、对健康促进行为益处的认识及对采取健康行为可能遇到的阻碍因素等。影响因素包括：①人口统计学方面的因素，如年龄、性别、种族、教育、经济收入等；②生理或身体功能的因素，如身高、体重；③人际关系方面的因素，如重要关系人的期望及影响，家庭的保健方式、卫生保健人员的影响；④情景因素，指促进健康的可选择性和可利用性；⑤行为因素，指以前曾经采取促进健康的经历、采取促进健康因素的认知及行为技巧。健康促进行为：个体为了维护或提升健康的层次所采取的有利于健康的行为。包括规律运动、休闲活动、休息、适当营养、压力管理、负起健康责任、发展适当的社会支持系统以及达到自我实现等。

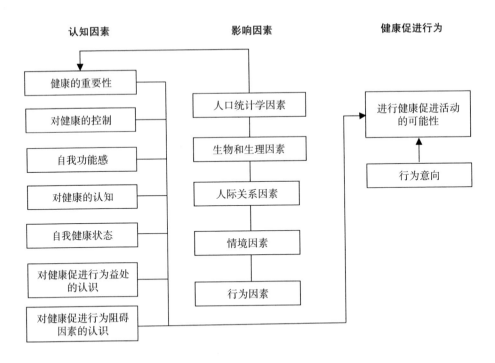

图 2-2　基于健康的促进模式的组成部分

3.基于健康的促进模式应用

　　民众对健康需要的认知是健康促进能否取得效果的关键因素，因此，只有了解民众的认知因素及影响制约因素，才能采取有针对性的健康促进措施，从而取得成效。为了能从健康促进的角度对人群的生活方式进行评估，娜勒·潘德（Nola Pender）于 1987 年编制了健康促进生活方式量表（health promoting lifestyle profile，HPLP），并于 1996 年进行了修订，量表包括 52 个条目 6 个方面的内容：自我实现、健康责任、运动、营养、人际关系及压力应对，总分为 52 ～ 208 分。受访者对 52 个条目中展示的生活习惯和方式选择相应的频度，包括"从不、有时、经常、总是如此"四个层次，计分相应为 1、2、3、4 分，最后得分为条目平均分，得分越高表示生活方式越健康[①]。该量表强调了在健康促进过程中个体的主

---

① 健康促进模式［EB/OL］.https://www.guayunfan.com/lilun/76366i.html.

观能动性，突出了评估在健康促进中的重要性，通过评估找出不利于健康的因素，可用于测试不同人群的健康行为，指导护理人员实施个体及家庭的健康促进活动。

（二）认知—情感相符理论（cognitive-emotion consistence theory）

认知—情感相符理论形成的基础是美国著名心理学家麦克盖尔（W.J. McGuire）于 20 世纪 50 年代提出的认知相符理论（cognitve consistence theory）。认知相符理论是以认知趋向一致的状态或倾向性来解释个人心理活动和外部行为变化，认为人有一种动力倾向性，其信念、观点或态度如果与其他观点或行为有矛盾，只要他意识到，他就会自发地调整自己原来的观点，让其与正常逻辑关系相符[①]。在该理论的基础上，许多社会心理学家对此展开了大量的研究，形成了"认知失调理论"（cognitive dissonance theory）、"平衡理论"（balance theroy）、"归因理论"（attribution theory）、"一致性理论"（congruity theory）和"认知—情感相符理论"（cognitive-emotion consistence theory）等理论，"认知—情感相符理论"认为，人们的信念或认识在相当程度上受其情感所支配，即人们不仅会努力地使自己的认知和行为保持一致，也总是试图使其认知与其情感相符[②]。"认知—情感相符理论"与我国"知行合一"理论是一脉相通的。"知是行的主意，行是知的工夫；知是行之始，行是知之成"[③]。因此，心之知觉与行为活动在本质上一致的，心之知觉为行为活动提供了原始的动力及内容，并赋予其意义，而行为活动则是心之知觉在现实中的展开[④]。

情感认知对行为参与取向和运动技能形成具有积极意义。情感是指人对人、物和事件产生的情绪共鸣。认知—情感相符理论认为，人对什么事物产生情绪共

---

①　认知相符理论和一致性理论［EB/OL］.https://xljk.zjgsu.edu.cn/2021/0430/c1501a51846/page.htm.

②　认知—情感相符理论［EB/OL］.https://baike.baidu.com/item/ 认知—情感相符理论 /22198770?fr=aladdin.

③　王守仁 . 王阳明全集［M］.上海：上海古籍出版社，2001：5.

④　高正乐 . 王阳明"知行合一"命题的内涵与局限［J］.中国哲学史，2020（6）：89-97.

鸣就会对什么事物产生价值认同，这种价值认同表现为对这类事物产生精神依赖，由这种精神依赖产生的价值导向决定着人的行为取向。即人们总是试图使其认知与其情感相符，努力地使自己的认知和行为保持一致[①]。态度的三因素理论（three-component model of attitude）也支持这一观点，喜爱与否只是态度的情感（affect）成分，除此之外态度还包含认知（cognition）成分和行为（behavior）成分，并且积极认知对行为的产生有着重要作用[②]。

（三）身体素养理论

梅洛·庞蒂的身体现象学认为，"身体是能思想的物体，思想是有肉体的心灵，灵与肉、主与客相互交织，不可分割。[③]"这表明，身体活动在本质上是身心一元、主客一体的，即任何身体活动不仅涉及物质形态的人，还与认知、动机、情感和意志等多种心智因素紧密关联。对此，梅洛·庞蒂阐释说，"身体能利用最初的行为，经行为的本义达到行为的转义，并通过行为来表达新的意义。"他进一步指出，"当身体被一种新的意义渗透，当身体同化一个新意义的核心时，身体就能理解，习惯就能获得。[④]"他的这一转义观点对我们重新认识人们参与身体活动的动机具有重要意义。

随着认知变革，在身体现象学基础上发展起来的"具身认知观"认为，人首先是通过身体的方式而不是意识的方式与世界打交道，通过身体对客观世界的作用而产生知觉和认识世界的[⑤]。具身认知观"强调认知主体的身体对认知活动的影

---

① 符国群.消费者行为学［M］.武汉：武汉大学出版社，2007：135-136.

② Biddle SJH，Mutrie N. Psychology of Physical Activity：Determinants，Well-being and Interventions［M］. New York： R outledge，2008：55 — 56.

③ 季晓峰.论梅洛·庞蒂的身体现象学对身心二元论的突破［J］.东南学术，2010（2）：154.

④ 张震.整体性与独特性：体育知识基本问题的具身哲学阐析［J］.体育科学，2021，41（6）：68-77.

⑤ ［美］理查德·H.考克斯著，王树明等译.运动心理学（第七版）［M］.上海：上海人民出版社，2015：66.

响，更加注重身体所处的实时环境对认知活动的影响，并将认知主体所处的环境视为认知系统的一部分。[①]"以上理论重新诠释了身体活动的意义，奠定了身体素养理论基础。

身体素养理论以具身认知为依托，强调身心一元，将参与身体活动的动力源内置于活动者自身，探究身体活动的意义。它着眼于身体活动与积极生活方式的契合关系，立足于人的整体，在认知、情感和身体等相互关联的多维度上激发动机，不断学习新技能，培养能力和自信，促成终身参与体育活动的行为习惯[②]。这一理念早已进入许多国家体育决策者的视野，为制定战略性的体育政策提供了理论依据，如加拿大政府出台的《加拿大体育政策2012》，美国2014年修订的《K-12体育教育国家标准与等级》和2015年联合国教科文组织发布的《高质量的体育教育：决策者指南》[③]等。

综上研究认为，"基于健康的促进模式（health promotion model）"和"认知—情感相符理论（cognitive-emotion consistence theory）"两种认知理论都是主体通过主观认知学习、理解和思考，逐步建立起来的认知方式，形成了"心智认知—情感认同—行为参与—目标达成"的认知模式。在实际应用中，又往往从"目标"出发，采取各类手段和方法以实现目标的结果。这种认知方式具有一定的局限性，忽视了人的身体在认知过程中的作用和地位。以身体现象学和具身认知观为理论基础的身体素养理论强调：身心一元，"心"并非高于"身"，确立了身体在认知活动中的重要地位，这对改变我们的元认知具有深刻意义。基于此，我们必须改变我们的认知模式，实现从"离身"到"具身"体育教育认知转向，真正实现人类体质健康的目标任务。

---

① 全国体育学院教材委员会编.运动心理学［M］.北京：人民体育出版社，2006：126.

② 任海.身体素养：一个统领当代体育改革与发展的理念［J］.体育科学，2018，38（3）：3-11.

③ 任海.身体素养与青少年体育改革［J］.体育文化与产业研究，2021（1）：9-15.

三、文献综述

（一）我国体育锻炼标准制度变迁研究

体育锻炼标准泛指以参与体育运动或锻炼为形式，促进国民体质健康为主要目的的系列业余体育锻炼制度[①]，不同时期制定体育锻炼标准包括学习借鉴苏联《准备劳动与卫国体育制度》的基础上建立起来的《劳动与卫国体育制度》（简称《劳卫制》）和《青少年体育锻炼标准》，自行研制的《国家体育锻炼标准》和《普通人群体育锻炼标准》，以促进学生体质健康的《学生体育合格标准》和《国家学生体质健康标准》，以及全国性各单项体育协会制定的部分体育项目业余锻炼标准（如图2-3所示）。

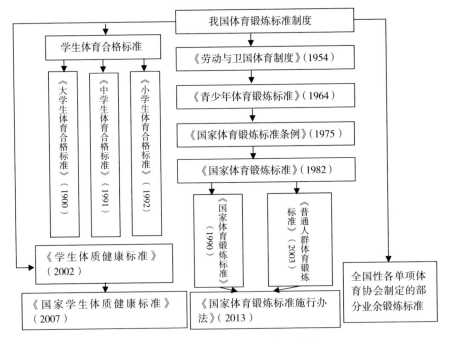

图 2-3　我国体育锻炼标准制度流变过程

---

① 马思远.我国体育锻炼标准的制度化历程与功能嬗变［J］.首都体育学院学报，2021，33（5）：481-487.

1. 我国体育锻炼标准制度的建立

1949 年 10 月，朱德副主席在全国体育工作者代表大会上明确指出："现在我们的体育事业，一定要为人民服务，要为人民健康和利益服务，要学习苏联方面好的经验。[①]"1950 年中苏体育代表团互访以及后来苏联体育专家"援中"，为我国体育锻炼标准制度的建立创造了有利条件并打下坚实基础。1951 年，青年团北京市委和北京市体育分会在借鉴学习苏联《准备劳动与卫国体育制度》的基础上，首先制定了"北京市暑假体育锻炼标准"并在学校开始试行；同年冬季，北京、上海和天津等地区制定、试行了"冬季体育锻炼标准"。中华全国体育总会筹备委员会肯定和总结以上做法，并于 1952 年 9 月发表《关于开展体育运动工作的计划大纲》，在大纲中明确指出要逐步推行"准备劳动与保卫祖国"体育制度。1954 年 5 月中央人民政府体育运动委员会发布了《准备劳动与卫国体育制度》（简称《劳卫制》）的暂行条例和项目标准、预备级暂行条例的通告[②]。

在认真学习 1955 年苏联《劳卫制》的基础上，通过广泛试行、总结经验，到 1955 年年底，已有 230 万人参加锻炼[③]。国家体委于 1956 年对《准备劳动与卫国制度暂行条例》进行修改，及时公布了《准备劳动与卫国体育制度修改草案》，并更名为《劳动卫国体育制度条例》。这一时期，我国在借鉴学习苏联《准备劳动与卫国体育制度》的基础上，初步建立了《劳动卫国体育制度条例》。我国体育锻炼标准制度从无到有，并在全国范围内推广、试行，有效地推动了群众体育快速发展，调动了广大人民群众参与体育锻炼的积极性，并取得了巨大的体育成就。

[①]　毕世明.论 50 年代学习苏联体育经验［J］.体育科学，1992（3）9-12+92.

[②]　中央人民政府体育运动委员会.关于公布准备劳动与卫国体育制度暂行条例、暂行项目标准、预备级暂行条例的通告［Z］.1954-05-04.

[③]　钱雯.关于学校实施《国家体育锻炼标准》若干问题的研究［J］.广州体育学院学报，2000（4）：49-53.

2.我国体育锻炼标准制度的衍生与流变

衍生制度是指在原有制度的基础上，为满足国家或社会组织的需求，在社会实践中架构形成的，其约束内容或方式不同于原有制度的新制度，其具体表现为颠覆原制度、修改原制度、填补原制度空白等方式。我国群众性体育制度的内容主要以增强体质为目的而建立的标准制度，其衍生与流变大多属于原制度的补充和修改。群众性体育属于业余锻炼或业余训练，包括体育教学，区别于竞技体育的锦标、竞技，因此，其标准的类型也不同。

根据国家体育总局印发的《体育标准化管理办法》，体育标准可分为国家体育标准、行业体育标准和团体体育标准等①。《中华人民共和国标准化法》规定："国家标准分为强制性标准、推荐性标准，行业标准、地方标准是推荐性标准。行业标准，是指没有推荐性国家标准、需要在全国某个行业范围内统一的技术要求，是对国家标准的补充，是在全国范围的某一行业内统一的标准。②"依据此，《劳动与卫国体育制度》（简称《劳卫制》）《青少年体育锻炼标准》《国家体育锻炼标准》和《普通人群体育锻炼标准》属于国家体育标准的推荐性标准，《学生体育合格标准》和《国家学生体质健康》属于国家体育标准的强制性标准，全国性各单项体育协会制定的体育项目业余锻炼标准属于体育行业标准的推荐性标准。

《国家体育锻炼标准》制度的衍生与流变：我国群众性体育制度《准备劳动与卫国制度》（简称《劳卫制》）是在学习借鉴苏联《准备劳动与卫国体育制度》基础上建立的，1964 年更名为《青少年体育锻炼标准》，后因"文革"中断施行；1973 年国家体委印发并讨论了《全国体育锻炼标准试行条例和项目标准（草

---

① 国家体育总局.《体育标准化管理办法》［EB/OL］.（2022-02-21）［2022-08-08］.https://www.sport.gov.cn/gdnps/content.jsp?id=24032812.

② 中华人民共和国标准化法［EB/OL.（2017-11-04）［2022-08-06］］.http://www.npc.gov.cn/zgrdw/npc/xinwen/2017-11/04/content_2031446.htm.

案）》，经 1974 年试行，1975 年经国务院批准，国家体委颁布试行《国家体育锻炼标准》[1]。该《标准》经过 1982 年和 1989 年两次修订，于 1990 年发布施行。在《劳卫制》基础上衍生的《青少年体育锻炼标准》和《国家体育锻炼标准》，其实施对象主要是在校学生。1995 年《全民健身计划纲要》和《中华人民共和国体育法》的颁布实施，把全民健身提升至国家战略规划，奠定了全民参加健身的法律地位。2003 年，国家体育总局等 8 个部委联合印发研制出《普通人群体育锻炼标准》（全国试行）[2]。《普通人群体育锻炼标准》也是《国家体育锻炼标准》重要的组成部分，其适用于 20 ～ 59 周岁身体健康人群，更为广泛地促进和激励广大人民群众积极参加体育锻炼。时隔 10 年，即 2013 年再次修订《国家体育锻炼标准》，将《普通人群体育锻炼标准》和《国家体育锻炼标准》两套标准合二为一，修订的《国家体育锻炼标准》是在青少年和普通人群锻炼标准的基础上进行补充和完善，并首次扩展至老年人群，最大的不同是实现了 6 ～ 69 岁人群的全覆盖，在项目设置上删繁就简，在保持测验项目一致性的同时，兼顾各年龄组的身体特点[3]，这标志着我国群众体育进入了新标准航道。

《学生体育合格标准》是《国家体育锻炼标准》在学校的强化。尽管《国家体育锻炼标准》的实施的主要对象是在校的学生，因为它属于体育推荐性的国家体育标准，不具有强制性，对学生体质的影响有限。1991 年国家教委发布部分高校 90 级新生 69.54% 的学生身体素质达不到体育合格的要求，表明部分学生身体素质堪忧[4]。国家教委为了有效地促进学生参加体育锻炼，20 世纪 80 年代末就自行研制并试行了《学生体育合格标准》，并于 1990 年、1991 年和 1992 年分别

---

① 曾吉.新中国成立以来我国学生体质健康标准的演变与发展［J］.沈阳体育学院学报，2007，8（4）：16.

② 李贺普.国家体育总局公布《普通人群体育锻炼标准》［N］.人民日报，2003-05-12（6）.

③ 人民网.《国家体育锻炼标准》新版：青少年将成重点［N］.人民日报，2013-08-08.

④ 国家教委.“中学生体育合格标准”必须认真执行——国家教委就部分高校 90 级新生“体育合格标准”检查结果发布公报［R］.1991-02-23.

颁发《大学生体育合格标准》《中学生体育合格标准》和《小学生体育合格标准》及其实施办法，意在强制学生参加体育锻炼和《国家体育锻炼标准》测验，遏制学生体质下降[①]。因落实监管制度不到位，学生体质持续下降[②]。随后《学生体育合格标准》被废止，退出了历史舞台。

《国家学生体质健康标准》是《国家体育锻炼标准》的有机组成部分。2002年《学生体质健康标准》在全国开始试行。经过5年的试行，《学生体质健康标准》改为《国家学生体质健康标准》，并正式颁布实施，增加反映学生身体素质和综合运动能力的测试指标，对整个评价体系中的权重做了较大幅度的调整，旨在贯彻落实"健康第一"指导思想，切实加强学校体育工作，促进学生积极参加体育锻炼，养成良好的锻炼习惯，提高体质健康水平。然而，新的《国家学生体质健康标准》落实成效并不理想，作为参与《国家学生体质健康标准》制定的毛振明教授，用"7个失效"[③]阐述其已经严重地失效和失信。

全国性各单项体育协会制定的是不同体育项目的业余锻炼标准，类似行业标准，属于推荐性标准，是《国家体育锻炼标准》的重要补充。1992年8月6日，原国家体委办公厅〔体棋字（92）35号〕印发关于下发《中国围棋业余段位制》，是我国最早试行业余锻炼标准，开启了体育项目业余锻炼的先例。随后，1997年12月30日原国家体委办公厅〔体武字（97）231号〕印发关于下发《中国武术段位制》的通知，相继，1998年3月26日原国家体委〔体田字（98）070号〕印发关于下发《全国田径业余锻炼等级标准实施办法》的通知，1998年7月4日国家体育总局办公厅〔体游字（98）182号〕印发关于下发《推行全民健身游泳

---

① 马思远.我国体育锻炼标准的制度化历程与功能嬗变〔J〕.首都体育学院学报，2021，33（5）：481-487.

② 杨文运，林萍《学生体质健康标准》与《学生体育合格标准》的比较〔J〕.体育学刊，2003，10（5）：69-71.

③ 毛振明，杨多多，李海燕.《"健康中国2030"规划纲要》与学校体育改革施策〔J〕.武汉体育学院学报，2018，52（4）：75-80.

锻炼标准办法》通知等。

1999 年 5 月，为落实《全民健身计划纲要》，推动全民健身活动的开展，规范不同体育项目业余锻炼标准的制定，国家体育总局印发了"关于在全民健身活动中推行业余运动员技术等级标准的通知"，明确了《业余运动员技术等级标准目录》，这对激发广大群众参加健身的热情，吸引更多的群众参加不同体育项目的健身活动，加快体育社会化、产业化的进程起到了积极的作用[1]。

截至 2022 年 4 月，已有 39 个体育项目制定了"业余锻炼标准"，"业余锻炼标准"的等级大多不同但各具特色。有的分 3 级（1 ~ 3 级或初级、中级、高级），有的分 5 级（1 ~ 5 级或健将、1 ~ 4 级），有的与专业运动员技术等级衔接分为 6 级（4 ~ 9 级），也有的分为 3 等 9 级（1 ~ 3 级为初级、4 ~ 6 级为中级、7 ~ 9 级为高级）和 4 等 12 级[2]（1 ~ 3 级为入门级，4 ~ 6 级为提高级，7 ~ 9 级为专业级，10 ~ 12 级为精英级），不一而足。另外还有如健身气功、武术、跆拳道、空手道等，多采用段位制，设置方式也不尽相同。以上这些等级（或段位）划分，必然导致等级序号孰大孰小、孰高孰低等混乱问题；在等级的称呼上，如"大师""精英""大家"等称号更是夸张，加之媒体捕风捉影，更容易混淆视听，对体育锻炼和体育项目发展造成不利影响[3]。

本节小结：从《劳卫制》到《国家学生体质健康标准》的变迁是以政府体育部门为主体，自上而下强制性体育锻炼制度变迁过程，表现为体育行政法规及其相关体育法律引入和实现，受到我国政治外交、军事防御、经济发展、文化教育的影响。在中华人民共和国成立之初，褦褓中的我国政权面对国外敌对势力的威

① 国家体育总局办公厅关于在全民健身活动中推行业余运动员技术等级标准的通知［EB/OL］.（1999-05-11）［2022-08-06］.https://law.lawtime.cn/d644087649181.html.

② 唐炎.《青少年运动技能等级标准》的研制背景、体系架构和现实意义［J］.上海体育学院学报，2018，42（3）：2-7.

③ 马思远，张振龙，李耀章，等.我国体育项目业余锻炼等级标准的研制背景、体系构建与现实意义［J］.首都体育学院学报，2022，34（4）：424-434.

胁，《劳卫制》起到保家卫国、促经济生产和强健国民体格的作用。中苏关系的破裂和去苏联化，我国《青少年体育锻炼标准》从形式上取代了《劳卫制》，但其实施对象、测试内容未变，其目标任务也不可能发生变化。改革开放的动力和自强自立的民族精神，激活了我国经济发展，提高了国民生活水平，自主研制的《国家体育锻炼标准》更好地指导广大人民群众科学化地进行身体锻炼，回应了国民对身体健康的诉求。学生体质长期持续下降，引发党和国家领导高度关注和担忧，《国家学生体质健康标准》作为《国家体育锻炼标准》的重要组成部分，对学生体质下降起到一定作用。全国性各单项体育协会制定的不同体育项目的业余锻炼标准，作为《国家体育锻炼标准》的补充，是开展群众体育的重要抓手，有利于发展体育项目人口，但因主管部门疏于管理，它们各自为治，其实施效果并不尽如人意。

（二）我国体育锻炼标准制度评价指标、测试内容及其目标任务研究

对体育锻炼标准制度而言，大众参与体育锻炼的行为是实现其目标任务的关键。那么，设定哪些指标评价参与者行为效果，这些评定指标又通过哪些具体体育项目来实施，从而达成评定指标的设定目标？不同时期体育锻炼标准制定要根据社会经济、文化教育发展的需要，特别是人民的健康的需要，结合国家体育大政方针来制定。现将我国体育锻炼标准制度评价指标、测试内容及其目标任务（如表 2-1 所示）研究现状综述如下。

表 2-1 不同历史时期体育锻炼标准制度评价指标、内容及其目标任务变化

制度类型	时间跨度（年）	测试对象	评价指标	测试内容	目标任务
《准备劳动与卫国体育制度》（《劳卫制》）	1954—1964	青少年学生、成年人	速度、灵敏、体力、耐久跑	劳卫操、单杠双臂屈伸、引体向上、短跑、中长跑、游泳、滑冰、跨栏、垫上运动、跳高、跳远、铅球、手榴弹、行军、骑马、射击、爬杆、俯卧撑、举重、标枪、垒球等	军事防御、劳动生产、强健体格
《青少年体育锻炼标准》	1964—1975	青少年学生、成年人	同上	同上	同上
《国家体育锻炼标准》	1975—1982	儿童、青少年学生、成年人	力量、速度、耐力、灵敏、柔韧	短跑、往返跑、中长跑、1分钟跳绳、滑冰、游泳；跳远、跳高、立定跳远；投掷（铅球、垒球和实心球）；引体向上（男）、1分钟仰卧起坐（女）、爬杆和举重等。	经济建设、强身健体
	1982—1990	儿童、青少年学生、成年人	同上	短跑、往返跑、中长跑、1分钟跳绳、跳远、跳高、立定跳远；投掷（铅球、垒球和实心球）；引体向上（男）、1分钟仰卧起坐（女）、爬杆和举重等	经济建设、体质健康
	1990—2003	儿童、青少年学生、成年人	同上	短跑、往返跑、中长跑、1分钟跳绳、跳远、跳高、立定跳远；投掷（铅球、垒球、实心球和沙包）；引体向上（男）、1分钟仰卧起坐（女）、20秒立卧撑、屈臂悬垂、斜身引体、双杠臂屈伸；滑冰、游泳等	经济建设、体质健康
《普通人群体育锻炼标准》	2003—2013	20～59岁	同上	测试围绕耐力、速度、柔韧、灵敏和力量5大要素的25项评价指标	促进体质健康，愉悦身心

续表

制度类型	时间跨度（年）	测试对象	评价指标	测试内容	目标任务
《国家体育锻炼标准》	2013—至今	6～69岁	同上	测试项目较多，围绕耐力、速度、柔韧、灵敏和力量进行设计	促进体质健康，愉悦身心
《学生体育合格标准》	1990—1994	小、中、大学学生	身体形态、身体机能、身体素质和健康视力指标	身高、体重、胸围、肺活量；50米、1 000米（男）、800米（女）、立定跳远、铅球；引体向上（男）、仰卧起坐（女）；视力健康等	增强学生体质、促进学生身心健康成长
《国家学生体质健康标准》	2002—至今	小、中、大学学生	身体形态、身体机能和身体素质	BMI、肺活量、50米、坐位体前屈、1分钟跳绳、1分钟仰卧起坐、50×8往返跑、立定跳远、引体向上（男）、1 000米（男）、800米（女）	促进学生体质健康、激励学生锻炼身体
不同体育项目业余锻炼标准	1992—至今	儿童、青少年和成年人	运动技术技能、耐力、力量、速度、柔韧等	不同体育项目测试内容不同	促进体质健康、发展体育项目人口

1.《劳卫制》评价指标、测试内容及其目标任务研究

"《劳卫制》是国家根据社会主义建设事业需要，对人民在体育锻炼上的基本要求而制定的，其目的在于鼓励人民积极参加体育锻炼，促进体育运动的广泛开展，提高运动技术水平，使人民身强力壮，意志坚强，更好地为社会主义建设和保卫祖国服务。[1]"依据此，建立了速度、灵敏、体力、耐久跑四类身体素质评价指标，测试体育项目内容较为丰富：劳卫操、单杠双臂屈伸、引体向上、60米、100米、400米、3 000米、游泳、滑冰、跨栏、跳高、跳远、铅球、手榴弹、行

---

① 原国家体委政策研究室主编.体育运动文件选编（1949-1981）[M].北京：人民体育出版社，1982：224.

军、骑马、爬绳、爬杆、俯卧撑、举重、标枪、垒球等①。《劳卫制》按年龄组别制定达标标准，通过以上体育项目锻炼和等级测试，促进了国民积极参加体育锻炼，特别对青少年积极参加体育锻炼习惯的养成具有重要作用，有效地服务了国防安全、劳动生产和国民的体质健康。

2.《国家体育锻炼标准》评价指标、内容测试及其目标任务研究

1972 年国家体委组织专家探索和研制《国家体育锻炼标准》，1975 年国务院批准颁布实施《国家体育锻炼标准》。就测试内容而言，保留了大部分体育项目，取消了《劳卫制》中的诸如掷手榴弹、射击、行军等军事体能测试项目，增加了掷实心球、铅球、1 分钟仰卧起坐等身体素质测试项目，弱化了体育锻炼标准的军事功能，重视国民身体素质。不可否认，尽管中苏关系交恶和"去苏联化"，《国家体育锻炼标准》制度仍未脱离《劳卫制》的影响。

改革开放后，随着我国与西方国家的关系得到改善和社会经济迅速发展，人民生活水平不断提高，我国群众体育政策也相应做出调整，体现在 1982 年、1990 年连续两次对《国家体育锻炼标准》制度的修订，主要围绕力量、速度、耐力、柔韧、灵敏等五类测试指标的具体测试内容进行调整，删除滑冰和游泳等测试项目；评价方法由达标法转变成评分法，可以将不同计量单位测试项目的成绩转化成分数，使不同个体、群体之间可以进行比较，有利于学生体质的个体差异性比较，标准的评价方法趋向于科学合理②。经过两次修订，《国家体育锻炼标准》在年龄分组、项目设置以及评分评级标准和奖励办法等方面进一步规范化、标准化和制度化。

进入 21 世纪，现代"文明病"随之产生与蔓延，人们更注重身心健康的和

① 徐锦星，岳建军，刘伟.建国初期我国劳卫制的研究与启示［J］.湖北体育科技，2018，37（6）：481-484+509.

② 李建强.我国学生体质健康标准的演变历程及特征研究［D］.苏州：苏州大学，2009.

谐发展，测试内容更加注重体质健康①。我国于 1997 年、2000 年两次进行国民体质监测，监测的结果表明成年人的体质健康状况并不容乐观，这引起了社会高度重视。众所周知，《国家体育锻炼标准》实施对象主要是青少年，那么如何采取行之有效的措施办法提高成年人的体质健康水平呢？为此，2003 年颁布实施《普通人群体育锻炼标准》，其实施对象是健康成年人（20～59 岁）②，测试指标不再涉及身高、体重的形态指标，而是把重点放在了人体机能的速度、力量、耐力、柔韧性和灵敏性的测定上。《普通人群体育锻炼标准》按性别、年龄分为男和女各 8 个组别，锻炼与测试的体育项目分设 5 大类，男女各 23 个项目。《普通人群体育锻炼标准》既考虑了人的共性，又考虑了年龄和性别的差异，可以说具有科学性、趣味性、实用性、可行性和统筹性，在测试项目中，有很多是各个年龄阶段都适用的，也有些是专门针对某一性别和某一年龄段的③；绝大部分测试内容简便易行，并饶有趣味，群众可以根据自己的身体锻炼情况有选择性地进行测试④。

2013 年，国家体育总局联合教育部、全国总工会，在参考《普通人群锻炼标准》和《学生体质健康标准》的基础上，借鉴和融合了国内外的身体素质测验项目，对《国家体育锻炼标准》进行补充和完善，将《普通人群体育锻炼标准》与《国家体育锻炼标准》合二为一。新修订的《锻炼标准》实现了 6～69 岁人群的全覆盖，包括儿童、少年、青年、壮年和老年五个组别；在项目设置上包括力量、

---

① 梁恒，李静波.新中国成立以来我国体育锻炼标准的变迁［J］.体育学刊，2011，18（5）：66-70.

② 普通人群体育锻炼标准试行办法（试行）（2008-05-12）［2022-08-06］［EB/OL］.https://www.sport.gov.cn/gdnps/content.jsp?id=572583.

③ 《普通人群体育锻炼标准》解读［EB/OL］.（2003-06-23）［2022-08-06］［EB/OL］.http://www.dzwww.com/tiyu/zonghetiyu/200306230641.htm.

④ 国家体育总局公布《普通人群体育锻炼标准》［EB/OL］.（2003-05-10）［2022-08-06］.http://www.gov.cn/test/2005-06/28/content_10723.htm.

速度、耐力、灵敏和柔韧五类测验指标，并充分考虑各组别的年龄特点，在测验项目尽量保持一致性的同时，在项目设置的难易度、评分评级标准等方面尽量符合不同年龄人群的特点，对测试项目删繁就简，设有选测项目[①]。新修订的《国家体育锻炼标准》既能评价参与体育锻炼的效果，也能鼓励广大人民群众自觉参与体育锻炼，增强体质健康。

3.《学生体育合格标准》和《国家学生体质健康标准》评价指标、测试内容及其目标任务研究

《学生体育合格标准》包括（大、中、小学生）和《国家学生体质健康标准》在一定程度上是《国家体育锻炼标准》制度在学校的实施。"我国大、中、小学生体质健康状况连续 20 多年呈下降趋势，已经成为教育界，乃至整个社会不得不关注的问题。[②]"因为《国家体育锻炼标准》是推荐性标准，不具有强制性，因此，要解决学生体质下降的问题，必须要制定具有强制性的体育锻炼标准来推动学校体育工作强有力的开展。在此背景下，国家教委分别于 1990 年、1991 年和 1992 年颁布《大学生体育合格标准》《中学生体育合格标准》和《小学生体育合格标准》及其实施办法，测试指标包括：形态指标，身体技能指标和健康视力指标，以及学生参与体育课堂和体育活动的态度等，旨在扭转学生体质持续下降的局面。因为学生体育合格标准执行的力度和监管不到位[③]，学生体育合格标准不仅没有反映学生体质状况，更没有反映出学校体育的目的任务的完成情况[④]。

---

① 《国家体育锻炼标准》修订完成将向社会发布［EB/OL.（2013-12-24）［2022-08-06］］.http://news.sohu.com/20131224/n392313564.shtml.

② 卢元镇.当今学校体育中的几个理论与实践问题［J］.吉林体育学院学报，2009，25（5）：1-6.

③ 杨文运，林萍《学生体质健康标准》与《学生体育合格标准》的比较［J］.体育学刊，2003，10（5）：69-71.

④ 彭贻海.中学生体育合格标准的研究［J］.湖北体育科技，1995（3）：83-85+53.

1994 年 9 月 1 日起,《中学生体育合格标准的试行办法》废止 ①。

1995 年、2000 年教育部等五部委共同组织对全国学生体质健康调研结果表明:我国学生的速度素质、耐力素质、柔韧素质、力量素质等均有所下降,其下降幅度明显 ②。为扭转学生体质下降困局,2002 年教育部、国家体育总局颁布试行《学生体质健康标准》,旨在切实加强学校体育,树立健康第一的指导思想,促进学生积极参加体育锻炼,提高体质健康水平和自我保健的能力。经过 5 年试行,2007 年《国家学生体质健康标准》正式颁布施行。《学生体质健康标准》的测试项目内容有身体形态、身体机能和身体素质三个方面的测试评价指标组成,而《国家学生体质健康标准》有身体形态、身体机能、身体素质和运动能力等四个方面的测试评价指标组成。《国家学生体质健康标准》中新增加的测评项目主要包括:踢毽子、跳绳、引体向上、掷实心球、篮球运球、足球颠球和排球垫球等项目。《国家学生体质健康标准》测试项目内容丰富多彩是新标准的一个特点,与《学生体质健康标准》相比,由原来的 11 项增加到 17 项。这为选择测试项目提供了更大的范围,项目越丰富,选择的项目越多,对于每个学生来说,就必须进行全面的学习和锻炼。2014 年,教育部重新修订了《国家学生体质健康标准》,着重提高其应用的信度、效度和区分度,着重强化其教育激励、反馈调整和引导锻炼的功能,着重提高其教育监测和绩效评价的支撑能力 ③。然而,《国家学生体质健康标准》落实的效果并不理想,毛振明教授用"7 个失效 ④"阐述它已经严重地失效和失信。

---

① 国家教育委员会中学生体育合格标准实施办法 [EB/OL].(1991-05-16)[2022-08-06].https://baike.baidu.com/item/ 国家教育委员会中学生体育合格标准实施办法 /5715726?fr=aladdin.

② 黄勇前.《学生体质健康标准》出台背景及实施意义 [J].体育文化导刊,2006(5):70-72.

③ 马思远.我国体育锻炼标准的制度化历程与功能嬗变 [J].首都体育学院学报,2021,33(5):481-487.

④ 毛振明,杨多多,李海燕.《"健康中国 2030"规划纲要》与学校体育改革施策 [J].武汉体育学院学报,2018,52(4):75-80.

4. 全国性单项体育协会制定的业余锻炼标准评价指标、测试内容及其目标任务研究

从 1992 年 8 月 6 日原国家体委办公厅〔体棋字（92）35 号〕印发《中国围棋业余段位制》以来，国家体委（各类单项体育协会）相继制定各类体育项目业余锻炼标准，如田径、篮球和游泳、网球、羽毛球等，这些标准称谓各异，有的称《全国 XX 业余锻炼等级标准》，有的称《XX 业余运动员技术等级标准》，也有的称《XX 业余选手技术等级标准》等；因为体育项目不同，评定指标和内容也不尽相同，但目标任务相同，都是为激发广大群众参加体育锻炼的热情，吸引更多的群众参加不同体育项目的健身活动中，加快各类体育项目运动普及化，实现"体育人口"向"体育项目人口"过渡和发展，服务于全民健身、全民健康和体育强国等国家体育战略。

截至 2022 年 4 月，国家体育总局群体司锻炼标准处统计已有 39 个体育项目制定了"业余锻炼标准"，基于各类体育项目的称谓、评价指标、等级设计方式不同，必然造成社会认识上的混乱，特别是对一些体育项目高等级的称呼为"大家""精英"，甚至称"大师"，这些称谓加之媒体捕风捉影，更容易混淆视听，对体育锻炼和体育项目发展造成不利影响。

本节小结：综上梳理我国不同历史时期体育锻炼标准制度的评价指标、测试内容及其目标任务的相关文献资料认为，中华人民共和国成立初期我国建立起来的《劳卫制》与军事防御、劳动生产的体力需求是紧密关联的，其体质测评评价指标和测试内容是以体育锻炼、军事训练增强体力、体能为核心的测评体系，服务于国防安全、经济生产和国民体格强健的目标任务；社会主义全面建设时期，我国体育锻炼标准制度体质健康测评由国防军事防御和经济生产劳动的体力体能需求转向经济生产劳动的技能需求，主要以运动技能强体为核心的技能测评体系；改革开放后，对健康认知视野得以拓展，体质健康测评注重身体形态、身体

机能和身体素质等指标，更加关注国民的整体体质健康，忽视个体体质健康；进入 21 世纪以来，体育锻炼标准制度体质测评评价更加关注个人的身体形态发育、心肺功能、柔韧性、灵活性，健康指标关注肥胖、近视检出率以及营养不良等问题，体质健康测评从服务"人"的运动能力转向了服务"人"的身体健康[1]，从关注国民整体体质健康逐渐转向个体健康测评体系。但限于测评结果公布不及时性、宏观整体性，这种延时、模糊的反馈难以引起个体对自己体质健康存在问题的重视，最终导致整体目标任务无法实现。

（三）我国体育锻炼标准制度实施效果和问题研究

制度的实施效果既检验了制度的合理性、科学性，又衡量了制度的执行力和时效性，对发现问题，革新制度具有镜鉴作用。梳理我国不同历史时期不同体育锻炼标准制度的实施效果，旨在为了从制度的实施情况和效果中发现问题、探寻规律和特点，以此为鉴，不断地完善或革新制度，充分发挥制度的功能和价值，更好地服务于广大人民群众的健康和幸福生活，实现《健康中国 2030》国家战略和体育强国梦。

1.《劳卫制》的实施成果和存在的问题研究

（1）《劳卫制》实施取得的成果研究

《劳卫制》的实施极大地调动了群众参与体育健身的热情，并在全国范围内掀起了体育锻炼热潮，有效地提高了广大人民群众身心健康水平，对加强国家安全防御，促进经济生产启动有着重要作用。从 1952 年 6 月到 1954 年底，全国有 187 所中等以上学校的 12.74 万多名学生参加了"劳卫制"一级的锻炼；有 3 360 多所中等以上的学校 115.9 万多名学生参加了"劳卫制"预备级的锻炼[2]。1954 年

---

① 王健，万义.我国青少年体质健康测评的历史演进与生态重建——我们需要什么样的"体质"[J].武汉体育学院学报，2016，50（2）：5-10.

② 曾桓辉.新中国成立后推行"劳卫制"的历史研究[J].体育文化导刊，2005，2（2）：74-76.

这一年就有 70% 的机关干部做工间操，1954 年 5 月至 1955 年初，据不完全统计，有 187 所中等以上学校试行劳卫制一级，参加锻炼的学生达 12.7 万余人；在 2 300 所学校中推行劳卫制预备级，参加锻炼的学生达 115.9 万余人[①]。到 1958 年正式颁布《劳动卫国体育制度》，全国已有 267 万多人达到"劳卫制"标准，除军队外有 22.5 万人达到等级运动员标准，运动健将 410 人[②]。

1964 年，中央正式废除《劳卫制》名称，取而代之的是《青少年体育锻炼标准》。《青少年体育锻炼标准》作为过渡性的体育制度，依然发挥着重要作用，到 1965 年达到《青少年体育锻炼标准》的学生人数达 4 280 万人[③]。

（2）《劳卫制》实施存在的问题研究

《劳卫制》作为特定历史时期产物，不能避免地受到相关政治因素以及时代因素的影响，在实施过程中出现的：对低年级的学生要求过高、过急，对学生要求运动过量[④]，"把《劳卫制》说得过于'神'化和政治化"[⑤]。特别是 1958 年上半年开始了举世闻名的"大跃进"，掀起一股不讲运动规律，不切实际的浮夸风，许多学校一方面停课搞大炼钢铁，一方面体育锻炼搞"挑灯夜战"，急功近利达标通级，加上经济困难和卫生条件差，造成学生营养不良等严重健康问题。1964 年，随着中苏关系破裂，《劳卫制》从形式上退出了历史舞台。

2.《国家体育锻炼标准》实施取得的成果和存在问题研究

（1）《国家体育锻炼标准》实施取得的成果研究

在参考《劳卫制》基础上，1975 年国家体委完成《国家体育锻炼标准》的研

---

① 乔克勤. 我国实施劳卫制中的两个问题［J］.体育文史，1989（5）：78-79.

② 霞飞，高占树.贺龙与新中国人民体育事业［J］.党史博采，2008，9（9）：16-18.

③ 国家体委群体司.《国家体育锻炼标准手册》［M］.北京：人民体育出版社，1982：66.

④ 周良云，许良. 我国学生体质与健康状况"趋势性变化"的解读与思考［J］.广州体育学院学报，2013，33（1）：23-27.

⑤ 万舞年.宣传劳卫制要求实事求是［J］.新体育，1957（2）：15.

制工作，并试行。据统计：1979—1982 年间我国达到《国家体育锻炼标准》及格以上的人数是 1978 年的 8 倍；自 1982 年 8 月《国家体育锻炼标准》颁布以来，全国已有 28 个省、自治区、直辖市开展了施行工作参加锻炼和达到《国家体育锻炼标准》各级的人数迅猛增长，截至 1986 年年底，4 年中累计已有 15 亿人次达到及格以上，其中 1986 年就有 5 千万人次[①]。1989 年比 1983 年增加 4 694 万人，其 6 年间，年均增长近 800 万人。1989 年 11 月 10 日，国家体委副主任徐寅生在全国施行《国家体育锻炼标准》工作经验交流会上的讲话：七年来达标人数和施行面大幅度上升，截至 1988 年年底，全国达到及格以上的人数已有近二亿八千万人次，与 1983 年相比增长了 2.5 倍，优秀级人数增长了 4 倍。相当一部分省市城镇中小学校的施行面已达 80% 以上。1994 年比 1987 年增长近 3 000 万人，4 年间年均增长 700 多万人。1993 年实施《国家体育锻炼标准》的学校达到 76%。截至 1994 年年底，我国达到《国家体育锻炼标准》及格以上的累计为 9.1 亿人次[②]。1997 年，国家体委副主任刘吉在推行《国家体育锻炼标准施行办法》先进单位、先进工作者表彰会发言中指出，《国家体育锻炼标准》活动激励了广大学生积极参加体育锻炼，使学生在锻炼中增强了体质，提高了运动技术水平，培养了良好的意志品质，造就了一代代体魄强健的建设者。为增强国民体质做出了贡献。近几年来每年全国适龄学生达到《国家体育锻炼标准》及格以上的就有 1 亿人，这是一个相当了不起的成就。

然而，2000 年教育部等五部委（局）共同组织的第 4 次全国学生体质健康调研结果表明：2000 年与 1995 年相比，我国学生的速度素质、耐力素质、柔

① 国家体委群体司学校体育处.把实施《国家体育锻炼标准》的工作推向新阶段［J］.中国学校体育，1987（5）：10-11.

② 范立仁.总结经验，进一步做好《国家体育锻炼标准》施行工作［J］.中国学校体育，1996（2）：60.

韧素质、力量素质等均有所下降，且下降幅度明显[①]。《"健康中国2020"战略研究报告》显示：我国18岁以上居民中有83.8%的人从不参加锻炼，其中城市为73.2%，而且这一数字低于2002年的78.4%，经常锻炼（每周3次以上，每次至少10分钟）的人仅占11.9%。"健身人群集中在老年人和妇女群体，农村地区以及中青年群体、企事业单位职工的全民健身意识相对薄弱[②]。"究其原因，从20世纪90年代初，随着社会主义市场经济体制的建立，我国的社会结构发生根本性变化，单位制逐渐退隐，人的单位属性不断弱化，社会属性逐步增强，社会流动性增大，仅依靠过去那种单位组织体育、治理体育的做法，因组织依托缺失，政府驱动传递链条断裂，越来越呈现出社会内生无力和政府驱动无效[③]。过去那种"一呼百应"轰轰烈烈搞达标测试的场景一去不复返了，取而代之的是《国家体育锻炼标准》抽测。如，由湖北省体育局、省卫生健康委员会、省总工会、共青团省委联合主办，湖北省体育局田径运动管理中心、省田径协会承办的"2019年湖北省国家体育锻炼标准达标测试活动"，全省17个市、州、林区、省直管市，仅289人参加了此次达标测试活动[④]。难怪国家体育总局副局长赵勇在2017年全国省级群体干部培训班上的讲话说，各省市举办的抽测、达标赛和分站赛，仪式非常隆重，而参赛人数寥寥无几[⑤]。这必然造成体育锻炼标准制度的体育治理效率日趋低下，导致执行效果失效。

---

① 李小伟.学生体质：让人欢喜让人忧［N］.中国教育报，2001-11-10（3）.

② 刘国永，杨桦，任海.中国群众体育发展报告（2015）［M］.北京：社会科学文献出版社，2015：11.

③ 任海.中国体育治理逻辑的转型与创新［J］.体育科学，2020，40（7）：3-13.

④ 2019年湖北省国家体育锻炼标准达标测试活动在汉举行［EB/OL］.（2019-09-28）［2022-08-08］.http://news.hbtv.com.cn/p/1737384.html.

⑤ 赵勇同志在2017年全国省级群体干部培训班上的讲话［EB/OL］.（2017-05-27）［2021-08-08］.http://www.sport.gov.cn/n316/n337/c805065/content.html.

（2）《国家体育锻炼标准》实施存在问题研究

从 20 世纪，特别是 80 年代一年参加《国家体育锻炼标准》达到及格以上人数从几千万年均增长近 800 万人，到今天的一个省近 20 个市，仅有 200—300 人参加"以点带面、轰轰烈烈"的测试赛，问题的原因何在？研究认为，问题源于以下三个方面：

①《国家体育锻炼标准》的施行效果与我国的单位制的强大动员力紧密相连。计划经济时期，我国发达的单位制是构筑了群众体育的组织基础。群众体育的开展依靠单位体育的强大国家动员力，强化了我国群众体育组织化程度和实施效果，为广大人民群众的体质健康立下汗马功劳。但随着我国社会主义市场制度建立，在单位制的退隐导致体育去组织化的同时，社会和市场力量的崛起并没有带来再组织化的自然出现。体育体系底端处于碎片化的状态，无组织的或低组织的体育活动成为体育的主流。体育发展和治理失去基层组织依托，关系到亿万普通民众切身利益的基层体育趋向无组织状态。中国体育如今面临的所有问题，都直接或间接的与基层体育组织缺失有关[①]。

②生活方式单一化向多样化和兴趣广泛化发展，直接影响国民参与体育运动的取向，对青少年更加明显。社会经济的发展，使得简单、单一的生活方式一去不复返。信息化时代的体育兴趣泛化和全球的"泛娱乐化"，深深吸引国民去享受所谓的"幸福生活"，特别是青少年。他们宁愿沉迷"以粗俗搞怪的、搞笑娱乐的方式，向人们传播浅薄的、无价值的信息，使人们达到精神上的快感、心理上的安抚[②]"的网络，也不愿意参加为身体健康付出汗水的体育锻炼。这种全民的"泛娱乐化"倾向，严重影响学校体育和社会体育的开展效果。

③基于健康的促进模式（health promotion model），使得国家总是想通过不断

---

① 任海.由单位体育到社会体育——对我国群众体育发展的思考［J］.体育科学，2018，38（7）：11-12.

② 郑晓云.民族文化认同论［M］.北京：中国社会科学出版社，2014：154.

强化单纯的运动技能促健康的手段，以扭转"体质下降"的困境，这种基于其实用性的工具意义的、带有功利驱动的被动行为的策略，背离体育的主体观和人本性。人是寻求意义的高级动物，我们要更新观念，将参加体育锻炼的焦点由无意义的检测结果转向体育运动快乐体验的过程，由维护体质健康转向体育运动意义的探求，从而不断地激发生命潜能，提高生活和生命质量，追求生活品位和生命的价值意义，为人类的身心健康注入新的活力。

3.《国家学生体质健康标准》实施取得的成果和存在的问题研究

随着改革开放，经济快速发展和人民生活水平的提高，体质健康遭遇现代"文明病"的严重威胁，学生体质健康成滑铁卢般下降。为应对学生体质健康问题，于 1990 年、1991 年和 1992 年分别颁发《大学生体育合格标准》《中学生体育合格标准》和《小学生体育合格标准》及其实施办法，囿于该项制度落实监管不到位，未取得成效就草草收场。在此不做赘述。

（1）《国家学生体质健康标准》实施取得的成果研究

全国学生体质与健康调研制度是国务院 1987 年同意建立的，它是国民体质监测体系的重要组成部分，也是学校体育工作的重要内容。开展全国学生体质与健康调研的目的是了解学生的体质健康现状及其变化趋势和发展规律，便于国家施策，科学治理和指导学校体育工作，助力体育强国、教育强国和健康中国建设。

根据教育部关于不同时期全国学生体质与健康调研公告结果，将《国家学生体质健康标准》每次测试数据与上一次测试数据进行比较，对比分析结果的情况统计如表 2-2 所示。

表 2-2　不同时期学生体质健康测试数据对比结果

时期（年）	形态发育水平	肺活量	身体素质				肥胖检出率	视力不良检出率	备注
			速度	力量	爆发力	耐力			
2002	↑	↓	↓	↓	↓	↓	↑	↑	
2005	↑	↓	↓	↓	↓	↓	↑	↑	
2010	↑	出现上升拐点	止跌好转	↑	止跌好转	止跌	↑	↑	大学生身体素质继续呈现缓慢下降
2014	↑	↑	↑	略有好转	↓	有所好转	↑	↑	大学生身体素质持续下降
2019	↑	↑	出现好转	出现好转	出现好转	出现好转	↑	↑	

注：1. 2002 年学生各项体质指标是与 2000 年和 1995 年比较得出的结果；2. "↑"表示上升或提高 "↓"表示下降或降低。

通过表 2-2 纵向较为宏观上分析 2002—2019 年全国学生体质与健康调研数据认为：学生的形态发育水平始终向好；肺活量从 2010 年出现上升拐点，2014 和 2019 年，学生肺活量持续提高；学生的身体素质（速度、力量、爆发力和耐力）2002—2005 年呈下降趋势，2010—2019 年近十年间，学生的身体素质下降趋势得到一定程度的遏制，但也并不乐观，喜忧参半[①]；学生的肥胖检出率和视力不良检出率居高不下；作为学生群体中最有思考力和对体育锻炼促健康认知的大学生群体，在 2010—2014 年连续 2 次检测出"大学生身体素质持续下降"的结果，实在令人匪夷所思。

具体分析 2014—2019 年全国 6～22 岁学生体质与健康调研数据表明：①学生的体质健康达标优良率逐渐上升，2019 年体质健康达标优良率为 23.8%。其中，13～22 岁学生优良率，2014 年为 14.8%，2019 年为 17.7%，上升了 2.9 个百分点。②学生的身高形态发育指标均继续呈现上升趋势。与 2014 年相比，2019 年全国

---

① 全国学生体质健康状况喜忧参半［EB/OL］.（2015-11-26）［2022-08-06］http://edu.sdchina.com/show/3604243.html.

7 ～ 9 岁、10 ～ 12 岁、13 ～ 15 岁、16 ～ 18 岁、19 ～ 22 岁男生身高分别增加 0.52 厘米、1.26 厘米、1.69 厘米、0.95 厘米和 0.81 厘米，各年龄组女生身高分别增加 0.72 厘米、1.24 厘米、0.97 厘米、0.80 厘米和 0.62 厘米[①]。③学生的肺活量水平有提升趋势。与 2014 年相比，2019 年全国 7 ～ 9 岁、10 ～ 12 岁、13 ～ 15 岁、16 ～ 18 岁、19 ～ 22 岁男生肺活量分别增加 82.5 毫升、153.6 毫升、209.7 毫升、161.2 毫升和 92.3 毫升，各年龄段女生的肺活量分别增加 105.3 毫升、166.0 毫升、187.2 毫升、147.0 毫升和 102.2 毫升。④学生的速度、力量、耐力等素质出现好转。与 2014 年相比，13 ～ 15 岁、16 ～ 18 岁男女中学生 50 米跑成绩有所提升，分别提高了 0.09 秒和 0.01 秒；13 ～ 15 岁女生 800 米跑成绩提高 4.49 秒，13 ～ 15 岁男生 1 000 米跑成绩提高 6.50 秒。力量和耐力素质，不同年龄段有所提高和改善[②]。

（2）《国家学生体质健康标准》实施存在的问题研究

与谁比，得出的结果或结论可能迥然不同，甚至相反。我国学生体质健康得出的结论主要基于与上一次的测试数据比较得出的。这种做法存在一定的局限性，得出的结论在一定程度上可能会偏离实际情况，给国家正常制定和实施国家学生体育带来误判，影响国家决策、施策。比较需要一个基点，在此基点的基础上，既要对历次测量数据进行纵向比较，又要与周边国家的学生体质进行横向比较，只有这样才能得出较为客观的结论。

周爱光教授通过 1995—2005 年十年间，对中日 7 ～ 17 岁的学生的身高、体重、50 米跑、立定跳远和握力进行比较认为，"目前日本学生的体质健康水平高于我国学生。在身高、体重方面，虽然近年来我国比日本增长幅度大，但在大多

---

① 第八次全国学生体质与健康调研结果公布学生身高、体重等发育指标持续向好［EB/OL］.（2021-09-04）［2022-08-07］.https://baijiahao.baidu.com/s?id=1709982483088473082&wfr=spider&for=pc.

② 教育部.第八次全国学生体质与健康调研有关情况介绍［EB/OL］.（2021-09-03）［2022-08-07］.http://www.moe.gov.cn/fbh/live/2021/53685/sfcl/202109/t20210903_558262.html.

数年龄段上与日本仍有一定的差距；在运动能力方面，我国学生 50 米跑、握力、立定跳远的成绩远落后于日本。[①]"基于此研究结论，或许能更为客观地判断我国学生的体质健康的实际情况。周爱光教授的研究也印证了学生体质健康研究专家毛振明教授对我国学生体质健康出现问题的思考。毛振明教授认为：①机制失效："学生锻炼内在动力"的逐渐丧失；②诚信失效："学校用自己测的数据让领导评价自己"的逻辑死结；③精度失效："必须适应全国各地条件的通用指标"的无奈；④问题失效："面对学生身体主要问题"的不对应和不精准；⑤对象失效：在历史演变中日益模糊的"给谁看、给谁用、激励谁"；⑥评价失效：只剩下"总分"和"百分比"的粗放型评价；⑦工作失效：学校体育、课程、教学改革都只说过程，不说结果更不说体质数据等[②]。他用了"7 个失效"阐释了我国《国家学生体质健康标准》实施过程中存在的问题。

现阶段，大面积大幅度提升学生体质的局面尚未形成。究其原因是国家层面缺乏科学、精准、明确和有无共识的体质提升目标（如表 2-3 所示），缺乏系统有力的实施方略和推进工程，权威的《国家学生体质健康标准》还面临若干促进功能失效的现象，进而造成各地区和基层学校在增强学生体质工作方面正面临测量、分析与干预"三不精准"的困局。要实现学生体质大面积大幅度提升，就必须推进学生体质提升的精准测量、精准分析和精准干预的"三精准"工作[③]。

① 周爱光，陆作生.中日学生体质健康状况的比较及其启示［J］.体育学刊.2008（9）：1-7.

② 毛振明，杨多多，李海燕.《健康中国 2030"规划纲要》与学校体育改革施策［J］.武汉体育学院学报，2018，52（4）：75-80.

③ 毛振明，叶玲，丁天翠等."三精准"视域下新时代学校体育大面积大幅度提升学生体质干预策略研究［J］.天津体育学院学报.2022，37（2）：125-130.

表 2-3　近些年有关学校体育重要文件中有无"增强学生体质"目标情况

文件颁布部门	颁布时间	文件名称	有无增强学生体质目标情况
中共中央国务院	2007 年	《关于加强青少年体育增强青少年体质的意见》	通过 5 年左右的时间使我国青少年普遍达到国家体质健康的基本要求，体能素质明显提高，营养不良、肥胖和近视的发生率明显下降
教育部等	2012 年	《关于进一步加强学校体育的若干意见》	无
国务院办公厅	2016 年	《关于强化学校体育促进学生身心健康全面发展的意见》	无
中共中央国务院	2016 年	《"健康中国 2030"规划纲要》	《国家学生体质健康标准》达标优秀率25%以上
国务院办公厅	2019 年	《体育强国建设纲要》	到 2020 年全民族身体素养和健康水平持续提高；到 2035 年，青少年身体素养显著提升，健康状况明显改善
中共中央国务院办公厅	2020 年	《关于全面加强与改进新时代学校体育工作的意见》	到 2022 年，学生身体素质和综合素养明显提升
中共中央国务院	2020 年	《深化新时代教育评价改革总体方案》	无

4. 各单项体育协会制定的业余锻炼标准实施效果和存在的问题

（1）各单项体育协会制定的业余锻炼标准实施效果

2015 年 4 月 6 日，本人通过国家体育总局群体司向 23 个运动项目管理中心发放了 54 份调查问卷，除了汽车摩托车运动管理中心、冬季运动管理中心和航空无线电模型运动管理中心 4 份调查问卷没有收回之外，其他 19 个运动项目管理中心均参与了问卷调查（如表 2-4 所示）。

表 2-4　参与问卷调查的运动项目管理中心与体育项目^①

运动项目管理中心	运动项目	运动项目管理中心	运动项目
田径	田径	篮球	篮球
武术	武术	网球	网球
足球	足球	排球	排球、沙滩排球
射击射箭	射击、射箭	登山	登山、户外、攀岩等
健身气功	健身气功	游泳	游泳
体操	体操、健美操、排舞等	拳击跆拳道	拳击、跆拳道、空手道
举重摔跤柔道	举重、摔跤、柔道	乒乓球羽毛球	乒乓球、羽毛球
手曲棒垒球	手球、曲棍球、棒球、垒球	棋牌	围棋、国际象棋、五子棋、桥牌、国际跳棋和象棋等
小球	台球、高尔夫球、壁球、橄榄球、板球、掷球、保龄球、藤球等	自行车击剑	击剑、现代五项、马术、铁人三项、自行车等
水上	皮划艇静水、皮划艇激流、潜水、滑水、帆船、帆板、摩托艇、水上极限	社会体育指导中心	越野行走、气排球、腰鼓轮滑、柔力球、门球、木球、舞龙狮、龙舟、体育舞蹈、健美、秧歌等

　　调查的结果显示：有 8 个运动项目管理中心的 12 个体育项目制定了业余锻炼等级标准，有 12 个运动项目管理中心的 40 个（类）体育项目未制定业余锻炼等级标准。其中自行车击剑运动管理中心的马术、击剑和铁人三项制定了业余锻炼等级标准，而自行车和现代五项未制定业余锻炼等级标准。那么 8 个运动项目管理中心的 12 个运动项目制定了业余锻炼等级标准实施情况（如表 2-5 所示）：武术业余锻炼等级标准落实效果"非常好"，健身气功、马术、铁人三项和游泳四个项目的业余锻炼等级标准落实效果"比较好"，篮球业余锻炼等级标准难以落实，其他项目的业余锻炼等级标准落实效果为"一般"^②。

① 　马思远，李相如.体育项目业余锻炼等级标准制定与落实的现状及对策［J］.首都体育学院学报，2016，28（6）：503-507.

② 　马思远，李相如.体育项目业余锻炼等级标准制定与落实的现状及对策［J］.首都体育学院学报，2016，28（6）：503-507.

表 2-5　已制定业余锻炼等级标准的运动项目（*n*=12）

运动项目管理中心	运动项目	标准落实情况	运动项目管理中心	运动项目	标准落实情况
武术	武术	非常好	网球	网球	一般
篮球	篮球	难以落实	游泳	游泳	比较好
健身气功	健身气功	比较好	田径	田径	一般
自行车击剑	马术	比较好	举重摔跤柔道	举重	一般
	击剑	一般		摔跤	一般
	铁人三项	比较好		柔道	一般

　　截至 2022 年 4 月，从国家体育总局群体司锻炼标准处获悉，已有 39 个体育项目制定了"业余锻炼标准"[①]，比 2015 年的 12 个体育项目增加了 27 个。就当前各类体育项目的业余锻炼标准实施情况，受疫情影响，本人仅通过电话、微信和邮件等形式征询 23 个全国性体育协会，收到回复的有 15 个协会，其中已经制定业余锻炼标准的有 9 个。通过回复的情况，仅有中国羽毛球协会通过了该项目业余锻炼标准考核的"业余运动员"数量，其他协会皆没有，原因是大部分全国性体育协会把通级考核权利下放到各省分协会，未对相关数量进行统计。但通过征询的信息依然可以做出一些有价值的判断。以羽毛球体育项目为例。羽毛球作为大众最为喜爱和开展最为普及的体育项目，2014 年北青网—北京青年报报道，中国羽毛球项目的体育人口约 2.5 亿人[②]，然而，该项目从 1999 年 3 月 31 日中国羽毛球协会印发实施至今，通过羽毛球业余运动员技术等级的人数仅为 2.6 万人次。这远远超出我们的预料。不过这至少说明两种情况：一是羽毛球业余运动员技术等级标准从设计到激励措施还存在很多问题，不能很好地吸引业余羽毛球爱好者参与羽毛球业余运动等级考评；二是羽毛球业余运动员技术等级标准实施管理不

---

① 马思远，张振龙，李耀章，等．我国体育项目业余锻炼等级标准的研制背景、体系构建与现实意义［J］．首都体育学院学报，2022，34（4）：424-434.

② 中国羽毛球人口达 2.5 亿，专家：最适合老百姓运动［EB/OL］．（2014-04-01）［2022-08-08］https://sports.huanqiu.com/article/9CaKrnJEK1q.

到位。或者二者问题皆有之。窥一斑而知全豹，羽毛球业余运动员技术等级标准落实情况尚且如此。

（2）各单项体育协会制定的业余锻炼标准实施存在的问题

通过文献资料和调研访谈等研究认为，各单项体育协会制定的体育项目业余锻炼标准实施存在如下问题：①标准名称统一的问题。现有的各单项体育协会制定的体育项目业余锻炼标准名称各异，如健美操、乒乓球、铁人和羽毛球等项目称为《XX业余运动员技术等级标准》，田径、游泳和篮球等称为《全国XX业余锻炼等级标准》，网球、攀岩称为《XX业余选手技术等级标准》等，名称如此繁多，评定指标各异，势必造成大众对业余锻炼评价认识上的混乱和对各类标准评价结果的混淆。②标准等级统一的问题。各单项体育协会制定的体育项目业余锻炼标准有的分3级（1～3级或初级、中级、高级），有的分5级（1～5级或健将、1～4级），有的与专业运动员技术等级衔接分为6级（4～9级），也有的分为3等9级（1～3级为初级、4～6级为中级、7～9级为高级）和4等12级[①]（1～3级为入门级、4～6级为提高级、7～9级为专业级、10～12级为精英级），不一而足。另外还有如健身气功、武术、跆拳道、空手道等，多采用段位制，设置方式也不尽相同。以上这些等级（或段位）划分，必然导致等级序号孰大孰小、孰高孰低等混乱问题；在等级的称呼上，如"大师""精英""大家"等称号更是夸张，加之媒体捕风捉影的报道，更容易混淆视听，对体育锻炼和体育项目发展造成不利影响。③协会业务开展和管理问题。地方单项体育协会是全国单项体育协会的会员单位，有缴纳会费、推广普及运动项目的责任和义务。同时，地方单项体育协会面临全国单项体育协会和地方政府双重业务指导，当地方政府与全国单项体育协会发生利益冲

---

① 唐炎.《青少年运动技能等级标准》的研制背景、体系架构和现实意义［J］.上海体育学院学报，2018，42（3）：2-7.

突时，过度依赖地方政府的地方单项体育协会会以地方政府的利益为先[①]。

本节小结：我国不同历史时期颁布施行的不同"标准"制度，对促进不同人群的体质健康皆起到一定的作用。但因不同的"标准"在不同时期受到不同因素的影响，各自的实施效果又不尽相同。总体而言，《劳卫制》和20世纪90年代之前的《国家体育锻炼标准》靠行政手段，取得实施效果较为明显，随后与其他"制度"取得的实施效果颇有争议，褒贬不一，问题在于：①单位制的退隐导致基层体育趋向无组织状态，使得体育发展和治理失去基层组织依托。②生活方式"泛娱乐化"倾向，直接影响国民，特别是青少年参与体育运动的价值取向，严重影响学校体育和社会体育的开展效果。③基于健康的促进模式通过不断强化单纯的运动技能促健康的手段，即"掌握运动技能—促进体质健康"的认知思维，把人作为实现体质健康的工具，忽视了参与运动人的主体性和人本性。④实施效果的取得是一个参考值，那么与谁比，得出的结果或结论可能迥然不同，甚至相反。我国学生体质健康得出的结论主要基于上一次的测试数据比较得出的。这种做法存在一定的局限性，得出的结论在一定程度上可能会偏离实际情况，给国家制定和实施国家学生体育政策正常带来误判，影响国家决策、施策。⑤智育教育之上，体育教育成为"中考""高考"指挥棒下的鸡肋。⑥全国性体育协会的"官民二重性"和"空心化"等特点决定了它"有管无理"的"各自为治"管理模式，这种模式缺少奖惩激励机制，必然造成资源浪费和管理效率低下。

5. 国外体质测量与评价制度的经验与启示研究

那么，各国的社会制度不同，国情也不一样，我们向别国学习哪些经验，从而得到有价值的启示。为此，需从制定和施行体育锻炼标准制度的目的入手，厘清体育锻炼标准制度的功能价值。笔者研究认为，体育锻炼标准制度理应具有监

---

① 侯雪婷，曹可强，李凌，等．全国单项体育协会治理的困境与路径——基于资源依赖理论的视角［J］．体育学刊，2022，29（1）：45-52.

测、导向、整合和促进四项功能。监测功能指通过定期监测国民的体质健康，了解国民的体质状况，及时发现问题，精准施策，提高制度管理效率和效果；导向功能即体育锻炼标准制度必须具有前瞻性或先进性，蕴含调和或解决社会矛盾、协调社会和谐发展的文化核心，才能解决国民体质健康问题，调和社会发展的矛盾，并引领社会健康、协调和和谐发展；整合功能即将体育锻炼标准制度的要求规范内化为个人参与体育锻炼行为的准则，进而将国民的体育锻炼行为纳入一定的制度治理轨道和管理模式，以促进国民体质健康和维持社会稳定；促进功能即通过体育锻炼标准制度的科学评价，有效促进国民主动积极参与体育锻炼，实现自身的体质健康和制度的目的。基于此，主要从制度的实施目的、组织实施和体质评价三个方面的经验进行综述。

（1）国外体质测量与评价制度的实施目的和启示研究

俄罗斯（苏联）：我国的体育锻炼标准制度是在学习、借鉴苏联的《劳卫制》基础上建立起来的，因此，它们的制度对我国的影响不言而喻。现如今，俄罗斯再版《劳卫制》（2013），其目的和任务：增加系统从事体育运动的人口数量，增强国民体质健康和提高预期寿命，培养国民系统从事体育运动、追求身体自我完善、引领健康生活方式的意识，提高国民利用现代信息技术手段和工具、方法进行自主学习的整体水平，提高体育教育系统和群众体育、少年儿童体育、中学和大学体育系统的现代化水平，包括增加体育俱乐部的数量[①]。

美国：美国将落实体质测量与评价制度作为一种非限制性的手段，使该制度融入整个健康、健身教育的过程，目的在于培养学生积极参加身体锻炼活动的生活态度，不仅为了今天，而且为了一生的健康幸福，即为终身体育、终身健康思

---

① 胡浩，王彤.美、日、英、俄学生体质健康测试的比较研究［J］.体育研究与教育,2017,32（2）:103-109.

想打下基础[①]。

欧盟：欧盟各国通过签订相关的学生体质健康测试协议，成立相应的委员会，统一测试标准来测定学生的体质健康状况，协调各国学生体质的测试的相关事宜，落实体质测试过程中的具体工作以及对各国学生体质测试的结果进行比较和评定，最终提出合理的改进建议。他们共同的目的是提高人口体质健康和福利，促进公民体育休闲娱乐健身和竞技体育发展，保障儿童和青少年的健康成长，创造体育平等、公正公平、宽容的，多元体育文化和可持续发展的良好社会环境[②]。

日本：日本体质测量与评价制度倡导"生涯体育"和"快乐体育"体育思想，将青少年体力测定作为中学体育课法定内容，检测锻炼效果，通过"生存潜力"和内在动机来唤醒和激发个体积极参与体育锻炼，真正用强烈的自我锻炼意识去倡导终身体育，促进体质健康，实现增强体质和终身健康[③]。

启示：尽管各国体育锻炼标准制度的指导思想和目的存在一定程度的不同，但都从过去的"强健体格备战"的"军事化"与"工具化"政治色彩中淡出，逐步植入更加"人性化"的理念，通过越来越科学化的手段，有效促进国民主动积极参与体育锻炼，服务终身体育和终身健康，实现健康幸福生活。

（2）国外体质测量与评价制度组织实施与启示研究

体育锻炼标准制度的具体落实过程即制度的组织实施过程。具体而言，组织实施即对制度需要落实的工作，从制度目标要求、工作内容、方式方法及工作步骤等方面做出全面、具体而又明确安排；再组织必要的人力、物力和财力贯彻落实该实施方案的全过程。组织一般是前期准备阶段，实施是后期细化落实执行的

---

① 高刚，刘晓明.美国青少年体质健康测试与发展探析［J］.沈阳体育学院学报，2015，34（4）：130-134.

② 许静，冯骏杰.欧盟公共体育政策对我国群众体育发展的借鉴意义［J］.当代体育科技,2017,7（24）：211-212.

③ 于可红，母顺碧.中国、美国、日本体质研究比较［J］.体育科学，2004，24（7）：51-54.

过程。各国国家制度不同，采取的组织实施体育锻炼标准制度的情况也有区别。

俄罗斯：俄罗斯（苏联）是组织实施体育锻炼标准制度较早的国家，其中《劳卫制》是俄罗斯体育锻炼标准制度的典型代表。俄罗斯体育部是《劳卫制》组织实施工作的主体，俄负责《劳卫制》全面实施的协调工作，包括项目测试、数据统计、信息保障以及审核监督等。除此以外，体育部在整个制度酝酿研制、颁布以及施行过程中，需要协调开展工作的部委和组织达 15 个，包括教育与科学部、国防部、卫生部、财政部、全俄"大众体育"组织、全俄促陆、海、空军志愿者协会等外，还包括区域协调发展部、经济发展部、俄罗斯青年组织等[①]。如，俄罗斯卫生部负责《劳卫制》整个实施过程的医务监督工作，教育与科学部负责制定学生掌握体育运动知识的标准，同时对影响俄罗斯人参加身体锻炼及采取健康生活方式的因素指标进行深入研究，开出不同年龄段人群的周锻炼标准运动处方。俄罗斯总统和政府将《劳卫制》视为关乎国家人力资源储备和强国强种的大事，因而高度重视，各部委、政府部门以及社会组织也与体育部紧密配合[②]。

美国：美国是分权制的国家，体育权分属各州政府，故不能形成全国统一的体质测评体系，造成体质测评工作量大、评价难的困境：首先是学生的体质测试、数据追踪和分析等工作对美国政府形成了较大的负担；其次学校作为利益相关方直接参与其中，已经开始对测试造成影响。基于此，美国联邦政府、州政府与学校决定由第三方来完成学生体质的测评与追踪工作[③]。这种外包机制为美国解决不同州和学校间评价指标无法统一问题提供了可能。第三方机构通过与各州、学校

---

① 马忠利，李永彬．新时期俄罗斯《劳卫制》与中国《国家体育锻炼标准施行办法》对比研究［J］．成都体育学院学报，2015，41（5）：12-16.

② 孙双明，叶茂盛．美、俄、日和欧盟学生体质健康测试概述［J］.北京体育大学学报,2017,40(3)：86-92.

③ haron A．Plowman，Charles L．Sterling and Charles B．Corbin，Marilu D．Meredith，Gregory J．Welk and James R．Morrow，Jr．The History of Fitnessgram［J］．Journal of Physical Activity and Health，2006，3：5-20.

合作，参与制定体质评价标准工作正在逐渐为美国制定统一的评价标准而努力。第三方机构也因为自身出色的工作能力和专业的工作背景赢得了学校、教师、家长和学生的大力支持[①]。

欧盟：欧盟作为经济和政治共同体，体育并不在欧盟开展业务范围之内。1997 年的《阿姆斯特丹体育宣言》（the Amster-dam Declaration on Sport）强调了体育的社会意义和在促进欧盟一体化及公民团结方面的作用，确立了"体育的欧洲模式"[②]。"体育的欧洲模式"不能狭义地理解为某单一体育治理模式，欧盟各个国家国情不同，采取体育治理模式也不尽相同，主要有：官僚性模式、企业性模式、使命性模式和社会性模式[③]。但在学生体质健康治理方面，形成了较为统一的认识。现如今，欧盟各国通过签订相关的学生体质健康测试协议，并成立相应的委员会来协调各国学生体质的测试相关事宜，实施体质测试过程中的具体工作以及对各国学生体质测试的结果进行比较和评定，以测促评，以测促练，以测促建，推动体育锻炼制度落实。同时，欧盟还聘请国际和欧盟内体育活动领域的带头人成立了体育活动建议专家组，从流行病学角度研究体育活动对身体的益处，借鉴加拿大和美国国民体质健康治理的相关经验制定了欧盟体育指导意见[④]。

日本：日本经过一个长期的发展过程，逐步建立起了全方位、多层次、适合不同群体需要的体力监测系统。在日本体育管理服务中基本形成了"官民一体"的三类、三级共治格局。所谓三类治理，即体育组织机构分别由政府、社会组织

---

① 孙双明，叶茂盛.美、俄、日和欧盟学生体质健康测试概述［J］.北京体育大学学报,2017,40(3)：86-92.

② 周爱光.中国《体育法》修改的总体思路——基于国外体育立法修法经验的分析［J］.体育学刊，2019，6（3）：1-7.

③ VOCASPORT Research Group.Vocational education and training in the field of sport in the European Union：situation，trends and outlook［R］.2004.

④ Measurement of physical functioning in comprehensive national health surveys. European Commission，August，2003.

和民间机构组成；三级，即国家、都道府县、市区町村三级[①]。基本形成了政府主导、多方积极参与的共治格局。依据主体类别来看，政府、体育组织、民间机构等不同主体在体育公共服务中主要运用"民办官助"的方式互动合作[②]，鼓励不同主体积极参与到体育公共服务中。依据不同层级的主体来看，文部科学省体育局是最高政府主管部门，直接负责大学、短期大学、高等专门学校的新体力测试管理，各个地方政府均设置教育委员会，负责落实小学、中学、高等学校的新体力测试与管理工作[③]。

启示：组织实施是推进体质测量与评价制度落实的核心和枢纽环节，关系到制度实施效果和成效。从以上综述情况看，各国皆制定了体质测量与评价标准制度，通过提高制度的管理水平，更好地服务于国民体质健康。我国从中华人民共和国成立初期就开启体育锻炼标准制度管理工作，取得了巨大的成就。然而，囿于多项体育锻炼标准制度并行，管辖部门、隶属关系不同，造成了条块分割管理，政出多头，部分管理制度交叉和权责不清，以至于部门之间的管理难以协调和统一，导致治理碎片化，执行乏力，管理成本和社会资源巨大浪费。特别随着我国社会主义市场经济体制建立，社会结构发生巨大变化，单位制隐退，人的社会流动性加大，对体育锻炼标准制度的施行和落实带来较大影响。如何调动社会层面的力量参与公共体育服务，通过市场化的公共服务外包模式，避免了政府采取"自上而下"的垂直管理方式，实现在政府主导下的共治、共享和共建模式，是我国体育锻炼标准制度实现高效管理的路径。

---

① 王占坤，李款，曲广财等.日本青少年体育公共服务体系建设的特征及借鉴［J］.天津体育学院学报，2021，36（1）：20-28.

② 王占坤.发达国家体育公共服务体系建设经验及对我国的启示［J］.体育科学，2017，37（5）：32-47.

③ 倪灵子，于可红.美国、日本学生体质测试的演进与发展［J］.浙江体育科学，2015，37（1）：56-60.

（3）国外体质测量与评价制度的体质评价和启示研究

关于体质健康的评价，目前，世界上大多数国家都认为，身体成分、心血管系统机能、肌肉力量和耐力、关节柔韧性是影响人体健康水平的主要因素，也是影响人们学习和工作乃至提高未来生活质量的重要因素[①]。实际上，体质健康涉及生物学、医学、心理学、体育学、社会学等众多学科[②]。如何选取有效、准确、具有针对性的评价指标，删繁化简的测试内容，进行科学测量，并将测试结果及时反馈给受试者，形成有效的反馈评估机制，是对体育锻炼标准制度体质评价的重要衡量。不同国家采取的手段和措施有共性，也有区别。

俄罗斯：《劳卫制》是苏联国内推行的一项重要体育制度。2014年俄罗斯恢复了苏联颁布的《劳卫制》。2013版本的《劳卫制》包括单项指标与标准、体育运动知识与能力、一周运动处方三个板块的测试内容，将6岁以上的公民分为11个年龄组，根据不同年龄设定考核指标[③]。单项指标分为必测内容与选测内容。必测内容考核速度（ 3×10 米往返跑、30米、60米、100米跑等），耐力（1 000米，1 500米，2 000米，2 500米和3 000米跑等），速度—力量（跳远、立定跳远），力量和力量耐力（引体向上、悬垂臂屈伸、俯卧撑、仰卧起坐、抓举哑铃等），柔韧（站位体前屈），协调（手持体育器械的掷准和掷远等）[④]。选测内容主要为运动技能的测验，包括10～50米游泳、1～5千米滑雪、1～5千米越野跑、射击和徒步旅行等，项目内容较为广泛，冬夏季项目均有涉及，为参加测试的学

①　邹志春．上海市青少年体质指标体系的初步建立与应用研究［D］.上海体育学院，2011.

②　高刚，季浏．试述美国青少年体质健康测试发展及对我国的启示［J］.成都体育学院学报，2013，39（6）：22-26.

③　胡浩，王彤．美、日、英、俄学生体质健康测试的比较研究［J］.体育研究与教育，2017，32（2）：103-109.

④　代晓彤，李红娟．不同国家学生体质监测体系的发展［J］.中国学校卫生，2022，43（1）：151-155.

生提供了更大选择空间[①]。俄罗斯对学生群体分设金、银、铜牌标准，同时参加必测项目和选测项目的测试才有可能获得劳卫制金、银、铜奖章。高等教育机构在进行学士、硕士和博士招生时会参考学生的体育成绩。同时，高等教育机构的学生必须得到《劳卫制》金奖才有机会获得国家奖学金[②]。与我国《国家体育锻炼标准》制度相比，俄测试项目多，测试内容综合性强，具有本国特色，增加了对体育运动健身知识的考察，同时，奖励具体，并重视奖励制度的落实。

美国：美国青少年学生体质测试指标大致分 3 个阶段：20 世纪 50 至 70 年代中期以前，为运动技能层面的体质要素测试指标体系，主要包含速度、力量、耐力、灵敏、爆发力、反应时等身体素质的结构要件；20 世纪 70 至 80 年代，从身体健康层面构建测试指标体系，主要包含心肺耐力、身体成分、骨骼肌功能；20 世纪 90 年代至今，从身体的健康层面构建青少年学生体质测试指标体系[③]。

美国对体质的重视源于 1954 年库劳斯·威伯（Kraus·Weber）等人将美国儿童的体质与欧洲儿童的体质进行比较，比较结果是美国儿童的体质远远不如欧洲儿童，为此成立了"青少年体适能总统委员会"（现更名为"体质与运动总统委员会"）来加强此方面的工作。1957 年，美国制定出青少年体适能测试国家标准在全国范围内施行，标准内容涵盖了 50 米跑、600 米跑、立定跳远、垒球掷远、往返跑、引体向上、仰卧起坐 7 个部分。美国新《健康测试》制度倡导者认为：健康素质则对每个人都是需要的，健康素质则具有很大的后天可塑性。研究表明：几乎每个人经过锻炼都能得到与良好健康水平相一致的素质水

① 李琳，崔洁，项琪，等.俄罗斯 2013 版劳卫制及其启示［J］.体育文化导刊，2016，（8）：71-75+132.

② 马忠利，李永彬.新时期俄罗斯《劳卫制》与中国《国家体育锻炼标准施行办法》对比研究［J］.成都体育学院学报，2015，41（5）：12-16.

③ 张兴奇，刘学谦.美国青少年学生体质测试指标结构的变迁［J］.西南师范大学学报（自然科学版），2016，41（4）：156-161.

平。新测试法鼓励青少年积极锻炼，努力提高健康素质，不断增进身体健康[①]。在 1975 年取消了垒球掷远与往返跑；1985 年删除了 50 米和立定跳远，增加了 1 英里跑（反映心血管功能）和坐位体前屈（腰背柔韧性），实现了由测试"运动技术指标"向测试"健康指标"过渡[②]。

美国体质评价内容包括心肺功能、肌肉力量与耐力、身体柔韧性、身体组成 4 方面，它随人们对体质内涵的理解而经历了由掌握运动的基本必备素质，逐渐扩大到身体健康所必需的机体适应能力的变化过程。在评分方法上，采用常模标准和效标参考标准，能快速判断被测个体某一指标的水平是否适宜，而且能判断个体与他人的差距如何，并决定是否参加锻炼等。这种评价方法有众多可借鉴之处[③]。

欧盟：欧盟各国非常重视青少年学生体质测试工作。1988 年，欧洲理事会正式发布的用以进行学龄儿童健康体能评价的标准化测试的欧盟—欧洲体能测试（Eurofit Fitness Testing Battery）方案（如表 2-6 所示），方案包括测量维度、因素和具体测试项目三个部分，其中维度和具体测试项目包括心肺（耐力往返跑）、耐力（自行车测力计实验）、力量（握力；立定跳远）、肌肉耐力（曲臂悬垂；仰卧起坐）、速度（往返跑：10×5 米；平板敲击试验）、灵活性（坐位体前屈）、平衡（火烈鸟平衡）、人体测量（身高、体重）和数据识别（身体脂肪；年龄；性别）等 9 项实测内容。此方案对学龄前儿童未做要求，仅作参照执行。从测试内容来看，欧盟各国在体质健康测试中的测试内容主要集中于心肺功能、肌肉力量和耐力、有氧能力、柔韧性、身体平衡和成分等方面。

---

① 王文杰，赵敏.中、美两国体育锻炼标准制度的沿革及其比较［J］.中国学校体育，1999（1）：47-49.

② 应一帆，张锋.美国与日本学生体质健康测试研究［J］.南京体育学院学报（自然科学版），2017,16（2）：28-33.

③ 于可红，母顺碧.中国、美国、日本体质研究比较［J］.体育科学，2004，24（7）：51-54.

表 2-6 欧洲体质测试（欧洲委员会，1987）

测量维度	因素	具体测试项目
心肺	心肺	耐力往返跑（EST）
耐力	耐力	自行车测力计实验（PWC170）
力量	静强度	握力（HGR）
	爆发力	立定跳远（SBJ）
肌肉耐力	功能强度	曲臂悬垂（BAH）
	躯干强度	仰卧起坐（SUP）
速度	运行速度-敏捷性	往返跑：10×5 米（SHR）
	肢体运动速度	平板敲击试验（PLT）
灵活性	灵活性	坐位体前屈（SAR）
平衡	全身平衡	火烈鸟平衡（FLE）
人体测量		身高、体重
数据识别		身体脂肪（5 个皮褶：肱二头肌、肱三头肌、肩胛下、髂上肌、小腿）；年龄；性别

欧盟各国之所以采取较为统一的测试标准来测定青少年学生的体质健康状况，主要是通过各国之间的青少年学生体质健康水平的相互比较，发现问题和差距，更有针对性地开展各国青少年体质健康教育，实现健康幸福生活。

日本：日本是学生体质调研较早的国家，也是体质研究资料最全的国家，早在明治维新时期的 1879 年就开始对国民的体力进行测定研究，从 1967 年更是每年进行一次国民体质健康调查，系统收集并分析了学生生长发育的相关资料。在评分方法上采用标准百分，可以反映出个体成绩在集体中的位置，利于设计未来的锻炼计划[1]。

日本将体质通称为体力，将青少儿体力测定作为中小学体育课中法定的测定内容[2]。1996 年日本文部省成立了"关于体力调查方法研究委员会"，对体力测定指标进行了研究，并制定了新的体力测定框架和指标。新指标体系重新划分了年

① 于可红，母顺碧.中国、美国、日本体质研究比较［J］.体育科学，2004，24（7）：51-54.

② 孙耀鹏.国内外体育锻炼测验制度中项目设置的比较［J］.北京体育学院学报，1992，15（3）：12-16.

龄组，增加了健康评价的内容并设置了各年龄组通用测定指标，更有利于纵向比较。新的体力与运动能力评价中学生的指标也更为系统全面。握力、仰卧起坐和立定跳远分别测定学生的上肢力量、腹肌力量和下肢力量的指标；坐位体前屈测试学生身体的柔韧性；反复横跨、20 米往返跑和立定跳远可以反映受试者的灵敏性和爆发力；长跑则考察了学生的耐力；掷球则反映全身的协调能力。2015 年，日本政府对新体能测试施行 17 年来学生的体力及运动能力发展趋势进行纵向比较研究发现，新体力试验施行 17 年间，大部分时期学生的体力及运动能力呈缓慢提高趋势。其中长跑、反复横跨、掷球等项目在所有的年份可以看到微减或提高的倾向；仰卧起坐、20 米往返跑和 50 米成绩在各个年龄段的学生有明显的提升[①]；由此可见，日本在提升学生体力与运动能力上的举措是有效的。

尽管各国国情不同，所采取体质评价的制度也不一样，依然可以得到如下有价值的启发：在体质评价指标和项目方面，各国选用科学性、适用性和代表性更强的测试项目，由测试"运动技术指标"向测试"体质健康指标"过渡，不断优化体质评价指标和体系；在测量手段和方法方面，各国通过科技测量手段，进行有效测量，重视数据分析和比较研究，发现问题，有针对性地施策，同时重视体育健康教育，重视体育知识和能力的认知；在评分方法方面，美国采用常模标准和效标参考标准，能快速判断被测个体某一指标的水平是否适宜，而且能判断个体与他人的差距如何，并决定是否参加锻炼；日本采用可以反映出个体成绩在集体中的位置的标准百分法，能有效促进受试者参与体育锻炼。

本节小结：体质健康测量与评价作为体育体质健康促进的重要体育制度，从20 世纪初就受到世界各国政府的关注，并被纳入强国兴邦、为国民谋健康福祉的基本制度。随着世界军事格局的变化，经济、文化教育和体育的发展，体质健康

① 应一帆，张锋. 美国与日本学生体质健康测试研究［J］. 南京体育学院学报（自然科学版），2017,16（2）：28-33.

测量与评价制度逐渐从工具测量到人本服务的目标转变，满足了国民体质健康促进，特别是青少年学生健康体质促进的客观需要。体质健康测量与评价制度通过不断优化体质健康评价体系，遴选体质测量具体项目内容，科学测量和评价，以测促练、促学，激励国民从被动到主动，自觉参加体育锻炼，让体育融入生活，成为生命意义的一部分。体质测量只是体育锻炼标准制度的手段，通过科学测量、客观评价，以测促练、以测促建、以测促评，评建结合，不断完善体育锻炼标准制度。然而，我们也必须充分地认识到，体质健康测量与评价制度无论多么科学和完美，我们都需要：①加大宣传力度，有针对性地公布测试结果，唤醒民众对青少年学生体质下降的集体无意识和麻木。②改变认知观念：通过体质健康教育，改变民众对体育运动促健康认知的观念，即由基于健康的促进模式转变为具身认知的身体素养理念，充分认识到身体参与体育活动的生活和生命意义。③推进健身六边工程建设重视体育场地、设备的投入和建设，建成更完善的体育场地和设施的硬件健身环境，保障公民参与体育锻炼的权利。④开展多项目、多层次、多样化业余体育竞赛，营造体育健身软环境，影响和带动更多的人参与健身锻炼，推动实施全民健身国家战略，服务于健康中国和体育强国建设。

四、文献综述述评

综上对本研究的核心概念（体质健康类、健康促进类和体育锻炼标准类）、基础理论（基于健康的促进模式、认知—情感相符理论和身体素养理念）的界定与厘清，并综合分析和梳理了我国体育锻炼标准制度的发展流变过程、制度的评价指标、测试内容及其目标任务，制度的实施效果与问题，以及国外体质测量与评价制度的经验与启示等方面的研究现状，做如下述评。

（一）关于核心概念：从关注体质健康结果到关注身体参与体育活动意义

身体素质是体质健康的基础和重要内容，体质健康是提高身体素质的目标，而身体素养是一种理念，它将着眼点由关注身体活动促进健康的实际效用，转向人们在身体活动过程中的体验，转向身体活动意义的本身，对改变人们参与体育活动的行为观念，促进体质健康具有重要意义。体育锻炼与运动参与作为促进体质健康的手段和方法，二者皆有益。但我们必须清醒地认识到：不论是体育锻炼还是运动参与，重在养成体育运动的习惯，而运动习惯的养成，要注重体育知识的宣传与普及，加强国民体育教育，创造软、硬件体育育人环境，鼓励国民积极、主动地参与运动，逐步实现参与体育活动由不自觉到自觉的行为过程，而这一自觉的行为过程正是关注到身体参与体育活动的意义。

（二）关于理论基础：从"离身"到"具身"促健康认知的转向

"基于健康的促进模式（health promotion model）"和"认知—情感相符理论（cognitive-emotion consistence theory）"两种认知理论都是认知主体通过主观认知学习、理解和思考，逐步建立起来的认知方式，形成了"心智认知—情感认同—行为参与—目标达成"的认知模式。在实际应用中，又往往从"目标"出发，采取各类手段和方法以实现目标的结果。这种认知方式具有一定的局限性，忽视了人的身体在认知过程中的作用和地位。具身认知理论阐释了人的心理状态与生理体验之间有着强烈的联系，身体的解剖学结构、活动方式、感觉和运动体验决定了我们怎样看待和认识世界，我们的认知是被身体及其活动方式塑造出来的。因此，我们理应改变观念，将着眼点由关注身体活动促进健康的实际效用，转向人们在身体活动时的体验，确立了身体在认知活动中的重要地位，改变我们对认知的认知，从而改变我们的认知模式，实现从"离身"到"具身"促健康认知的转向，切实实现人类体质健康的目标任务。

（三）关于研究现状

1. 关于我国体育锻炼标准制度的研究现状

（1）梳理了我国体育锻炼标准制度从建立到流变过程

从《劳卫制》到《国家学生体质健康标准》的变迁是以政府体育部门为主体，自上而下强制性体育锻炼制度变迁过程，表现为体育行政法规及其相关体育法律引介入和实现，受到我国政治外交、军事防御、经济发展、文化教育的影响。在中华人民共和国成立之初，襁褓中的我国政权面对国外敌对势力的威胁，《劳卫制》起到保家卫国、促经济生产和强健国民体格的作用。中苏关系的破裂和去苏联化，我国《青少年体育锻炼标准》从形式上取代了《劳卫制》，但其实施对象、测试内容未变，其目标任务也不可能发生变化。改革开放的动力和自强自立的民族精神，激活了我国经济发展，提高了国民生活水平，自主研制的《国家体育锻炼标准》更好地指导广大人民群众科学化地进行身体锻炼，回应了国民对身体健康的诉求。学生体质长期持续下降，引发党和国家领导高度关注和担忧，《国家学生体质健康标准》作为《国家体育锻炼标准》的重要组成部分，对学生体质下降起到一定作用。全国性各单项体育协会制定的不同体育项目的业余锻炼标准，作为《国家体育锻炼标准》的补充，是开展群众体育的重要抓手，有利于发展体育项目人口，但因主管部门疏于管理，它们各自为治，其实施效果并不尽如人意。

（2）综述了体育锻炼标准制度评价指标、测试内容及其目标任务

中华人民共和国成立初期我国建立的《劳卫制》与军事防御、劳动生产的体力需求是紧密关联的，其体质测评评价指标和测试内容是以体育锻炼、军事训练增强体力、体能为核心的测评体系，服务于国防安全、经济生产和国民体格强健的目标任务；社会主义全面建设时期，我国体育锻炼标准制度体质健康测评由国防军事防御和经济生产劳动的体力体能需求转向于经济生产劳动的技能需求，主

要以运动技能强体为核心的技能测评体系；改革开放后，对健康认知视野得以拓展，体质健康测评注重身体形态、身体机能和身体素质等指标，更加关注国民的整体体质健康，忽视个体体质健康；进入 21 世纪以来，体育锻炼标准制度体质测评评价更加关注个人的身体形态发育、心肺功能、柔韧性、灵活性，健康指标关注肥胖、近视检出率以及营养不良等问题，体质健康测评从服务"人"的运动能力转向了服务"人"的身体健康[①]，从关注国民整体体质健康逐渐转向个体健康测评体系。但限于测评结果公布不及时性、宏观整体性，这种延时、模糊的反馈难以引起个体对自己体质健康存在问题的重视，最终导致整体目标任务无法实现。

（3）分析了我国体育锻炼标准制度实施效果和存在的问题

我国不同历史时期颁布施行的不同"标准"制度，对促进不同人群的体质健康皆起到一定的作用。但因不同的"标准"在不同时期受到不同因素的影响，各自的实施效果又不尽相同。总体而言，《劳卫制》和 20 世纪 90 年代之前的《国家体育锻炼标准》靠行政手段，取得的实施效果较为明显，随后与其他"制度"取得的实施效果颇有争议，褒贬不一，问题在于：①单位制的退隐导致基层体育趋向无组织状态，使得体育发展和治理失去基层组织依托。②生活方式"泛娱乐化"倾向，直接影响国民，特别是青少年参与体育运动的价值取向，严重影响学校体育和社会体育的开展效果。③基于健康的促进模式通过不断强化单纯的运动技能促健康的手段，即"掌握运动技能—促进体质健康"的认知思维，把人作为实现体质健康的工具，忽视了参与运动人的主体性和人本性。④实施效果是一个参考值，比较对象不同，比出的结果或结论可能迥然不同，甚至相反。我国学生体质健康得出的结论主要基于上一次的测试数据比较得出的。这种做法存在一定的局限性，得出的结论在一定程度上可能会偏离实际情况，给国家制定和实施国

---

① 王健，万义. 我国青少年体质健康测评的历史演进与生态重建——我们需要什么样的"体质"[J].武汉体育学院学报，2016，50（2）：5-10.

家学生体育政策带来误判，影响国家决策、施策。⑤智育教育之上，体育教育成为"中考""高考"指挥棒下的鸡肋。⑥全国性体育协会的"官民二重性"和"空心化"等特点决定了它"有管无理"的"各自为治"模式，这种管理模式缺少奖惩激励机制，必然造成资源浪费和管理效率低下。

（4）借鉴了国外体质测量与评价制度的经验与启示

体质健康测量与评价作为体育体质健康促进的重要体育制度，从 20 世纪初就受到世界各国政府的关注，并被纳入强国兴邦、为国民谋健康福祉的基本制度。随着世界军事格局的变化，经济、文化教育和体育的发展，体质健康测量与评价制度逐渐从工具测量到人本服务的目标转变，满足了国民体质健康促进，特别是青少年学生健康体质促进的客观需要。国外体质健康测量与评价制度通过不断优化体质健康评价体系，遴选体质测量具体项目内容，科学测量和评价，以测促练、促学，激励国民从被动到主动，自觉参加体育锻炼，让体育融入生活，成为生命意义的一部分；以测促评、促建，评建结合，不断完善体育锻炼标准制度。

启示：①在体质评价指标和项目方面，各国选用科学性、适用性和代表性更强的测试项目，由测试"运动技术指标"向测试"体质健康指标"过渡，不断优化体质评价指标和体系；②在测量手段和方法方面，各国通过科技测量手段，进行有效测量，重视数据分析和比较研究，发现问题，有针对性地施策，同时重视体育健康教育，重视体育知识和能力的认知；③在评分方法方面，美国采用常模标准和效标参考标准，能快速判断被测个体某一指标的水平是否适宜，而且能判断个体与他人的差距如何，并决定是否参加锻炼；④日本采用可以反映出个体成绩在集体中的位置的标准百分法，能有效促进受试者参与体育锻炼。

（四）关于我国体育锻炼标准制度的研究不足

通过大量的文献资料梳理和综述研究认为，我国现有的体育锻炼标准制度研究存在几个方面不足。①从理论探讨方面看，局限于"掌握运动技能—增强体质健康"的认知模式，鲜有涉及身体素养的具身认知观指导体育政策制定和体育教育等方面的研究。②从研究视角而言，大多研究都是就制度论制度，没有跳出现状调查、制度变迁、问题梳理等窠臼，未对现状存在问题的深层次原因和制度变迁的功能价值进行深入研究。③从研究内容方面，依然停留在测试指标、内容设计和数据分析等方面，纠结于体质"下降了""止跌了"还是"好转了"，未对数据获得的科学性质疑，回避对我国体质进行纵向比较和与邻国同龄人群体质的横向比较。④从制度设计方面看，我国体育锻炼标准制度从计划经济时代设计的单一制度（从《劳卫制》到《国家体育锻炼标准》），到今天的市场经济体制下的三类并行制度（《国家体育锻炼标准》《国家学生体质健康标准》和全国性各体育协会制定的部分体育项目业余锻炼标准），受多种因素影响，其实施效果越来越不明显，鲜有涉及制度整体问题研究和制度的顶层设计研究。⑤从制度互促互补方面，没有认识到业余体育竞赛对"以赛促学、以赛促练、以赛促评、以赛促建，评建结合"的互促互补意义，缺少对业余体育竞赛等相关内容研究。⑥从制度保障方面，鲜见涉及体育锻炼标准制度的体育权利保护、信息平台建设等保障方面的研究。

第三章　体育项目业余锻炼等级标准制定与落实的现状及对策

党的十八大以来，新一届中央领导集体对全民健身工作更加高度重视，把全民健身作为人民追求幸福生活的重要举措，提出了一系列新思想、新认识和新要求，做出了一系列新决策和部署[①]。习近平总书记在第十二届全运会、索契冬奥会等重大体育活动中多次提出："国家要强大，体育一定要强。"他进一步阐述指出，体育强的根本在于开展广泛的群众体育活动，让人民群众都参与进来，让人民群众都享有体育运动的权利……[②]。2014年10月，国务院46号文件明确把全民健身上升为国家战略，这充分体现了党中央、国务院对体育工作、特别是全民健身工作的高度重视。刘鹏局长在中华全国体育总会第九次全国代表大会上强调：落实全民健身工作，我们的观念、思维、办法和运行机制等都要创新，否则会耽误时机，影响体育事业发展[③]。为切实落实全民健身国家战略，冯建中副局长在2014年国家体育总局系统全民健身工作会议上，首次提出"体育项目人口"概念，他

①　刘鹏在2015年全国群众体育工作会议上的讲话［EB/OL］.（2013-01-23）［2016-08-26］. https://www.sport.gov.cn/gdnps/content.jsp?id=572074.

②　习近平在第十二届全国运动会开幕式上的讲话［EB/OL］.（2013-08-31）［2016-08-26］.http:// cpc.people.com.cn/n/2013/0901/c64094-22763489.html.

③　刘鹏.改革创新 凝心聚力 真抓实干 谱写体育总会工作新篇章——在中华全国体育总会第九次全国代表大会上的报告［EB/OL］.（2014-06-27）［2016-08-26］.https://www.163.com/sports/article/9VNUQOJ80005227R.html.

强调:"各单项体育协会要结合本项目特点,制定业余锻炼标准,创建项目俱乐部,大力发展项目人口。"[1]

经常参加体育锻炼的人数的多寡和体育人口的质量是衡量体育发展水平的一个重要标准[2]。制定落实各类体育项目业余锻炼等级标准,是实现全民健身国家战略顶层设计的重要内容,是发展体育项目人口的重要手段和方法,是完善全民健身公共服务体系的重要组成部分。基于此,调查研究各类体育项目业余锻炼开展状况,对制定落实各类体育项目业余锻炼等级标准,发展体育项目人口,落实《全民健身计划》,促进全民健身,提高国民身体素质具有重要的战略意义。

一、研究对象和方法

(一)研究对象

把国家体育总局各个运动项目管理中心制定落实体育项目业余锻炼等级标准的现状作为研究对象。

(二)研究方法

问卷调查法:调查问卷是由国家体育总局群体司委派课题组专家成员研究制定的。在国家体育总局群体司相关领导的大力协助和关心下,对各个运动项目管理中心制定落实业余锻炼等级标准的现状进行问卷调查。2015年4月6日,通过国家体育总局群体司发放54份调查问卷,截至2015年4月28日,调查问卷回收50份,回收率为92.6%,有效问卷100%。除了汽车摩托车运动管理中心、冬

---

① 冯建中在2014总局系统全民健身工作会上的总结[EB/OL].(2014-05-28)[2022-03-26]. https://www.sport.gov.cn/n4/n305/c319108/content.html.

② 彭大松,许玮.体育人口研究:近三十年研究回顾及相关问题探讨[J].天津体育学院学报, 2009,24(4):348-352.

季运动管理中心和航空无线电模型运动管理中心 4 份调查问卷没有收回之外，其他 20 个运动项目管理中心均参与了问卷调查（如表 3-1 所示）。

表 3-1　国家体育总局各个运动项目管理中心及其运动项目

运动项目管理中心	运动项目	运动项目管理中心	运动项目
田径	田径	篮球	篮球
武术	武术	网球	网球
足球	足球	排球	排球、沙滩排球
健身气功	健身气功	游泳	游泳
射击射箭	射击、射箭	登山	登山、户外、攀岩等
举重摔跤柔道	举重、摔跤、柔道	乒乓球、羽毛球	乒乓球、羽毛球
体操	体操、健美操、排舞等	拳击、跆拳道	拳击、跆拳道、空手道
手曲棒垒球	手球、曲棍球、棒球、垒球	棋牌	围棋、国际象棋、五子棋、桥牌、国际跳棋和象棋等
小球	台球、高尔夫球、壁球、橄榄球、板球、掷球、保龄球、藤球等	自行车、击剑	击剑、现代五项、马术、铁人三项、自行车等
水上	皮划艇静水、皮划艇激流、潜水、滑水、帆船、帆板、摩托艇、水上极限	社会体育指导中心	越野行走、气排球、腰鼓轮滑、柔力球、门球、木球、舞龙狮、龙舟、体育舞蹈、健美、秧歌等

专家访谈法（如表 3-2 所示）：采用个别专家访谈和专家座谈两种形式。个别专家访谈分两个部分内容，一部分是为科学设计调查问卷所进行专家的访谈，另一部分是对问卷调查的问题和影响因素进行深度访谈。专家座谈有三次，一次是将问卷调查分析报告向国家体育总局群体司的领导专家和各运动项目管理中心的主要负责人进行汇报，并就调查未尽事宜的问题、影响因素进行座谈，共同探讨如何制定落实各类体育项目业余锻炼等级标准等事宜；另两次是与国家体育总局群体司领导专家就"锻炼标准"的准确名称进行研讨，最终确定为"业余锻炼等级标准"，这与体育项目专业等级标准形成对应，组成一个从业余到专业锻炼的完整系统；就如何制定落实各类体育项目业余锻炼等级标准的具体任务、课题

进度、对策等进行探究，为国家体育总局出台《关于制定和完善各类体育项目锻炼等级标准的指导意见》提供有价值的意见、建议和对策。

表 3-2　访谈专家、教授、领导名单

专家、教授姓名	职称 / 职务	所在单位
范广升	副司长	国家体育总局群体司
邱汝	副司长	国家体育总局群体司
邢文华	教授 / 副校长	北京体育大学
姚爱萍	处长	国家体育总局群体司活动处
毛振明	教授 / 院长	北京师范大学
王延梅	副主任	小球运动管理中心
熊晓正	教授	北京体育大学
张一民	教授	北京体育大学
张新	副主任	射击射箭运动管理中心
王楠	副主任	田径运动管理中心
张晓蓬	副秘书长	中国乒乓球协会
何红宇	处长	国家体育总局群体司活动处
方旭东	副调研员	国家体育总局群体司活动处

二、研究结果与分析

在回收的 50 份问卷中，有 8 个运动项目管理中心 12 个运动项目制定了业余锻炼等级标准，有 13 个运动项目管理中心的 40 个（类）运动项目未制定业余锻炼等级标准。其中自行车击剑运动管理中心的马术、击剑和铁人三项制定了业余锻炼等级标准，而自行车和现代五项未制定业余锻炼等级标准。具体研究结果与分析如下。

（一）已制定业余锻炼等级标准运动项目的调查结果与分析

1. 已制定业余锻炼等级标准的运动项目及标准落实情况

如表 3-3 所示：12 个已制定业余锻炼等级标准的运动项目中，标准落实"非常好"和"比较好"的分别为 1 个和 4 个运动项目，落实"一般"有 6 个运动项目，"难以落实"仅有一个运动项目。从标准落实总体情况来看，"非常好"和"比较好"的占比和为 42%，而"难以落实"占比仅为 0.8%，由此认为，标准落实情况总体向好。但通过访谈了解到，真正把标准落实好还是有很多困难和问题的。

表 3-3　已制定业余锻炼等级标准的运动项目（$n=12$）

运动项目管理中心	运动项目	标准落实情况	运动项目管理中心	运动项目	标准落实情况
武术	武术	非常好	网球	网球	一般
篮球	篮球	难以落实	游泳	游泳	比较好
健身气功	健身气功	比较好	田径	田径	一般
自行车击剑	马术	比较好	举重摔跤柔道	举重	一般
	击剑	一般		摔跤	一般
	铁人三项	比较好		柔道	一般

标准是加强管理，建立制度的重要技术依托，是落实任务的重要技术手段[①]。落实业余锻炼等级标准的相关体育项目负责人和访谈专家一致认为，建立业余锻炼等级标准有利于发展体育项目人口，目前，落实标准效果还不是那么满意，关键因素是经费不足和落实标准的配套政策不完善。

2. 开展业余锻炼等级标准的形式调查结果与分析

由表 3-4 统计数据表明，"运动项目达标"是 83% 的运动项目选择的开展形

---

① 雷厉，蔡有志，安枫等.我国体育标准体系架构初探［J］.武汉体育学院学报，2009，11（43）：13-17.

式，其次是"运动项目群体活动"占比为67%，以其他形式开展得较少。分析认为，运动项目达标是落实业余锻炼等级标准的主要手段和方法，运动项目群体活动是运动技术学习、交流、提高的重要形式，有利于促进该项目的体育文化交流。

表 3-4　业余锻炼等级标准开展形式统计情况（ *n*=12 ）

锻炼形式	运动项目群体活动	运动项目达标	运动项目表演赛	运动项目组织培训	运动项目俱乐部	其他形式
体育项目（个）	8	10	1	1	1	1
百分比	67%	83%	8%	8%	8%	8%

3.统计经常参加体育锻炼的人数的途径

从表3-5统计经常参加体育锻炼的人数的占比来看，统计途径呈现多样化，主要集中在"参加体育比赛的人数""达到锻炼标准的人数"和"经常参加体育活动的人数"，另外，会员注册也是统计经常参加体育锻炼人数的重要补充。

表 3-5　统计经常参加体育锻炼的人数的途径调查情况（ *n*=12 ）

统计途径类型	参加体育比赛的人数	经常参加体育活动的人数	达到锻炼标准的人数	会员注册	其他途径
体育项目（个）	7	5	6	2	0
百分比	58%	42%	50%	17%	0%

4.落实业余锻炼等级标准遇到的困难情况调查

由表3-6调查数据情况表明，"经费不足"是落实业余锻炼等级标准的最主要的困难，占比为100%，其次是"配套政策不够完善""组织力度不足"和"群众积极性不高"，它们占比分别为75%、67% 和58%。

表 3-6　落实业余锻炼等级标准遇到的困难情况调查（*n*=12）

困难类别	经费不足	组织力度不足	群众积极性不高	政策配套不够完善	其他困难
体育项目（个）	12	8	7	9	1
百分比	100%	67%	58%	75%	10%

5.激励群众参与业余锻炼等级标准的办法调查结果与分析

由表 3-7 的调查数据表明，"荣誉证书（或奖章）"和"会员证书"是激励群众参与业余锻炼等级标准的主要办法，"物质奖励"和"其他形式（段位制）"对激励群众参与业余锻炼等级标准也不可或缺。根据问卷统计情况，有 75% 的运动项目都选择两种或三种激励办法，选择一种奖励办法的较少，所以，大部分运动项目采取多种办法激励群众参与业余锻炼等级标准。与物质奖励对应的是精神奖励，实际上，"会员""荣誉证书（奖章）"和"其他形式（段位制）"都属于精神奖励。精神激励的核心是人实施行动的内在驱动力[①]，但物质奖励对群众参与业余锻炼标准的激励也是不容忽视的。

表 3-7　激励群众参与业余锻炼等级标准办法的调查统计情况（*n*=12）

荣誉证书（或奖章）	会员证书	物质奖励	其他形式（段位制）
11	9	4	1
92%	75%	33%	8%

6.期待上级部门以何种形式支持推进业余锻炼等级标准施行的调查结果

由表 3-8 的统计数据表明，"专项经费"和"配套政策"是各个运动项目管理中心期待支持推进业余锻炼等级标准施行的主要形式，它们占比分别为 92% 和 75%，"建立业余锻炼等级标准基金"也是部分运动项目管理中心期待的形式，占比为 50%。

---

① 齐善鸿，刘明，吕波.精神激励的内在逻辑及操作模式［J］.科技管理研究，2007（7）：137-139.

表 3-8　期待上级部门以何种形式支持推进业余锻炼等级标准施行情况统计表（*n*=12）

支持形式	专项经费	建立业余锻炼等级标准基金	配套政策	其他形式
体育项目（个）	11	6	9	0
百分比	92%	50%	75%	0%

（二）未制定业余锻炼等级标准运动项目的现状

表 3-9　未制定业余锻炼等级标准的运动项目

运动项目管理中心	运动项目	运动项目管理中心	运动项目
排球	排球、沙滩排球	射击、射箭	射击、射箭
登山	登山、户外、攀岩等	足球	足球
乒乓球、羽毛球	乒乓球、羽毛球	自行车、击剑	现代五项、自行车
拳击、跆拳道	拳击、跆拳道、空手道	体操	体操、健美操、排舞等
棋牌	围棋、国际象棋、五子棋、桥牌、国际跳棋和象棋	手球、曲棍球、棒球、垒球	手球、曲棍球、棒球、垒球
小球	台球、高尔夫球、壁球、橄榄球、板球、掷球、保龄球、藤球	水上	皮划艇静水、皮划艇激流、潜水、滑水、帆船、帆板、摩托艇、水上极限
社会体育指导中心	越野行走、气排球、腰鼓、轮滑、柔力球、门球、钓鱼、风筝木球、舞龙狮、龙舟、体育舞蹈、健美、秧歌、拔河、飞镖等		

1. 开展业余锻炼形式的调查结果与分析

由表 3-10 统计数据表明，所有运动项目都选择"运动项目群体活动"开展业余锻炼，其次是以"运动项目表演赛"和"运动项目组织培训"作为开展业余锻炼的形式，占比分别为 43% 和 33%；以"运动项目俱乐部"的形式开展业余锻炼虽所占比例很小，但通过访谈，大家认为俱乐部健身将是开展业余锻炼的未来趋势。

表 3-10　开展业余锻炼形式的调查情况（ *n*=40 ）

锻炼形式	运动项目群体活动	运动项目表演赛	运动项目组织培训	运动项目俱乐部	其他形式
体育项目（个）	40	17	13	3	1
百分比	100%	43%	33%	8%	3%

结合以上数据分析认为，"运动项目群体活动"是开展业余锻炼的主要形式，群体活动也是体育锻炼形式的主要活动特征；无论是有业余锻炼等级标准的"体育项目达标"，还是无业余锻炼等级标准的"体育项目表演赛"都属于"体育竞赛"，它是开展业余锻炼的主要手段；"运动项目俱乐部"将是开展业余锻炼未来的重要场所。由于各类体育项目有各自的特点，所以在开展各项体育业余锻炼过程中，选择的锻炼形式又呈现各自的差异。

2.统计经常参加体育锻炼的人数的途径与分析

由表 3-11 数据统计表明："经常参加体育活动的人数"和"参加体育比赛的人数"是统计体育人口的主要途径，这两项占比均为 60%，其次是"会员注册"占比为 23%，以"其他途径"作为统计途径的，两项为"社会调查"，一项是靠关注该项运动的网络统计。

表 3-11　统计经常参加体育锻炼的人数的途径调查情况（ *n*=40 ）

统计途径类型	参加体育比赛的人数	经常参加体育活动的人数	会员注册	其他途径
体育项目（个）	24	24	9	3
百分比	60%	60%	23%	3%

用"经常参加体育锻炼的人数"取代"体育人口"具有更加科学的统计意义[①]。但通过访谈和座谈会了解到，"经常参加体育锻炼的人数"的统计方法，依

---

① 李相如."经常参加体育锻炼的人数"取代"体育人口"的科学意义［J］.体育文化导刊,2009,9:18-19.

然具有含糊和不准确性。准确的经常参加体育锻炼的人数是衡量各类体育项目普及程度和开展状况的重要指标。国家体育总局冯建中副局长在 2014 年国家体育总局系统全民健身工作会议上，首次提出"体育项目人口"概念，并强调要发挥和调动各层级体育项目协会的作用，切实加强对各类体育项目单项协会组织、管理和领导，大力发展体育项目人口。科学统计体育人口数量对各个体育项目开展起到重要的监测作用。

3. 落实业余锻炼遇到的困难情况调查结果与分析

由表 3-12 调查数据表明，"经费不足"是落实业余锻炼遇到的最大困难，"政策配套不够完善"也给落实业余锻炼工作带来很大的障碍，其次是"组织力度不足"和"群众积极性不高"。

表 3-12　落实业余锻炼遇到的困难调查统计情况（ *n*=40 ）

困难类别	经费不足	群众积极性不高	组织力度不足	政策配套不够完善	其他困难
体育项目（个）	40	7	12	29	1
百分比	100%	18%	30%	73%	3%

与表 3-6 的数据对比研究认为，无论是有业余锻炼标准的项目还是无业余锻炼标准的项目主要困难都是"经费不足"和"政策配套不够完善"，其次要困难都是"组织力度不足"和"群众积极性不高"，且有、无业余体育锻炼标准的项目在开展业余体育锻炼过程中所遇到的困难具有较高的相似性，其比例都是"经费不足"大于"政策配套不够完善"大于"组织力度不足"大于"群众积极性不高"。由此分析认为，"政策配套不够完善"和"经费不足"是落实、开展业余体育锻炼过程中面临的最突出的困难，是解决问题的关键；"组织力度不足"对有业余体育锻炼标准的困难影响要比无业余体育锻炼标准的要大；"群众积极性不高"主要受某些体育项目的普及程度、宣传力度和项目的特殊性等因素的影响。

4. 未制定业余锻炼等级标准的影响因素调查结果与分析

通过表 3-13 数据表明，"落实标准难度大""普及程度不高""制定标准难度大"三个方面对体育项目未制定业余锻炼等级标准的影响较大，三个因素占比分别为 58%、50% 和 40%；"群众积极性不高""觉得没有必要"和"其他因素"三个因素对体育项目未制定业余锻炼标准的影响较小。分析认为，"落实标准难度大"是由于"政策配套不够完善"和"经费不足"；对于"制定标准难度大"和"普及程度不高"两个因素，其影响因素相对比较复杂，包括体育项目的危险性（如激流皮划艇、射击等），器材（如帆船、帆板、赛艇等）的高要求和场地的特殊性，体育资源的稀缺性（如马术等）以及某些体育项目技术的复杂性和高运动素质的要求等；"群众积极性不高"与某些体育项目宣传力度不够、普及力度不强和某些运动项目的特殊性有关。"觉得没有必要"制定业余锻炼等级标准仅有登山、门球和高尔夫三项运动，其他项目都认为有了标准，落实体育工作有了抓手。

表 3-13　影响制定业余锻炼标准的因素调查（*n*=40）

影响制定标准的因素	群众积极性不高	觉得没有必要	制定标准难度大	普及程度不高	落实标准难度大	其他因素
体育项目（个）	4	3	16	20	23	2
百分比	10%	0%	40%	50%	58%	5%

不同的体育项目有各自运动素质要求和特点，但因某些项目的安全性、特殊素质要求和资源的稀缺性而难以普及，而另一些体育项目因其运动技术的复杂性而难以制定业余锻炼等级标准，但就大部分体育运动项目而言，主要因为"配套政策不够完善"和"经费不足"造成"标准制定和落实难度大""制定标准难度大"和某些项目"普及程度不高"。因此，制定业余体育锻炼等级标准要因运动项目的特点而定，在尽快解决"经费不足"的基础上，切实制定并完善相关配套

政策，先把群众参与性高的、喜闻乐见的体育项目业余锻炼标准制定出来，加大宣传力度，发挥媒体优势，尤其是运用国家媒体的优势加以推广普及。大众传媒从满足受众对体育信息的需求出发，积极地提高体育信息传播的质量，提升传播水平，推动体育文化在社会中的传播[①]。同时发挥大众传媒优势，宣传推广那些不为大众熟知的运动项目，为其标准制定做好前期准备。

5. 期待上级部门以何种形式支持推进业余锻炼等级标准施行的调查结果与分析

由表 3-14 的数据表明，选择"专项经费""配套政策"和"建立业余体育锻炼等级标准基金"和作为支持推进业余锻炼等级标准施行的形式占比分别为 90%、78% 和 53%。

表 3-14　期待上级部门以何种形式支持推进业余锻炼等级标准施行情况统计表（*n*=40）

支持形式	专项经费	建立业余锻炼等级标准基金	配套政策	其他形式
项目（个或类）	36	21	31	1
百分比	90%	53%	78%	3%

与表 3-8 数据对比分析来看，已制定业余锻炼等级标准和未制定业余锻炼等级标准的运动项目管理中心对上级部门支持推进标准施行的形式具有高度的一致性，即绝大部分运动项目管理中心首先选择"专项经费"的支持形式，其次选择"配套政策"支持，最后选择"建立业余体育锻炼等级标准基金"的形式。实际上，制定落实体育项目业余锻炼等级标准，政策和经费两者缺一不可，政策先行，经费保障政策得以实施。从管理角度上，发掘与继承传统体育文化，需要有政府资金与政策的保障[②]。

① 李晓红.大众传媒在体育传播过程中的偏颇分析与反思［J］.中国报业，2011（16）：19-20.
② 王志威.英国传统体育现代化及其启示［J］.体育与科学，2011，5（32）：79-83.

三、结论与对策

（一）结论

体育项目群体活动是开展业余体育锻炼的主要形式，体育竞赛是开展业余体育锻炼、落实业余体育锻炼标准的主要手段；精神激励大众参与业余体育锻炼比物质激励作用更凸显，但物质激励作用也不容忽视。

已有的业余锻炼等级标准难以落实、业余锻炼等级标准难以制定，以及某些体育项目普及程度不高，固然与体育项目的特殊性、运动技术复杂性、体育资源稀缺性和宣传力度不足有关，但主要与政策配套不够完善、经费和组织力度不足有关。

政策配套不够完善和经费不足是落实、开展业余体育锻炼过程中面临的最突出的困难，是解决问题的关键所在；组织力度不足对有业余锻炼等级标准比无业余锻炼等级标准的困难影响要大；群众积极性不高主要受某些体育项目的普及程度不高、宣传力度不强和项目本身的特殊性等因素的影响。

完善相关的配套政策、建立业余锻炼等级标准基金和专项经费是各个体育项目管理中心期待上级部门支持制定落实业余锻炼等级标准的政策保障和经费支持。

制定体育项目业余锻炼等级标准是必要的，落实业余锻炼等级标准有利于发展体育项目人口，有效促进业余体育锻炼工作的开展，更好地落实全民健身国家战略。体育项目人口比经常参加体育锻炼的人数更具科学统计意义。

（二）对策

出台相关的配套政策，完善运动管理中心与体育协会的运行机制。通过统筹规划和政策引导，尽快出台制定落实业余锻炼等级标准的相关政策，放权各运动项目管理中心，建立健全各类体育项目各级的协会和组织，切实加强对各类体育项目单项协会的组织、管理和领导。调动各级体育项目协会的积极性、能动性，深入调查研究本体育项目的特点和普及程度，分类、分批制定适合群众广泛参与的各类体育项目业余锻炼等级标准。

建立制定业余锻炼等级标准基金和发展体育项目人口专项经费。国家体育总局的相关部门要根据体育项目发展状况，建立制定不同体育项目业余锻炼等级标准基金和发展体育项目人口专项经费，保障制定业余锻炼等级标准工作的开展与落实，保障运动管理中心与体育协会的机制高效运行，为大力发展体育项目人口服务。

重视各类体育项目社会体育指导员培训工作，积极开展体育项目群体活动，以赛促建。各类体育项目协会要根据该项目自身的特点，设立各类体育项目社会体育指导员的等级、标准，切实落实好各类体育项目社会体育指导员培训工作，提高各类体育项目社会体育指导员的水平，更好地为体育项目普及、提高、发展服务；积极开展体育项目群体活动，以体育竞赛为手段，促进业余锻炼等级标准的制定与落实。

发挥网络媒体优势，加大宣传推介力度，注重激励机制和办法，提高大众参与健身的积极性。体育部门要投入经费，借助网络媒体的优势，特别是国家媒体的优势，通过各种赛事、体育项目群体活动，大力宣传、推介大众不为熟知的体育项目，提高大众的关注度，以精神激励和物质奖励吸引大众参与这些项目赛事和群体体育活动。

第四章　我国体育锻炼标准制度历史沿革、功能嬗变和新时代使命

　　近现代以来，由于晚清政府腐败无能和民国时期连连战乱，国家深陷民族危机，国民经济积贫积弱，国民体质羸弱不堪。为了图强救国，孙中山先生疾呼："夫欲图国家之坚强，必先图国民体力之发达。""强国强种"的民族情怀激发了国人尚武国术和西学兵操以强身，意欲摆脱西方列强的欺凌，摘掉"东亚病夫"的帽子。囿于时局动荡，国无宁日，体育之根本在于野蛮体魄和保家卫国。

　　中华人民共和国成立后，党和国家领导高度重视群众体育工作和国民体质健康，在学习苏联《准备劳动与卫国体育制度》的基础上，建立了体育锻炼标准制度，并在不同历史时期有针对性地颁布实施了不同类型的体育锻炼标准。体育锻炼标准作为我国群众体育的一项重要制度，对增强国民体质健康、促进国民经济建设和发展等方面发挥着重要作用，产生了广泛的国防安全、经济、健康、教育和休闲娱乐等价值。然而，由于社会结构发生根本性变化，体育锻炼标准制度政出多头、长期条块分割和碎片化管理，造成了部门之间的管理难以协调和统一，执行不力；不同类型的体育锻炼标准评定指标各异和对体质健康评价结果的差异性，导致社会信任度下降，体育治理难见成效。新时代，我们当以史和现实为镜，通过梳理体育锻炼标准制度发展阶段和功能嬗变过程，探寻它的发展规律和问题症结，谋划它的未来发展之路，更好地服务于全民健身、健康中国和体育强国国家战略。

一、我国体育锻炼标准的发展阶段

体育锻炼标准泛指以参与体育运动或锻炼为形式，促进国民体质健康为主要目的的系列业余体育锻炼制度，包括学习借鉴苏联《准备劳动与卫国体育制度》的基础上建立起来的《劳动与卫国体育制度》（简称《劳卫制》）和《青少年体育锻炼标准》，自行研制的《国家体育锻炼标准》和《普通人群体育锻炼标准》，以及以促进学生体质健康的《学生体育合格标准》和《国家学生体质健康标准》三类。参考我国群众体育重大历史事件，以体育锻炼标准制度发生重要变化的时间节点为依据，把我国体育锻炼标准发展划分为：学习借鉴期、停滞期、探索实践期、科学规划期和战略机遇期五个发展阶段。

（一）学习借鉴期（1949—1956 年）

中华人民共和国成立初期，百废待兴。1949 年 10 月，在北京召开了全国体育工作者代表大会，成立了中华全国体育总会筹备委员会，新中国的体育建设就此拉开了序幕。在此次大会上，朱德副主席明确指出："现在我们的体育事业，一定要为人民服务，要为人民健康和利益服务，要学习苏联方面好的经验。[1]"随着"中苏友好同盟互助条约"缔结，我们向苏联学习体育经验成为历史政治的必然选择。1950 年中苏体育代表团互访以及后来苏联体育专家"援中"，为我国体育锻炼标准制度建立创造了有利条件并打下坚实基础。青年团北京市委和北京市体育分会在借鉴学习苏联《准备劳动与卫国体育制度》的基础上，于 1951 年首先制定了《北京市暑假体育锻炼标准》并在学校开始试行；同年冬季，在北京、上海和天津等地区制定、试行了《冬季体育锻炼标准》。中华全国体育总会筹备委员会肯定和总结了以上做法，并于 1952 年 9 月发表《关于开展体育运动工作的计划大纲》，在大纲中明确指出要逐步推行"准备劳动与保卫祖国"体育制度。

---

① 毕世明 . 论 50 年代学习苏联体育经验［J］. 体育科学，1992（3）：9-12+92.

1954年5月中央人民政府体育运动委员会发布了《准备劳动与卫国体育制度》（简称《劳卫制》）的暂行条例和项目标准、预备级暂行条例的通告①。在认真学习1955年苏联《劳卫制》的基础上，通过广泛试行、总结经验，到1955年年底，已有230万人参加锻炼②。国家体委于1956年对《准备劳动与卫国制度暂行条例》进行修改，及时公布了《准备劳动与卫国体育制度修改草案》，并更名为《劳动卫国体育制度条例》。

这一时期，我国在借鉴学习苏联《准备劳动与卫国体育制度》基础上，初步建立了《劳动卫国体育制度条例》。我国体育锻炼标准制度从无到有，并在全国范围内推广、试行，有效地推动了群众体育快速发展，调动了广大人民群众参与体育锻炼的积极性，并取得巨大体育成就。

（二）停滞期（1957—1974年）

1956年，受"左"倾冒进错误思想的影响，1957年提出了"大跃进"口号，我国进入"高指标""浮夸风"及形式主义盛行的"大跃进"时期。1958年10月国务院正式批准发布《劳动卫国体育制度条例》③，因搞反复测试、突击达标，严重违反体育锻炼的客观规律，破坏了《劳动卫国体育制度条例》的施行。3年自然灾害和中苏关系交恶对我国经济建设造成沉重打击，饥荒迫使《劳动卫国体育制度》停止施行。1964年周恩来总理提出"劳卫制"名称不符合我国习惯，国家体委在全国体育工作会议上将《劳动卫国体育制度条例》改为《青少年体育锻炼标准》并向全国发布。期间，因为经济困难，群众体育处于停滞状态。1966年

① 中央人民政府体育运动委员会.关于公布准备劳动与卫国体育制度暂行条例、暂行项目标准、预备级暂行条例的通告［Z］.1954-05-04.

② 钱雯.关于学校实施《国家体育锻炼标准》若干问题的研究［J］.广州体育学院学报，2000（4）：49-53.

③ 中央人民政府体育运动委员会.劳动卫国体育制度条例［Z］.国务院全体会议第81次会议，1958-10-20.

"文革"运动发生，体育协会被解散或撤销，相应的管理组织体系遭到破坏，《青少年体育锻炼标准》被迫停止。"文革"后期，部分职工体育活动得到恢复，然而1974年的"千人操""万人横渡"等替代了刚刚恢复的群众体育运动，《青少年体育锻炼标准》被迫束之高阁。

这一阶段，我国体育锻炼标准受"大跃进"、自然灾害、中苏关系交恶和"文革"运动等影响，群众体育生态遭到严重破坏。不论是搞冒进突击体育锻炼指标，还是"文革"运动破坏体育组织管理，皆使群众体育遭受严重破坏，体育锻炼标准施行从狂热跌入冰点，处于停滞状态，广大人民群众健康受到严重威胁。

（三）探索实践期（1975—1995年）

国家体委、教育部等部委根据我国国情，通力协作、研制《国家体育锻炼标准》，1975年经国务院批准公布了《国家体育锻炼标准条例》，并在全国试行，至1980年年底，达标人数达3 700多万。经过8年的探索实践，国家体委不断总结经验，对试行过程中出现的问题进行反复修改，在项目设置、年龄分组、评定方法等方面都有较大变动，并于1982年发布新的《国家体育锻炼标准》。自1982年8月《标准》颁布以来，全国已有28个省、自治区、直辖市开展了施行工作，截至1986年年底，四年中累计已有1.5亿人达到及格以上，其中1986年一年就有5 000万人次[①]。1988年国家体委在保留1982年《国家体育锻炼标准》的基本内容、形式和方法的前提下，对其中的部分测验项目和测验方法及评分评级标准再次进行了修改和调整，制定《国家体育锻炼标准施行办法》，经国务院批准于1989年发布。该《标准》项目设置尽可能与学校的体育教学大纲相结合，与学生

---

① 国家体委群体司学校体育处.把实施《国家体育锻炼标准》的工作推向新阶段［J］.学校体育，1987（5）：10-11.

体质健康监测项目相一致[①]。

《国家体育锻炼标准》是为了"鼓励和推动人民群众，特别是青少年、儿童积极参加体育锻炼，以增强体质，提高运动技术水平，"属于体育推荐性国家标准，不具有强制性，对学生体质施加的影响受多种条件限制。1991 年 2 月国家教委发布部分高校 90 级新生 69.54% 的学生身体素质达不到体育合格的要求[②]，表明部分学生身体素质堪忧。国家教委为了有效地促进学生参加体育锻炼，20 世纪 80年代末就自行研制并试行了《学生体育合格标准》，并于 1990 年、1991 年和 1992年分别颁发《大学生体育合格标准》《中学生体育合格标准》和《小学生体育合格标准》及其实施办法，意在强制学生参加体育锻炼和《国家体育锻炼标准》测验，遏制学生体质下降[③]。1994 年 9月，《中学生体育合格标准的试行办法》被废止，逐渐退出了历史舞台。

这一时期，我国体育锻炼标准制度逐步脱离苏联《劳卫制》的影响，并在探索实践中不断调整、修改和完善。同时，随着改革开放，经济快速发展和人民生活水平的提高，体质健康遭遇现代"文明病"的威胁，学生体质健康面临严重威胁，解决学生的健康问题提上日程，囿于制度落实监管不到位，学生体育合格标准制度未取得成效就草草收场，学生体质健康状况堪忧。

（四）科学规划期（1995—2013 年）

1995 年是我国体育事业发展具有里程碑意义的一年。该年 6 月，国务院颁布《全民健身计划纲要》(简称《纲要》)，这是我国科学发展社会体育事业纲领性文

① 许良.对我国体育锻炼标准制度的探析［J］.北京体育大学学报，1995，18（4）：74-75.

② 国家教委."中学生体育合格标准"必须认真执行——国家教委就部分高校 90 级新生"体育合格标准"检查结果发布公报［R］.1991-02-23.

③ 杨文运，林萍.《学生体质健康标准》与《学生体育合格标准》的比较［J］.体育学刊，2003，10（5）：69-71.

件，是一项重大决策。《纲要》提出要"继续推行、修订和完善《国家体育锻炼标准》，采取多种办法广泛开展达标活动。^①"同年 8 月，《中华人民共和国体育法》的颁布，明确把"国家推行全民健身计划，实施体育锻炼标准"上升到国家法律的高度，这标志着我国体育从以前的问题出发向科学规划、法制化发展，进入"依法治体"的科学发展阶段。

仅有体质的健康是不够的，特别对处于生长发育高峰期的青少年学生来说更是如此。为了改变这种局面，20 世纪末启动了新一轮的学校"体育与健康"课程改革和《学生体质健康标准》研究，提出"三维健康观"^②，树立"健康第一"指导思想。2002 年 7 月，教育部与国家体育总局联合颁发《学生体质健康标准（试行方案）》，把它作为《国家体育锻炼标准》的重要组成部分在学校具体实施，旨在有效贯彻《中共中央国务院关于深化教育改革全面推进素质教育的决定》；2007年 4 月《学生体质健康标准（试行方案）》经过 5 年的测试运行和修改，正式更名为《国家学生体质健康标准》，并在全国各级各类学校全面实施。为了进一步完善、科学化该制度，2013 年教育部再一次启动对《国家学生体质健康标准》进行修订，该标准从身体形态、身体机能和身体素质等方面综合评定学生的体质健康水平，是国家发展学生核心素养体系的重要组成部分，旨在激励学生积极进行身体锻炼，促进学生健康发展。2014 年教育部公布了最新修订的《国家学生体质健康标准》。

不论是 1989 年修订的《国家体育锻炼标准》，还是《学生体育合格标准》《国家学生体质健康标准》，其实施对象主要是青少年学生。忽视社会其他普通人群的体育锻炼制度是不科学的，也是不完善的。2003 年 5 月，国家体育总局、

---

① 国务院.全民健身计划纲要［EB/OL］.（1995-06-20）［2020-08-18］.http://www.scio.gov.cn/
xwfbh/xwbfbh/wqfbh/2015/33862/xgzc33869/Document/1458253/1458253.htm.

② 杨文轩.论中国当代学校体育改革价值取向的转换——从增强体质到全面发展［J］.体育学刊，
2016，23（6）：1-6.

国家民委等八部委联合发布《普通人群体育锻炼标准》施行办法（试行）。《普通人群体育锻炼标准》也是《国家体育锻炼标准》重要的组成部分，其适用于20～59岁身体健康人群，更为广泛地促进和激励广大人民群众积极参加体育锻炼。2013年，国家体育总局、教育部、全国总工会联合对《国家体育锻炼标准施行办法》再一次修订，印发《国家体育锻炼标准施行办法》。对《国家体育锻炼标准》时隔10年的再次修订，并把《普通人群体育锻炼标准》与《国家体育锻炼标准》合二为一。"再次修订的《国家体育锻炼标准》是在青少年和普通人群锻炼标准的基础上进行补充和完善，依然包括力量、速度、耐力、灵敏、柔韧五类身体素质测验项目。最大的不同是实现了6～69周岁人群的全覆盖，在项目设置上删繁就简，在保持测验项目一致性的同时，兼顾各年龄组的身体特点。[①]"特别强调的是，在《国家体育锻炼标准施行办法》第一章总则的第五条中明确提出："全国性单项体育协会可以制定单项体育锻炼标准，报国家体育总局备案。"这表明国家体育总局等部门积极鼓励群众体育业余锻炼由原来的力量、速度、耐力、灵敏、柔韧五类身体素质测验项目向各类体育项目发展。

这一阶段，我国把体育锻炼标准纳入全民健身国家计划和"依法治体"的法制化发展轨道，不仅重视6～69周岁人群全覆盖，还特别关注学生群体的体质健康，从形式上实现了体育锻炼标准推行普及化。但随着我国社会主义市场经济体制的建立，社会结构发生根本性改变，单位制的退隐，人的社会流动性增大，单位属性弱化，社会属性增强，仅依靠过去那种单位组织体育、治理体育的做法，因组织依托缺失，政府驱动传递链条断裂，越来越呈现出社会内生无力和政府驱动无效[②]，造成体育锻炼标准制度的体育治理效率日趋低下，导致执行效果并不明显。

---

① 人民网.《国家体育锻炼标准》新版：青少年将成重点［N］.人民日报，2013-08-08.

② 任海.中国体育治理逻辑的转型与创新［J］.体育科学，2020，40（7）：3-13.

（五）战略机遇期（2014—至今）

2014年10月，国务院印发了《国务院关于加快发展体育产业促进体育消费的若干意见》明确把"全民健身"上升为国家战略。那么，把什么作为落实全民健身国家战略的重要抓手？ 2014年国家体育总局刘鹏局长在国家体育总局系统全民健身工作会议上建设性地指出，"要鼓励支持各单项运动协会根据《国家锻炼标准施行办法》的有关规定，制定、公布单项业余锻炼标准、段位制等，积极探索项目协会强化全民健身工作的有效途径。"与会的国家体育总局冯建中副局长明确指出："各单项体育协会要结合本项目特点，制定业余锻炼标准，创建项目俱乐部，大力发展项目人口。①"就是落实全民健身国家战略的重要抓手。会后他阐释说，"要改变过去笼统统计体育人口的办法，用各类'体育项目'统计'体育人口'比以往体育人口统计更加准确。""体育项目人口"概念一经提出，明确了"体育人口"向各类"体育项目人口"发展。2015年，国家体育总局群体司启动制定了《关于开展运动项目业余锻炼等级标准指导意见》。

2016年中共中央、国务院印发了《"健康中国2030"规划纲要》，把"人民健康放在优先发展战略"，把"全民健康"纳入国家战略发展的基本方略。如何实现这样的战略目标呢？ 2018年，国家体育总局赵勇副局长在全国群众体育工作电视电话会议上的讲话指出，"落实全民健身、全民健康国家战略要从顶层设计做起，要尽快构建业余体育锻炼等级标准体系，把业余体育锻炼等级与专业运动等级衔接起来，打通群众体育与竞技体育之间的通道，激励更多民众参与各类体育项目锻炼，不仅能有效促进群众体育开展，也为竞技体育培育各类后备人才。"2018年年初，国家体育总局政法司起草《关于进一步加强体育运动水平等级评定规范化管理的意见》和《体育运动水平等级评定管理办法》，意在打通群

---

① 马思远，李相如. 体育项目业余锻炼等级标准制定与落实的现状及对策［J］. 首都体育学院学报，2016，28（6）：503-507.

众体育与竞技体育之间的藩篱，实现全民健身、健康中国和体育强国的国家战略目标。因体育运动水平等级设计、规范管理办法的某些方面设计得不够科学、成熟，未获国家体育总局领导审核通过。

这一时期，我国体育锻炼标准既面临体育锻炼标准制度的长期条块分割管理，政出多头，导致治理碎片化和执行不力，又面临各类体育锻炼标准的评定指标各异和评价结果的差异性，以及执行办法机械化、形式化，测试结果信息泛滥①等问题，造成社会不信任。如何有效发挥体育锻炼标准的功能，实现全民健身和健康中国国家战略任务呢？探讨研制业余体育锻炼等级标准，打通群众体育与竞技体育之间的藩篱，大力发展项目人口，是亟待研究的重要课题。

二、体育锻炼标准的功能嬗变

体育锻炼标准制度变迁，源于不同历史时期的国防安全、国民体质健康和经济生产等的需要，体现制度的功能价值和目标任务的变化过程。这一过程受我国社会的政治、经济、军事、外交、科技和文化教育等影响，并随着中国社会结构的变迁和中国体育事业的发展，表现为体育锻炼标准主要功能及其延伸功能的嬗变。

（一）强化体能训练，服务于国防安全和经济建设是《劳卫制》的重要任务

《准备劳动与卫国体育制度》简称《劳卫制》，是中华人民共和国成立初期借鉴、学习苏联《准备劳动与保卫祖国体育制度》而制定的，既是一项锻炼制度，也是一项测试制度。通过运动项目的等级测试，促进国民特别是青少年积极参加

---

① 张强锋，张一民等.《国家学生体质健康标准》测试结果公示的困境与出路 [J].体育学刊，2021，28（1）：114-119.

各项体育运动，按年龄组别制定达标标准。内容主要涉及速度、耐力、力量、灵敏、柔韧等身体素质，也涉及射击、手榴弹、野外行军等军事项目，通过这些身体素质项目训练，有效强化参与者身体机能、体能，提高军事作战能力。

从《劳卫制》制定的历史背景来看，一方面全国刚刚解放，国际形势极其复杂，襁褓中的新中国需要强有力的军事保护；另一方面，灾难深重的中华民族经受长期战争，国力积贫积弱，国民体质羸弱不堪，急需发展国民经济以壮国力，同时国民经济的发展也离不开体格强健的劳动力。《劳卫制》条例第一条就明确指出："劳卫制是国家根据社会主义建设事业需要，对人民在体育锻炼上的基本要求而制定的，其目的在于鼓励人民积极参加体育锻炼，促进体育运动的广泛开展，提高运动技术水平，使人民身强力壮，意志坚强，更好地为社会主义建设和保卫祖国服务。[①]"积贫积弱、百废待兴的经济环境和羸弱的国民健康状况决定了《劳卫制》的经济建设功能和强身健体功能，复杂多变的国际环境和襁褓中的新中国决定了《劳卫制》必然要服务于军事和政治外交，成为《劳卫制》的时代特点和印记。《劳卫制》强有力的推行和落实，强化了青少年的体能和对体育锻炼价值的认识，并积累了丰富体育锻炼经验，为社会主义发展产生了军事国防、政治外交和经济生产等价值。

《青少年体育锻炼标准》是《劳卫制》的延续。作为过渡性的体育制度，因中苏关系交恶而更名，内容并未做调整；又因三年自然灾害引发的经济困难和"文革"运动破坏了体育组织体系而被迫停止。这段时期，尽管在边远乡村有零星的群众体育运动开展，但就《青少年体育锻炼标准》制度而言，因未正常实施，其功能无从谈起。

---

① 国家体委政策研究室主编.体育运动文件选编（1949—1981）[M].北京：人民体育出版社，1982：224.

（二）重视体质，提升国民身体素质是《国家体育锻炼标准》的长期任务

由于与苏联关系交恶和"去苏联化"，从 1972 年国家体委就开始自行研制、探索制定自己的体育锻炼标准，几经实验，1975 年《国家体育锻炼标准》经国务院批准颁布实施。新制定的《国家体育锻炼标准》在测试项目上，取消了《劳卫制》中掷手榴弹、射击、行军等军事体能测试项目，增加了掷实心球、铅球、1 分钟仰卧起坐等身体素质测试项目，弱化了体育锻炼标准的军事功能，重视国民身体素质。

1982 年颁布的《国家体育锻炼标准》用评分法取代了等级达标评价方法。等级达标评价方法将不同计量单位测试项目的成绩转化成分数，使不同个体、群体之间可以进行比较，有利于学生体质的个体差异性比较，标准的评价方法趋向于科学合理[①]，对促进学生积极参与体育锻炼具有更强的激励和反馈功能。1989 年国务院批准发布《国家体育锻炼标准施行办法》，是在 1982 年的基础上对测试内容、等级达标评价方法进一步科学化修改，优化其效能。

2003 年国家体育总局联合 8 个部委对《国家体育锻炼标准》进行了第三次修订，并颁布了《普通人群体育锻炼标准》,《普通人群体育锻炼标准》也是《国家体育锻炼标准》重要的组成部分，其适用于 20～59 岁身体健康人群，旨在实现健身人群全覆盖，扩大其功能的人群范围，更为广泛地促进和激励广大人民群众积极参加体育锻炼。2013 年，国家体育总局联合两部委再次修订《国家体育锻炼标准》，把《普通人群体育锻炼标准》与《国家体育锻炼标准》合二为一。

从 1975 年到 2013 年《国家体育锻炼标准》经过四次修订，不是闭门造车，而是在借鉴和融合国内外的身体素质测试项目，充分考虑各年龄组的年龄特点和生长发育规律。通过测验项目逐渐删繁就简、规范和标准化，涵盖人体的力量、

---

① 李建强.我国学生体质健康标准的演变历程及特征研究［D］.苏州：苏州大学，2009.

速度、耐力、灵敏和柔韧五类素质；通过测试人群从最初侧重青少年到青少年、成人，再到 6 ～ 69 周岁，覆盖绝大部分公民，以激发国民参加体育锻炼的积极性和主动性，提高身体素质为目的，逐步实现《国家体育锻炼标准》制度化，评价体系科学化，检验公民体育锻炼效果客观化，有效实现《国家体育锻炼标准》的强身健体功能和经济建设功能。

《国家体育锻炼标准》从研制施行至今已经四十多年了，它经历了我国经济的衰退末期、改革开放期、快速发展期和结构调整期。在我国经济衰退末期，中美关系逐渐缓和，结束了西方敌对势力对我国的军事威胁，纠正了"以阶级斗争为纲"的错误路线，缓和了人民内部矛盾，《国家体育锻炼标准》的军事国防功能趋弱，政治斗争性质弱化；经济改革开放初期和快速发展期，我国把经济建设上升到国家战略，重视劳动者的体质和文化素质，包含国民体质监测和学生体质教育，有效地强化了《国家体育锻炼标准》的强身健体功能及其衍生的经济建设功能，促进了国民体质健康，对社会经济建设起到了重要作用；经济结构调整期，自主创新和产业结构升级等经济结构核心问题决定了劳动者必须具有较高的文化素养和科技创新能力，劳动者的体质健康虽被重视，但"说起来重要，忙起来不要"。尽管 2013 年重新修订了《国家体育锻炼标准》，各省市象征性地抽测、达标赛和分站赛，仪式隆重，参赛人数寥寥无几。对此，国家体育总局原副局长赵勇"在 2017 年全国省级群体干部培训班上的讲话"提到落实群众体育工作时批评说，"光抓面上，结果只会浮在表面，根没扎下来，这不行"①，这表明《国家体育锻炼标准》的落实工作流于形式。

---

① 赵勇在 2017 年全国省级群体干部培训班上的讲话［R］.2017-05-27.

（三）关注学生健康，提高学生健康水平是学生体育锻炼标准的艰巨任务

《学生体育合格标准》是国家教委根据《学校体育工作条例》制定的，是一项具有强制性的体育制度。改革开放后，体育的拨乱反正和各种基本关系的理顺，为体育发展明确了目标和方向，逐步步入体育发展的正确轨道。同时，改革开放国策为我国经济发展注入了新的活力和生机，有效地促进了经济的发展，并为改善国民体质健康创造了有利条件，特别是对生长发育期的青少年而言尤为重要。但事与愿违，我国1985年学生体质指标与1984年日本学生体质指标相比，我国学生身体素质水平除个别年龄外，均低于日本[①]。如何尽快改善和提高学生的体质健康状况，仅靠营养膳食和不具有强制力的《国家体育锻炼标准》是不够的。在此背景下，《学生体育合格标准》应运而生。它严格把学生体育课成绩、《国家体育锻炼标准》测验成绩和两操一课、课外体育活动考勤纳入体育考核体系，对学生现有的体育水平、参与体育活动的态度、身体形态、机能、素质、视力状况评定作了具体规定[②]。它旨在鼓励学生经常参加体育锻炼，增强体质健康，提高健康水平和自我保健能力，为社会主义现代化培养健康体格的建设者。然而该制度出台后不久就被废止了，究其原因，访谈了该项制度的亲历制定者、执行者，时任国家教委体育卫生与艺术教育司宋尽贤司长，他认为，《小学生体育合格标准》《中学生体育合格标准》因标准制定过于宽泛和落实监管不到位，未能遏制学生体质下降的事实，是该项制度流产的重要原因。究其功能，"皮之不存，毛将焉附？"

《国家学生体质健康标准》是《国家体育锻炼标准》的有机组成部分。我国

---

① 中国学生体质与健康调研组1985年中国学生体质与健康研究［M］．北京：人民教育出版社，1987：185．

② 顾明远．教育大辞典（下卷）［M］．上海：上海教育出版社，1998：183．

大、中、小学生体质健康状况连续 20 多年呈下降趋势，已经成为教育界，乃至整个社会不得不关注的问题①，也引起了党和国家领导的忧虑和高度重视。如何有效促进学生体质健康，科学测量学生体质健康状况和评价学生体育锻炼效果，培养高素质社会主义建设人才，是 21 世纪素质教育对学校体育教育的要求。

2002 年《学生体质健康标准》在全国开始试行。经过 5 年的试行，《学生体质健康标准》改为《国家学生体质健康标准》，并正式颁布实施，增加反映学生身体素质和综合运动能力的测试指标，对整个评价体系中的权重做了较大幅度的调整，旨在贯彻落实"健康第一"指导思想，切实加强学校体育工作，促进学生积极参加体育锻炼，养成良好的锻炼习惯，提高体质健康水平。

2014 年，依据全国学生体质情况和认真落实《国家中长期教育改革和发展规划纲要（2010—2020 年）》、国务院办公厅转发教育部等部门《关于进一步加强学校体育工作若干意见的通知》（国办发〔2012〕53 号）和教育部关于印发《学生体质健康监测评价办法》（教体艺〔2014〕3 号）等三个文件的相关要求，重新修订了《国家学生体质健康标准》，着重提高其应用的信度、效度和区分度，着重强化其教育激励、反馈调整和引导锻炼的功能，着重提高其教育监测和绩效评价的支撑能力。然而，新的《国家学生体质健康标准》落实成效并不理想，作为参与《标准》制定的毛振明教授，用"7 个失效②"阐述《标准》已经严重失效和失信，其功能必然大打折扣。

综上研究认为，体育锻炼标准功能嬗变并不是利益的相关主体通过相互博弈实现的，而是以政府体育部门为主体，自上而下，具有强制性的功能变迁③，主要表现为以政府体育行政命令和体育法律条例引入和实现，是政府基于经验和现实

---

① 卢元镇 . 当今学校体育中的几个理论与实践问题［J］. 吉林体育学院学报，2009，25（5）：1-6.

② 毛振明，杨多多，李海燕 .《"健康中国 2030"规划纲要》与学校体育改革施策［J］. 武汉体育学院学报，2018，52（4）：75-80.

③ 梁恒，李静波 . 新中国成立以来我国体育锻炼标准的变迁［J］. 体育学刊，2011，18（5）：66-70.

情况做出的制度安排。从《劳卫制》到《国家体育锻炼标准》，再到《国家学生体质健康标准》，以强化体能到重视体质，再到关注健康等功能为主，以国防安全、经济建设和教育娱乐等功能为辅的嬗变过程。然而，体育锻炼标准具有的功能并不等于其价值的实现，一方面受到人对体育锻炼的情感认知、体育实践经验和行为习惯的影响，另一方面受到国家不同时期的政治环境、经济发展和文化教育等因素的影响。

三、我国体育锻炼标准制度新时代使命

站在新时代的历史起点，体育锻炼标准制度何去何从？能否担负得起实现全民健身乃至健康中国国家战略的重任？能否有效服务体育强国建设的新时代使命？

早在 2013 年国家体育总局、教育部组织修订颁布的《国家体育锻炼标准施行办法》总则的第五条中就曾提出，"全国性单项体育协会可以制定单项体育锻炼标准，报国家体育总局备案。"对此，国家体育总局刘鹏局长在 2014 年国家体育总局系统全民健身工作会议上都明确强调，"积极探索项目协会强化全民健身工作的有效途径，鼓励支持各单项协会制定和完善各类运动项目业余锻炼标准"，并授权群体司研制《关于开展运动项目业余锻炼标准达标工作指导意见》，要求积极创建体育运动项目俱乐部，推动各类运动项目的业余锻炼标准的制定和完善，着力发展各类体育运动项目，激活各单项体育协会职能，大力发展"体育项目人口"。这表明，制定和完善各类运动项目业余锻炼标准将成为体育锻炼标准制度建设的重点。

为了推进该项制度的建设，更好地服务于全民健身、健康中国国家战略，担负体育强国建设和实现强国梦的使命，国家体育总局在《2016 年国家体育总局系统全民健身工作会议》中，强调各项目运动管理中心要科学制定和完善各运动项

目的业余锻炼等级标准和业余竞赛体系。2017年9月，国家体育总局召开《国家业余体育竞赛体系方案》研讨会，提出要打破业余体育与专业体育之间的藩篱，打通业余体育与专业体育通道，构建业余体育锻炼等级标准体系和业余体育竞赛体系，制定和完善各类体育运动项目业余锻炼等级标准，并与《运动员技术等级标准》对接，使二者互相补充，互为促进，共同提升群众体育、国家体育治理能力和水平，实现群众体育与竞技体育协调发展。对此，习近平总书记多次在不同场合阐述群众体育与竞技体育协调发展的重要性和战略意义。2019年8月，国务院办公厅颁发的《体育强国建设纲要》，明确实现体育强国建设三步战略目标，提出大力发展群众喜闻乐见的运动项目，扶持推广各类民族民间民俗传统运动项目，建立面向全民的体育运动水平等级标准和评定体系 ① 。到2035年，实现"经常参加体育锻炼人数比例达到45%以上，城乡居民达到《国民体质测定标准》合格以上的人数比例超过92%"的具体目标，到2050年，"全面建成社会主义现代化体育强国"的宏伟目标。

四、结束语

制度是一个社会的博弈规则，其创立、变更和消亡受多种因素影响，对消解社会矛盾，实现其功能和价值具有重要作用。体育锻炼标准作为我国群众体育的一项重要制度，经历了学习借鉴期、停滞期、探索实践期、科学规划期和战略机遇期五个阶段。在不同发展时期，体育锻炼标准制度受我国的政治、经济、军事、外交、科技、文化教育和生活方式，特别受人民体质健康的影响，体育锻炼标准制度从中华人民共和国成立初期的《劳卫制》重视体能，为国防安全、经济生产服务，到《国家体育锻炼标准》重视体质，为国民体质健康、经济建设服

---

① 国务院办公厅.体育强国建设纲要［EB/OL］.（2019-09-02）［2020-08-18］.http://www.gov.cn/xinwen/2019-09/02/content_5426540.htm.

务，再到《国家学生体质健康标准》重视多维健康，为学生健康服务，彰显这项制度的重要功能价值。然而，随着我国社会结构发生根本性的变化，政府驱动治理乏力；体育锻炼标准制度长期条块分割管理，政出多头，造成治理碎片化和治理效率低下；各类体育锻炼标准的评定指标各异和评价结果的差异性，导致社会漠视和不信任。制度应随时代的需要而变，全民健身、健康中国国家战略和体育强国建设赋予体育锻炼标准制度新时代历史使命，制定和完善各类体育运动项目业余锻炼等级标准，构建体育项目业余锻炼等级标准体系是国家体育治理重要课题之一，对提升体育治理水平和治理成效具有重要的现实意义。

第五章　发达国家健康促进体育政策经验与启示

　　健康是促进人的全面发展的必然要求，是经济社会发展的基础条件，是民族昌盛和国家富强的重要标志，也是广大人民群众的共同追求^①。体育作为健康促进的重要手段，从 20 世纪 70 年代初就受到世界各国政府的关注，并被纳入强国兴邦、为国民谋福祉的基本制度。1995 年，国务院颁布实施《全民健身计划纲要》，成为发展我国体育事业的纲领性文件^②，它起步虽相对较晚，但对于促进国民体质健康具有历史性意义。现如今，在大力推行"全民健身"计划的基础上，它也与"健康中国"和"体育强国"一同上升为国家战略，且适逢承办 2022 年冬奥会的伟大历史机遇，我国体育事业与健康事业迎来了绝佳发展契机。与此同时，少子老龄化、精神压力大、生活方式病等为我国健康大厦的建设带来了严峻挑战。如何卓有成效地提高国民体质健康水平，使国民更稳健地走在体质健康的康庄大道上？我们有必要借鉴发达国家（美、德、日等）健康促进体育政策经验，为实现我国健康促进体育政策制定科学化、执行严格化、贯彻公平化、落实高效化提供政策参考和依据。

---

① 中共中央国务院."健康中国 2030"规划纲要［EB/OL］.（2016-10-25）［2022-07-10］.https://www.sport.gov.cn/n10503/c772542/content.html.

② 国务院.全民健身计划纲要［EB/OL］.（1995-6-20）［2022-07-10］.http://www.scio.gov.cn/XWfbh/xwbfbh/wqfbh/2015/33862/xgzc33869/Document/1458253/1458253.htm.

一、我国健康促进体育政策及其目标

由表 5-1 可知，近 20 年，我国制定的有助于促进国民锻炼的相关体育政策集中表现为：着重强调经常参加体育锻炼人数（占比）、群众体育运动场地设施规划建设（数量／面积）以及社会体育指导等方面。经比较可知，这些政策仅对经常参加体育锻炼的人数（比例）及人均体育场地面积有共性要求，民众选择的运动项目、运动达到的强度及通过运动想要实现的效果往往未涉及；提及的体质锻炼效果或是力度不够，或是缺乏易量化的指标；社会体育指导目标中便于进行统计监测的仅限于每千人拥有的社会体育指导员人数这一条。而且，在部分健康促进政策中，我们用"普遍增强""逐步提高""明显增加"等模糊的词来定性描述，政策施行主体及落实效果等方面都存在模糊性，导致多个计划目标均难逃脱沦为"糊涂账"的命运，效果难以保障。怎样在限定期限内切实增强国民体质、保证健康促进政策推行效率，成为制定政策的重中之重。故而今后的政策制定成为一项艰巨的任务——既需注意较大时间跨度内的国家总体指标，又要重视分期分段目标；既要囊括现有突出因素，又要关注尚未明确但作用关键的指标；既需要具备足够的法律支持，又要在法律条文中明确强调促进群众体育发展；既需要照顾不同人群形成政策网络，又要考虑如何保障政策落实效果；既需要凝聚多方意见，又要思考怎样进行科学评估。应通过健康促进体育政策的制定、落实及适时反馈，持续保证不同人群的运动效果，促使民众健康意识内化，自觉参与运动频次增加，进而实现体育运动生活化。

表 5-1　我国近 20 年来有助于促进国民锻炼的体育政策目标集中表现（部分）

政策	目标截止期限	目标集中表现		
		经常参加体育锻炼人数（占比）	场地规划建设（数量/面积）	社会体育指导
《"十二五"时期我国体育事业发展规划》（2011 年）	2015 年	32% 以上	120 万个以上（体育场地总量）；1.5 平方米以上（人均）	—
《全民健身计划（2011—2015）》（2011 年 2 月 15 日）	2015 年	体育人口占比达 32% 以上	—	—
《"十三五"时期我国体育事业发展规划》（2016 年）	2020 年	4.35 亿	1.8 平方米（人均）	—
《全民健身计划（2016—2020）》（2016 年 6 月 15 日）	2020 年	7 亿（1 次及以上），4.35 亿（经常）	—	—
《体育强国建设纲要》（2019 年 9 月 2 日）	2035 年	45% 以上	2.5 平方米（人均）	—
《关于促进全民健身和体育消费 推动体育产业高质量发展的意见》（2019 年 9 月 4 日）	—	—	努力打造百姓身边的"15 分钟健身圈"	努力打造百姓身边的健身组织
《全民健身计划（2021—2025）》（2021 年 7 月 18 日）	2025 年	38.5%	15 分钟健身圈实现全覆盖	每千人拥有社会体育指导员 2.16 名
《"十四五"时期我国体育事业发展规划》（2021 年）	2025 年	38.5%	2.6 平方米（人均）	每千人拥有社会体育指导员 2.16 名

　　国家决策在一定历史时期内引导国家发展方向，对国内全局性、高层次的重大问题具有筹划和指导作用；法律法规具有明示性、强制性、规范性等特点，在引导健康促进体育政策制定的同时也可以起到一定的保障作用；特殊人群享有平等的运动参与权利，既能体现出我国体质健康机制建设的公平性，又可以促进国家健康结构的完善；绩效评估的有效反馈能够促进政策制定合理化及引导政策制定方向优化，是政策施行中必不可少的一环。我们在深入研究本国健康促进体育政策经验的基础上，汲取发达国家近些年来的先进政策经验，进行必要的本土

化改动，能够为未来健康促进体育政策的结构模式优化创造有利条件（如图 5-1
所示）。

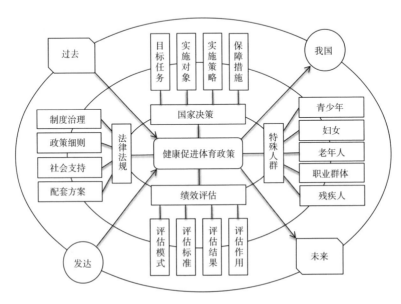

图 5-1　健康促进体育政策结构模式

国家决策层面，1995 年，我国首次颁布实施以 5 年为期的《全民健身计划》，
开启了重视群众体育开展和国计民生健康问题的新篇章。在国发〔2014〕46 号
文件明确将全民健身上升为国家战略后，我国相继于 2016 年和 2019 年印发了
《"健康中国 2030"规划纲要》和《体育强国建设纲要》等国家战略级政策，彰显
新时代体育的重要责任和伟大使命。此外，特殊人群健康促进方面，我国颁布的
体育政策主要包括 2007 年《关于加强青少年体育增强青少年体质的意见》《关于
印发老年健康核心信息的通知》、2016 年《关于强化学校体育促进学生身心健康
全面发展的意见》、2018 年《青少年体育活动促进计划》、2020 年《关于深化体
教融合促进青少年健康发展的意见》《关于全面加强和改进新时代学校体育工作
的意见》等，对青少年和老年人群体的关注度日渐提升。法律法规层面，在 1995

年《中华人民共和国体育法》颁布施行以后，时隔二十余年，2022 年 6 月 24 日，新修订的《体育法》通过，此次修法重点是完善保障人民群众参与体育活动的权利，既为全民体育运动的广泛开展提供了制度支撑，又为重点人群的体育运动参与提供了特殊保障[1]。政策评估方面，我国于 1975 年、2013 年和 2014 年分别出台了《国家体育锻炼标准》《国家体育锻炼标准施行办法》以及《国家学生体质健康标准》，以促进全民健身公共服务体系构建，增强民众体育参与意识，提高国民身体素质。

二、发达国家健康促进体育政策研究

美国是体育商业化程度最高的国家，德国是近代体操的发源地[2]，日本是体育社会化程度较高的亚洲国家[3]。以上 3 个发达国家非常重视国内体育发展，较为完备地制定了包含国家决策、法律法规、特殊人群以及政策评估等多方面的健康促进体育政策，具有较强的可操作性，可以代表发达国家制定推行的体育政策。梳理分析这 3 个国家近 50 年间的健康促进体育政策经验，对提升我国全民健身公共服务水平，助推"健康中国"和"体育强国"建设具有镜鉴作用。

（一）美国

美国健康促进体育政策中，国家决策层面政策主要包括"健康公民""国民体力活动计划""全民健身计划"等，用国家力量帮助全体民众营造了良好的体育运动氛围。以"健康公民"系列计划（如表 5-2 所示）为例，1979 年，美国开始推行国家层面的顶层设计，联邦卫生与公共服务部（HHS）在 1980 至 2020 年

---

① 新修订的体育法有这些亮点［EB/OL］.（2022-06-29）［2022-07-10］.http://sn.people.com.cn/n2/2022/0629/c186331-40015646.html.

② 张虹.德国、英国、荷兰群众体育发展比较研究［J］.山东体育科技，2017，39（1）：85-88.

③ 张琴，易剑东.体育治理结构的域外经验与中国镜鉴［J］.体育学刊，2017，24（5）：41-47.

间相继颁布了以 10 年为 1 周期的《健康公民》系列制度 [1]，以唤醒和增强民众健康意识，引导民众进行身体活动，养成良好的生活习惯。该系列政策注重引导民众参与身体活动而起到预防疾病的效用，为国家健康服务。大部分政策均着重强调多方合作、个体与群体健康的统一性及利用社会资源解决社会健康问题，以期帮助民众塑造健康的生活方式。据调查显示，美国前 4 次"健康公民"计划显著改善了美国人的健康状况，在降低癌症、心脏病患病率等方面成绩斐然 [2]，第 5 次计划《健康公民 2030》也正处于推进过程中。

表 5-2　美国主要健康促进体育政策

政策层级	时间（年）	政策名称	主要目标
国家决策层面（"健康公民"系列政策）	1979—1990	《健康公民 1990》	旨在通过预防行为提高不同年龄、不同阶层人群的生活质量和健康水平，成功唤醒公众的健康意识
	1990—2000	《健康公民 2000》	增加健康生命年限；减少因种族、性别、年龄等不利因素造成的健康差异；加强公民预防性保健服务供给
	2000—2010	《健康公民 2010》	帮助各年龄段的公民提高生活质量，延长健康寿命；消除不同层次人群健康差异
	2010—2020	《健康公民 2020》	满足高质量的生活方式，疾病预防，降低死亡率；改善各年龄段健康行为；消除层次差异，实现健康公平；构建全民健康的社会物质环境
	2020—2030	《健康公民 2030》	避免可预防性疾病、残疾、伤害和过早死亡；实现健康公平，普及健康知识和消除健康差距；推动人在生命所有阶段的健康素养和健康行为
法律法规层面	1978	《业余体育法》	规范业余体育，为业余运动员的体育活动权利提供法律保障；统一业余体育管理、提高效率，促进公民体育运动参与良性发展
	2009	《个人健康投资法案 PHIT》	以降低资金投入的形式促进公民增加体育活动和健身活动

---

① 彭国强，舒盛芳 . 美国大众体育战略演进的历程、特征与启示 [J] . 中国体育科技，2018，54（2）：30-39.

② Office of Disease Prevention and Health.What Healthy People Contributes [EB/OL] .（2020-09-20）[2022-07-10] .https://www.healthypeople.gov/2020/About-Healthy-People/Development-Healthy-People-2030/Frame work.

续表

政策层级	时间（年）	政策名称	主要目标
特殊人群层面	2001	"促进中老年人身体活动"	促进中老年人口形成积极的体育参与方式；研究家庭、社区、公共政策等领域的身体活动障碍并提出具体的克服方法
	2008	"综合性学校体育计划"	旨在关注青少年体质健康，整合学校、家庭和社区体育资源，将学校体育运动延伸到上学前和放学后，加强和鼓励教职工体育参与等
	2010—2020	"国民体力活动计划"	推动国民运动健康促进，通过体力活动建立良好的生活方式；为不同群体体力活动开展提供指导，不断提升进行体力活动的人口数量
	2012	"总统青少年健身计划"	为青少年提供运动加科学营养健康饮食习惯的指导；运用健康体适能的理念培养健康生活方式和终身体育健康行为观念
	2012	"动起来计划"	目的是解决美国青少年日益突出的肥胖问题；强调学校、家庭、社区、医院等均有义务参与到降低青少年肥胖率的工作中
绩效评估层面	2017	《国家青少年体育标准》	促进不同年龄段青少年安全、开心参与体育运动，并尽可能地提高其运动效率

　　美国法律层面政策主要有管理全国体育工作的《业余体育法》以及促进民众体育运动参与的《个人健康投资法案 PHIT》等，《业余体育法》主要保护的是青少年的体育运动权利，《个人健康投资法案 PHIT》为民众身体运动参与变相提供了资金支持，它们从不同方面为促进国内民众体育参与、整体性提高民众健康水平发挥了积极作用。特殊人群方面，适用于青少年群体的主要有"综合性学校体育计划""总统青少年健身计划"以及"动起来计划"等，它们重视通过学校体育教育培养青少年的终身体育观念，从教育资源、社会助力、生命关怀等方面帮助青少年塑造健康的生活方式，同时也为孩子们的全面发展营造了优良环境。2001 年"国家计划：促进中老年人身体活动"开全球范围内单独制定老年人体育政策之先河[①]；2010 年后，"国民体力活动计划"推动实施中老年人体适能计划，

---

① 吴开霖.美、日、德三国老年人体育政策历史演进对我国的启示［J］.体育大视野,2018,11（8）:177-178.

加强中老年人体力活动引导 [①]，为他们的健康带去了福音。绩效评估方面，2017 年《国家青少年体育标准》成为高质量青少年体育项目的蓝本，为青少年提供体育项目的组织指导，帮助他们获得尽可能好的运动体验 [②]。

（二）德国

德国决策层面的健康促进体育政策主要包括"黄金计划"系列、"德国体育奖章""家庭体育奖章"等。以"黄金计划"系列为例（如表 5-3 所示），自 1976 年至 1990 年，德国第二、第三个"黄金计划"相继问世，时间跨度分别为 8 年和 5 年。1999 年，德国体育联合会出台"东部黄金计划"，投入上亿马克予以落实，进一步丰富和完善了制度体系。"黄金计划"系列政策制度内容主要包括体育场地的面积、规格及要求 3 个方面，旨在促进全民体育活动参与及全民健康 [③]。因其对发展国内民众身体健康具有至关重要的作用，该系列政策得到了联邦政府、议会和各党派的鼎力支持。政策颁布后，大量资金迅速涌入，使得国内体育场馆激增。截至 1989 年，德国已有 65 132 个全民健身活动中心、59 145 个儿童游戏场、29 962 个网球场等 [④]，为俱乐部的兴起创造了物质条件和文化条件，成功带动国内大众体育蓬勃发展。2012 年时，德国共有 91 080 个俱乐部，会员人数达 2 700 万，占全国总人数的 33% [⑤]，另有约 1/3 的人经常自发参与体育锻炼，使

---

① 彭国强，高庆勇．美国大众体育制度治理的特征及启示［J］.西安体育学院学报,2020,37（1）:1-9.

② 王占坤，黄可可，王永华等．美国《青少年体育国家标准》的演进、特征及启示［J］.体育学研究，2019，10（5）：46-55.

③ Anon.Golden Plan［EB/OL］.（2018-01-12）［2022-07-10］.http://www.dog-bewegt. De/foerderverein/historie/ goldener_plan.html.

④ 潘华，崔莉，邱陵云等．德国大众体育研究［R］.成都：成都体育学院，2009：22-24+62.

⑤ 李桂华，侯海波，陈琳等．世界体育发达国家体育发展指标研究［J］.沈阳体育学院学报，2014，33（6）：12-19.

得德国体育人口约占总人数的 2/3[①]。

　　法律法规层面，德国的体育体制是社会主导型，国家体育以自治为主，其宪法（《联邦基本法》）中不为体育设专门条款，联邦立法也不专为体育运动相关调整而设。基本法中有保障体育组织自由的规定[②]，各联邦州也均有自己的《高校法》。1975 年，联邦德国修订的《协会法》首款首条再次提及《基本法》中体现过的协会组建自由[③]。此外，《基本法》和《联邦民事法》还对体育协会做出了详细说明[④]。特殊人群层面，在表 5-3 中提到的政策之外，德国还为青少年制定推行了"学习需要运动——下萨克森重点强调"2007—2010 行动计划、"发掘你的强项"活动及"踢球精力充沛活动"等，为老年人体育设计的计划和活动包括 50 岁以上老年人体育计划、老年人体育节和"爷爷—奶奶—小朋友操"等[⑤]。绩效评估方面，德国设专门的"德国评估协会"为每个评估项目建立了评估标准，更科学地对国内体育学科发展进行评估。以上种种政策，在极大程度上保障了德国"体育为大众"健康意义的实现。

表 5-3　德国主要健康促进体育政策

政策层级	时间（年）	政策名称	主要目标
国家决策层面（"黄金计划"系列政策）	1976—1984	第二个"黄金计划"	鼓励民众参加健身活动，并争取改变民众对待体育锻炼的态度
	1985—1990	第三个"黄金计划"	改善现有场地，增建新场地；大力兴建体育设施
	1999	"东部黄金计划"	推动德国东部各州和柏林东部地区的基层体育设施的重建、扩建和改造

① Beerli A., Martin J.Fact ors influencing destination image［J］.An-nals of Tourism Research，2004，31：657-681.

② 黄世席.德国体育运动中的法律问题［J］.德国研究，2007，83（3）：48-54+79.

③ Vereinsgesetz. Bin Service des Bundesministeriums der Justiz in Zusammenarbeit mit der juris GmbH［M］.2007：1.

④ 沈佳丽.法律和规章下的德国高校体育，体育学刊［J］.2012，19（4）：77-80.

⑤ 侯海波.德国群体活动近况［J］.中外群众体育信息，2003，4.

政策层级	时间（年）	政策名称	主要目标
特殊人群层面	1971	"Keep Fit 项目"	提供适合老年人的活动
	1980	《老年人运动》	重视老年人运动相关研究，积极规划与培育专业的多元性老年人体育指导人才
	近年来	"70 岁以上的老年人体育计划"	满足高龄老人体育运动需求，促进高龄老人健康
	2017—2022	《中小学体育发展行动指南》	重点关注残障儿童和青少年平等参与体育运动的权利、学校与体育组织合作筹办体育赛事以及全德体育师资培训

（三）日本

日本决策层面的健康促进体育政策主要体现为"体育振兴"系列政策、《体育立国战略》等。以"体育振兴"系列政策为例（如表 5-4 所示），该系列政策上溯至 1961 年搭建政策框架的《体育振兴法》，从 1972 年《关于普及振兴体育的基本策略》至 2005 年再修订版"体育振兴基本计划"，日本体育发展重心由竞技体育逐渐向大众体育倾斜，对于国内青少年体育发展给予了特别关注。"体育振兴"系列政策在提高学生体力、发展学生运动能力方面发挥的作用不可估量，对民众体质健康产生了积极的代际影响，不仅使当前时空框架中的国民能够受益于政策福利，而且也为国家体育的后续发展力量奠定了根基。该政策体系是一种长远的、具有可持续性的国家意志的凝练，大幅规范并推动了日本体育发展，对其产生的影响尤为深远[1]。经"体育振兴"系列政策及其他政策的推动，在 1996—2016 年间，日本人参加体育活动的比例达 68.8%[2]。2019 年，日本 20 岁以上成年

---

[1] 郭伟，滝瀬定文.日本青少年体育振兴政策对我国青少年体质健康促进的启示［J］.西安体育学院学报，2016（6）：690-693.

[2] 日本体育运动［EB/OL］.［2022-07-10］https://data.iimedia.cn/data-classification/theme/13000451.html.

人每周参加 3 次及以上体育活动的人数比例为 27.0%，较 2015 年提高了 7.4%[①]。

表 5-4　日本主要健康促进体育政策

政策层级	时间（年）	政策名称	主要目标
国家决策层面（"体育振兴"系列政策）	1972	《关于普及振兴体育的基本策略》	促使日本发展体育的重心由竞技体育开始转移到大众体育和学校体育上
	1989	《面向 21 世纪的体育振兴政策》	促使终身体育的战略发展目标，即任何人、任何时间、任何地点都能够进行身体活动
	2000	"体育振兴基本计划"	全面提升青少年体质健康水平；在各地域建立良好的体育环境，以终身体育、竞技体育、学校体育为三大支柱，实现终身体育社会
	2005	"体育振兴基本计划"修订版	有效遏制青少年身体素质的下降趋势，全面提升学生体质健康水平
法律法规层面	1985	《日本体育·学校健康中心法》	振兴体育，增进和保证儿童青少年的身体健康
	1998	《体育振兴投票法》	确保体育财源，保证体育基本计划的实施以及终身体育活动的开展
	2011	《体育基本法》	实现"体育立国"根本目标；明确提出保障自由前提下的公民体育权利；学校、体育团体、家庭和社区必须相互协作推进体育，尤其是青少年儿童体育的发展
特殊人群层面	2012—2022	"体育基本计划"	制定未来 10 年日本体育发展的政策与指导方针；明确规定学校体育中青少年体质健康促进的实施细则；推进计划的顺利实施，提高政策的执行效率
	2018	"提高体育参与率行动计划"	缩小不参加体育活动国民的规模

由表 5-4 可知，日本体育法律法规主要包含《日本体育·学校健康中心法》《体育振兴投票法》《体育基本法》等。在《日本体育·学校健康中心法》颁布的次年，配套政策《日本体育·学校健康中心法实施规则》出台，为学生遭受灾害、伤害事故制定了 14 级及其级别以内的具体赔付情况与标准。《体育振兴投票法》从法律领域对政策落实及资金支持给予重视，为国家学校体育发展提供了有

---

① 日本文部科学省スポーツ庁. 令和元年度「スポーツの実施状況等に関する世論調査」について［EB/OL］.（2021-01-01）［2022-07-10］.https://www.mext.go.jp/sports/content/20200507-spt_kensport01-000007034_1.pdf.

力保障。《体育基本法》推进体育发展的体制配置，详细、具体地规定了体育指导员、场地器材，推进体育科学研究和学校体育发展，解决突发情况等方面的基础条件配备以及国家为民众提供体育机会的环境配备[①]。对于青少年人群，"体育基本计划（2012—2022）"深化落实《体育基本法》的理念，明确规定学校体育中青少年体质健康促进的实施细则，具有更强的可执行性。老年人体育政策方面，2000 年《介护保险法》提出，照顾需要监护的老年人的正常生活起居，帮助他们进行机能训练、护理、疗养等，并为其提供必要的保健医疗服务和福祉服务，且规定了老年人 7 级健康评估结果[②]。2018 年《提高体育参与率行动计划》强调体育俱乐部吸纳青少年儿童群体，同时注重为高龄者提供适宜的体育活动[③]。绩效评估方面，1999 年，日本政府提出新体力测试办法，为 6 ～ 19 岁青少年设定了共同指标，同时分别为 6 ～ 11 岁和 12 ～ 19 岁青少年设定了各自的测试项目及需测试的身体素质，此外，为残疾青少年准备了适宜的新体力测试[④]。2006 年，日本厚生省出台了成人运动标准，以"运动强度"来显示一个成年人在每天应保持的运动量，并为民众提出相应的运动建议[⑤]。

---

① 范威，宋剑英 . 日本 2011《体育基本法》解析［J］. 武汉体育学院学报，2012，46（3）：38-42.

② "介护保险制度"——日本社会养老的缓兵之计［EB/OL］.（2017-07-12）［2022-07-10］.http://japan.people.com.cn/n1/2017/0712/c35421-29400366.html.

③ 南尚杰，李松洋，左晓东等 . 日本《提高体育实施率的行动计划》分析及启示［J］. 体育学刊，2021，28（5）：43-49.

④ 刘新华 . 日本体力监测系统的建立与实施［J］. 体育科学，2005（10）：47-52.

⑤ 日本：出台成人运动标准［EB/OL］.（2006-02-07）［2022-07-10］. http://zqb.cyol.com/content/2006-02/07/content_1310448.htm.

三、发达国家健康促进体育政策的主要经验与启示

（一）发达国家健康促进体育政策的主要经验

1. 高度重视，大力推进国民健康战略计划持续落实

美国前 4 次"健康公民"计划包含的促进健康的优先发展领域由 15 个逐渐增加至 42 个，可量化的健康战略目标数量由 226 个增加至近 600 个，规模和覆盖范围逐渐扩大；最新计划又将具体目标划分为核心目标、发展目标、研究目标、主题目标等[①]。德国全国、城市政策共同支持出台的"黄金计划"系列政策，使德国体育设施条件逐渐改善，成为德国大众体育发展中最重要的里程碑[②]。日本"体育振兴"系列后期政策提出实现终身体育的地域体育环境整备政策，政策系列定量数据及目标制定不断具体化，从硬件建设向软件建设过渡[③]，将体育发展目标转变为"生涯体育"[④]。

2. 加强立法，依法保障健康促进体育政策的法律地位

在法律保障方面，美国《业余体育法》从制度层面确定了大众体育的法律地位[⑤]，治理过程中"去政府化"特点突出，政府以服务者的姿态出现在体育领域中。德国在基本法中阐述了体育对个人和民族的积极影响，德国宪法中规定体育

---

① 程华，戴健，赵蕊 . 发达国家大众体育政策评估的特点及启示——以美国、法国和日本为例［J］沈阳体育学院学报，2016，35（3）：36-41.

② 潘华，崔莉，邱陵云等 . 德国大众体育研究［R］. 成都：成都体育学院，2009：22-24+62.

③ 胥万兵，金银日 . 日本大众休闲和体育的政策导向及其对中国的启示［J］. 体育学刊，2011，18（4）：63-66.

④ 曹振波，陈佩杰，庄洁等 . 发达国家体育健康政策发展及对健康中国的启示［J］. 体育科学，2017，37（5）：11-23+31.

⑤ 彭国强，舒盛芳 . 美国体育制度治理研究热点与展望［J］. 成都体育学院学报，2018，44（1）：78-84.

组织自治受到保障。日本《体育基本法》提出"体育立国"的根本目标[①]，将对体育价值的认可以文本形式固定下来，促使体育与国家、民族的发展紧紧地联系在一起，其对于体育地位的重视在政策颁布时期的全球范围内无出其右。

3. 公平对待，保证青少年、老年人群体运动参与权利平等

美国将学校作为促进青少年体质健康的主要渠道，以体育活动和营养膳食为主要抓手，以社会福利为辅助手段，且伴随着健康政策的更新迭代，不断提高对老年人体育参与的关注力度。德国有 91% 的俱乐部吸收儿童和青少年会员[②]，俱乐部体制在最大限度地保障了青少年的体育参与；国家虽然没有专门的老年人健康促进政策，但制定了与其相关的政策，以培养老年人自觉锻炼的意识、帮助老年人获得基本的体育运动参与权利。日本汇集社会各界力量帮助青少年激发体育运动兴趣，设定具体的政策目标以改善青少年运动不足的状况；通过构建保健与福利制度、设计适龄活动，间接促进老年人体质健康。

4. 注重效率，构建系统性评估体系进行有效的综合评估

美国以相同时间期限推进政策体系落实，建立系统性评价体系，定期追踪政策实施效果并对各项数据进行全方位评估，使评估指标可量化，评估主体多元化[③]。德国政策以满足民众身心需求为导向，注重体育事业的发展并凸显"以人为本"的战略价值，体育学科评估指标涵盖全面且采取动态评估模式[④]。日本不断细化政策评估指标，看重对硬环境之外软环境的评估，注重多层级、多方面、多主体完善综合评估体系。文部省还针对大众体育政策进行事前评估，以提高政策效

---

① 景俊杰，黑田勇.日本 2012《体育基本计划》解析［J］.西安体育学院学报，2013（4）：419-423.

② 潘华，崔莉，邱陵云等.德国大众体育研究［R］.成都：成都体育学院，2009：22-24+62.

③ 程华，戴健，赵蕊.发达国家大众体育政策评估的特点及启示——以美国、法国和日本为例［J］.沈阳体育学院学报，2016，35（3）：36-41.

④ 王雷，李平平，方千华.德国高等教育发展中心（CHE）体育学科评估解析及启示——兼评德国体育学科发展现状［J］.武汉体育学院学报，2015，49（11）：93-100.

率，结合使用定量评估与定性评估，更好地保证大众体育政策效率。

（二）发达国家健康促进体育政策的主要启示

1. 国家重视，健康促进国家层面体育政策制定科学化

习近平总书记强调："体育是提高人民健康水平的重要手段，也是实现中国梦的重要内容，能为中华民族伟大复兴提供凝心聚气的强大精神力量[①]。"我国应把体育作为强国之路，把健康作为利民之本，把持续推进健康促进体育政策作为兴国之要。要牢牢把握"四个重要"[②]，激活民众健康意识，引导体育融入民众生活，促进国家层面体育政策制定科学化，使体育在新时代更充分地发挥对个体、对民族、对经济社会发展、对国家等方面的多维积极作用和巨大的文化影响力，推动体育成为中华民族伟大复兴的标志性事业[③]。

2. 依法治体，健康促进体育法律法规执行严格化

我国已通过新修订的《体育法》，2023 年元旦以后，各地各校应严格执行新体育法中做出具体表述的"确保体育课时不被占用"，保障学生基本在校运动时间（1h）和体育教师待遇，将体育纳入初、高中学业水平考试范围[④]，促进社会认知加速转变，使全民切实认识体育优秀复合价值，改变固有观念，进而加入、自觉参与、带动周围人参与体育运动。以国家为主体，提升法律权威，各施行主体在落实过程中更要坚定遵循，不应以各种借口违反新体育法的规定。

---

① 习近平. 推进全民健身 建设体育强国（奋进新征程 建功新时代）［N］. 人民日报,2022-02-22(10).

② 人民体育. 加快建设体育强国——论学习贯彻习近平总书记在教育文化卫生体育领域专家代表座谈会上重要讲话［EB/OL］.（2020-09-27）［2022-07-10］. http://sports.people.com.cn/n1/2020/0927/c14820-31877064.html.

③ 李鉴. 释放体育强大而独特的育人力量［EB/OL］.（2021-11-22）［2022-07-10］.https://www.sus.edu.cn/info/1429/24632.htm.

④ 周爱光. 新时代我国学校体育改革发展的法治保障［EB/OL］.（2022-06-29）［2022-07-10］.https://www.sport.gov.cn/n20001280/n20067626/n20067861/c24416999/content.html.

3.联动施策，健康促进体育特殊人群政策贯彻公平化

在当前的少子老龄化社会，要突出对少年儿童和老年人的健康关怀。注重家庭、学校、社会三者统筹治理、协调发展、多维联动，在习总书记提出的家庭、学校、社会三位一体培育青少年强健体魄的教育大格局下[①]，落实"青少年和学校体育活动促进计划"[②]、《关于提升学校体育课后服务水平 促进中小学生健康成长的通知》[③]等政策文件，整合多系统优势资源，抓好学校体育这一关键发展领域；全社会关注老年人健康，在社会支持的背景下，以体育运动进行积极干预，社会力量为老年人健康提供服务，多元主体共促各群体运动参与权利公平与健康成果分享公平。

4.提质增效，健康促进体育评估政策落实高效化

线上需重视体质健康大数据平台建设，建立云端健康数据库，动态反馈参与线上测评的民众身体素质，并为其开具个性化的运动处方。线下要制定可量化、操作性强、不含模糊性的各项评估指标，节约评估指标进入实际运行的时间；推动体制测评工具在数据采集等方面的科学应用，升级测评体系，促使测评及综合分析结果高效产出；提高国内体测透明度与数据真实性，对于弄虚作假、伪造数据的学校做不同程度的惩罚。除此以外，引入第三方政策绩效评估机构，介入健康促进体育政策绩效评估，提高体育锻炼效果及评估效率。

---

① 李崟.释放体育强大而独特的育人力量［EB/OL］.（2021-11-22）［2022-07-10］.https://www.sus.edu.cn/info/1429/24632.htm.

② 国家体育总局青少年体育司.开展青少年和学校体育须依法而行［EB/OL］.（2022-07-05）［2022-07-10］.https://www.sport.gov.cn/qss/n5021/c24448683/content.html.

③ 体育总局办公厅 教育部办公厅 发展改革委办公厅.关于提升学校体育课后服务水平 促进中小学生健康成长的通知［EB/OL］.（2022-07-06）［2022-07-10］.https://www.sport.gov.cn/qss/n5015/c24453596/content.html.

四、结束语

综上所述，美、德、日等发达国家对健康促进体育政策积极影响的认识形成较早，政策建设较为完善，施行措施收效相对显著。它们虽在国家意志凝练和体育管理体制等方面有所不同，但均可为我国的健康促进体育政策提供一些共性经验，促使我国体育政策在制定、贯彻落实及评估过程中日益系统化、科学化、规范化。我国正处于新的伟大历史阶段，理应利用冬奥会契机，把握新发展机遇：国家重视、依法治体、联动施策、提质增效，促进健康促进体育政策制定科学化、执行严格化、贯彻公平化、落实高效化，切实为新时期民众健康生活带来利益，为体育强国建设贡献力量。

第六章　身体素养理念视域下体质健康类标准体系化研究

　　全民健身、健康中国和体育强国建设等国家战略的提出与快速推进，对国民经常参加体育锻炼的数量和质量、身体素养和健康水平等方面提出了新的更高要求和目标。由于群众体育发展的历史原因和突出问题的解决，我国逐渐形成《国家体育锻炼标准》《国家学生体质健康标准》和全国性各单项协会制定的业余锻炼等级标准（以下统称"体育锻炼标准"）等体质健康类标准体系。体质健康类标准发挥着工作推进抓手和结果输出的双重功能，但由于历史沿革、功能定位、适用主体、实施机制等的不同，导致不能充分发挥其整体效能，有效支撑健康中国和体育强国建设。本研究以身体素养为统摄，体系化为思路，对体质健康类标准进行分类整合，以期提高其科学性和有效性。

一、身体素养理念的基本内涵及其应用价值

（一）身体素养理念的基本内涵

　　科技进步和社会信息化发展使得身体活动的工具性意义不断被弱化，缺乏身体活动不断威胁着人类健康，如瘟疫般影响世界各国。如何能让人们主动积极地参与身体活动，已成为世界各国亟待解决的难题。"身体素养"理念提出为解决

全球人口身体活动不足及体质健康下降等问题提供了新的研究视角。

"身体素养"（PL）这一术语最早是于 19 世纪 80 年代在美国提出的，但一直未引起重视 ①。到 20 世纪上半叶，"身体素养"概念在美国学界得到广泛应用。此后，"身体素养"概念经由美国、英国等学者的研究深入和不断完善，逐渐受到国际学界及各国政府的重视，并且成为 21 世纪全球体育研究领域最热门的研究主题之一。

"身体素养"概念的哲学理论基础是身心一元论、现象学和存在主义哲学理论及其形成的具身认知观。其概念内涵界定，不同国家虽有所区别，但总体具有一致性。加拿大《身体素养共识声明》：身体素养是一生中重视并承担参与身体活动所需要的动机、信心、身体能力以及知识和理解；澳大利亚体育委员会：身体素养是在运动和身体活动中获得并应用的终身整体学习，反映出了身体、心理、认知和社交能力的持续变化，具有身体素养的人能够在他们的一生中，利用其综合的身体、心理、认知和社交能力促进健康和实现运动及身体活动；美国健康与体育教育协会：身体素养是个体能够在利于健康发展的多种环境中进行多种多样的身体活动的能力。其中，最具代表性的概念界定是加拿大国际身体素养协会（International Physical Literacy Association）：身体素养是为了生活而重视并承担参与身体活动的责任所需要的动机、信心、身体能力及知识与理解，它包含三个维度（情感、身体和认知）和四个相互关联的要素（动机和信心、身体能力、知识与理解、为生活而参与身体活动）。"身体素养"着眼于身体活动与积极生活方式的相关关系，立足于人的全面发展，将人的身体活动的焦点由结果转向过程，由基本生理功能维持转向身体活动体验与远期的健康效益并重，提高人对自身身体活动的主动性，遏制身体活动不足在全球蔓延的趋势 ②。

① CAIRNEYJ，KIEZT，ROETERT E P，et al. A 20th-century narrative on the origins of the physical literacy construct［J］.Journal of Teaching Physical Education，2019，38（2）：79.

② 任海.身体素养：一个统领当代体育改革与发展的理念［J］.体育科学，2018，38（3）：7-10.

20 多年来，在我国出现"身体素养"和"体育素养"混用的情形 ①。本书从 "physical literacy"的基本内涵，身体素养与健康素养相互区隔又紧密融合的理论构建需要，以及国民身体素养培育多系统参与的现实需求，在标准制定与实施的意义上，采用身体素养并将其作为上位概念。

（二）身体素养理念的应用价值

"身体素养为促进终身身体活动参与、减少静坐时间，形成健康积极的生活方式提供了新思路和新理念。②"这一理论已进入体育决策者的视野，为体育政策的制定提供了理论依据，成为指导各国体育政策和体育教育指导性文件出台和方针政策施行的依据和策略。

加拿大在《加拿大体育政策 2012》中将身体素养作为体育政策发展的基石 ③。2013 年，《美国国家体育课程标准》（第 3 版）规定，使用"身体素养"代替"体育教育"，并将这一概念作为美国学校体育课程发展的指导思想、体育教育的培养目标以及体育课程学习结果的评估标准 ④。2015 年联合国教科文组织通过的新版宪章——《国际体育教育、身体活动和运动宪章》中提出身体素养是体育教育的培养目标之一 ⑤。2018 年 WHO 发布的《2018—2030 年促进身体活动全球行动计

---

① 王晓刚. 国际体育素养研究的前沿热点、主题聚类与拓展空间［J］. 北京体育大学学报，2019，42（10）：112-114.

② EDWARDS L C，BRYANT A S，KEEGAN R J，et al. Definitions，foundations and ssociations of physical literacy：a systematic review［J］.Sports Medicine，2017，47（1）：113.

③ Canadian sport policy 2012［EB/OL］.（2012-06-27）［2020-08-18］.http://publications.gc.ca/site/eng/9.821697/publica-tion.html.

④ SHAPE A. National standards & grade level outcomes for K－12 physical education［M］. Champaign：Human Kinetics，2014：2.

⑤ UNESCO. International charter of physical education and sport［J］. Journal of Physical Education and Recreation，2015，51（7）：22.

划》也将身体素养作为构建积极活跃社会的首要目标①。2019 年我国颁布的《体育强国建设纲要》也明确提出"将促进青少年提高身体素养和养成健康生活方式作为学校体育教育的重要内容"②。

在实践层面上，各国政府组织及学术团体以身体素养理论研究为基础，加强身体素养测量与评价等方面的研究，研究身体素养与健康之间的关系，了解国民身体素养水平状况，为身体素养促进健康提供实证依据。

二、体质健康类标准面临的问题与挑战

（一）体质健康类标准面临的问题

1. 制度管理条块化

我国体质健康类标准按照其职能定位，根据行政部门设置而实施条块管理。其中《国家体育锻炼标准》和全国各单项协会制定的业余锻炼等级标准主要由体育部门实施，《国家学生体质健康标准》由教育部门组织实施。条块管理的优点在于责任部门明确，易于按行政层级逐级落实。它的缺点在于封闭化，容易引发部门之间的冲突。在标准指标确定、评定过程、评定结果、结果采用之间难以充分协调，突出表现在：第一，标准内容不完整。如在《国家学生体质健康标准》中应该体现的技能要求。教育部门既难以自行组织实施，也未曾对结果进行采用，因此未将此部分内容纳入。第二，同类标准的不一致（如表 6-1 所示）。根据《国家体育锻炼施行办法》第 5 条："教育部负责制定、实施学校学生体育锻炼

---

① Global action plan on physical activity 2018—2030：more active peoplefor a healthier world［EB/OL］.（2018-06-04）［2020-08-18］https://www.who.int/ncds/prevention/physical-activity/global-action-plan-2018-2030/en/.

② 体育强国建设纲要［EB/OL］.（2019-09-02）［2020-08-18］.http://www.gov.cn/xinwen/2019-09/02/content_5426540.htm.

标准和施行办法。"出现适用于全民的《国家体育锻炼标准》与适用于特定人群的标准《国家学生体质健康标准》之间的不统一现象。

表 6-1　青年组测试项目（18～24 岁）

分类	《国家体育锻炼标准》	《国家学生体质健康标准》
一类	50 米或 30 秒跳绳	50 米
二类	1 000 米（男）、800 米（女）	1 000 米（男）、800 米（女）
三类	立定跳远或引体向上（男） 1 分钟仰卧起坐（女）	立定跳远或引体向上（男） 1 分钟仰卧起坐（女）
四类	绕杆跑或十字象限跳	
五类	坐位体前屈	坐位体前屈
附加		（BMI）肺活量

解决此类问题，应按模块化思路，将"体育锻炼标准"纳入体质健康类标准；同时，教育部门负责的学生年龄阶段的标准，应直接明确同年龄阶段的非学生等同采用即可，避免出现冲突现象。

2.评价指标各异

管理的条块化，使各项标准之间的统一性成为难题。①各类标准等级不统一。由于没有相对统一的参考指标，因此出现了等级杂乱的现象，如羽毛球、乒乓球共设有 11 等级，武术则共设 9 等级，校园足球领域中学生共设 5 个等级。在改革过程中，上海市将多项青少年运动项目级别设为 4 等 12 级，1～3 级为入门级；4～6 级为提高级；7～9 级为专业级，10～12 级为精英级，其中 10～12 级作为与专业运动员的衔接[①]。②专业与业余之间衔接不足（如表 6-2 所示）。即使有些项目如游泳，已实现运动等级的衔接，但技术标准仍不协调。以 100 米自由泳为例，专业三级运动员，成绩为 1 分 22 秒，而成人组业余一段飞鱼成绩为 1 分 20 秒，中学生（高中组 16～18 岁）成绩为 1 分 29 秒，这表明业

---

① 全国青少年运动技能等级标准研制组.青少年篮球运动技能等级标准与测试方法［M］.北京：解放出版社，2018：1.

余与专业没有形成很好的对接关系。③运动等级标准聚焦各群体技术水平指标，但对项目知识、运动安全与伤害预防、指导知识等整体上涉及较少。

表 6-2　男子 100 米自由游泳技术等级标准

分类	等级	标准	方式	认定部门
运动员	三级运动员	1 分 22 秒	比赛中成绩标准	县级体育部门
非运动员（成人）	一级金海豚	1 分 20 秒	测试或比赛	组织达标部门
非运动员（中学生）	一级金海豚	1 分 29 秒	测试或比赛	组织达标部门

其他各项标准也面临类似情形。《国家学生体质健康标准》于 2014 年对测定内容进行了扩充，包括身体形态、身体机能和身体素质三个方面。但健康指标仍明显不足。《国家体育锻炼标准》在《国家学生体质健康标准》做出相应调整的情形下，却一直未能同步跟进。评价人的身体能力与健康水平的各项指标，尽管可以划分类别，但应使之一体化。碎片化的指标要素和各成体系的实施机制，必然影响其实施效果。

3. 输出结果不统一

当前三类标准各有其输出结果，并缺乏协调。《国家体育锻炼标准》与《国家学生体质健康标准》尽管都是评分后的等级评定，即划分为优秀、良好、及格和不及格 4 个等级。但评定分数与划分标准不够统一，导致各项指标在统一采用时，难以协调和参考使用（如表 6-3 所示）。

表 6-3　体育健康类标准评分比较

等级分类	体质健康标准	国家锻炼标准	体质测定标准
优秀	≥ 90.0	≥ 400	≥ 23
良好	80.0 ～ 89.9	320 ～ 399	21 ～ 23
及格	60 ～ 79.9	200 ～ 319	15 ～ 20
不及格	≤ 59.9	≤ 199	≤ 15

（二）体质健康类标准面临的挑战

进入新时期，体育发展的内外部环境发生重要变化。尤其国家对全民健身、体育产业的高度关注和"健康中国建设"的重要承诺，为其更快、更高质量地发展提供了强大动力，并催生了新的制度需求。

1. 体育人口数量与质量提高

有别于学界常用的"体育人口"概念，我国官方文件中使用的是"经常参加体育人数"。根据国家体育总局《体育发展"十三五"工作规划》，截至 2014 年底，全国经常参加体育锻炼的人数比例达到 33.9%，城乡居民达到《国民体质测定标准》合格以上的人数比例是 89.6%。2016 年《"健康中国 2030"规划纲要》提出经常参加体育锻炼人数 2020 年达到 4.35 亿，2030 年达到 5.3 亿。此外，2019 年《体育强国建设纲要》将经常参加体育锻炼人数比例目标设定为 45% 以上，但截至 2020 年年底，经常参加体育锻炼人数比例达到 37.2%[①]。

生育政策的调整与变化，我国的人口结构无论在自然结构（比如年龄结构、性别结构）、社会结构（比如阶层结构、家庭结构）、空间结构（比如城乡结构、区域结构）上均发生了深刻的变化[②]。要实现上述目标，需要切实的推动措施。

体育人口的质量也需要得到提升。无论是直接体育人口、当然体育人口，还是终生体育人口，均需以体育项目为媒介，才能不断提升其获得感，维持其体育参与，带动体育消费，并作为精英体育后备人才的来源。为实现 2020 年体育产业总规模 5 万亿人民币，并于 2035 年成为支柱型产业的宏伟目标，不断提升体育人口的数量与质量，努力发展体育项目人口，成为重要努力方向。

---

① 国家体育总局.《"十四五"体育发展规划》［EB/OL］.（2021-10-25）［2021-11-18］. https://www.sport.gov.cn/n315/n20001395/c23655706/content.html.

② 马德浩.国外体育人口结构研究述评［J］.成都体育学院学报，2020，46（1）：34-35.

2. 对运动技能与体质要求更高

我国学校体育政策曾深受"体质论"与"技能论"之争的影响①。尽管"运动技术中心论"应受检讨②，但没有运动技术的支撑，不仅无法充分发挥竞技的教育价值，体育参与、体质、健康都将成为无源之水。近期出台的各类文件，对运动技能的强调一以贯之（如表 6-4 所示）。在对学生的技能水平提出明确要求后，如何对运动技能掌握水平进行评定自然成为重点考虑的问题。

表 6-4　各类文件对运动技能的要求

颁发部门	颁布时间	文件名称	对青少年学生运动技能的要求
教育部	2014 年	《高等学校体育工作基本标准》	掌握至少 2 项体育锻炼项目
中共中央、国务院	2016 年	《"健康中国 2030"规划纲要》	熟练掌握 1 项以上运动技能
中共中央、国务院	2019 年	《关于深化教育教学改革全面提高义务教育质量的意见》	掌握 1～2 项运动技能
国务院办公厅	2019 年	《体育强国建设纲要》	掌握 2 项以上运动技能
国家体育总局、教育部	2020 年	《关于深化体教融合 促进青少年健康发展的实施意见》	普遍掌握 1～2 项运动技能
国家体育总局	2021 年	《"十四五"体育发展规划》	普遍掌握 1～2 项运动技能

除此之外，部分文件还对青少年的体质目标提出了新的要求。如《"健康中国 2030"规划纲要》提出"2030 年，青少年学生每周参与体育活动达到中等强度 3 次以上，国家学生体质健康标准达标优秀率 25% 以上。"《体育强国建设纲要》提出到 2035 年，城乡居民达到《国民体质测定标准》合格以上的人数比例应超过 92%。更高的技能与体质标准，需要更科学的顶层设计和更有力的推动措施。

3. 体育与健康理念融合发展需求

健康素养包括三个方面的内容：基本知识和理念、健康生活方式与行为、基

---

① 卫京伟.也论"体质论"与"技能论"[J].体育学刊，2010，17（6）：44-45.

② 季浏，马德浩.新时代我国学校体育改革与发展[J].体育科学，2019，39（3）：4-11.

本技能。它是人全面发展的必备素养，具有综合性、层次性、互动性、终身性和目的性等特点。能够使体育与其产生良好互动[①]。学校体育是体育与健康理念融合的关键领域。2014 版《高校体育工作基本标准》已将"健康第一"作为指导思想，而且将增强体质和学生健康作为基本目标。《普通高中体育与健康课程标准》（2017）也将"健康第一"作为核心理念。健康行为具体表现形式包括体育锻炼意识与习惯、健康知识掌握与运用、情绪调控、环境适应。从中小学的体育与卫生保健课程，到体育类专业《健康教育学》课程的开设，体育与健康课程体系也逐渐丰富与完善。如何检验理念落实与课程建设成果，体质与健康测试仍是其重要路径之一。

三、体质健康类标准体系化的基础

（一）理念共识

素养观念近期成为我国各项事业尤其是教育事业的重要引领性理念。在继身体素养之后，健康素养、劳动素养等概念也日益引起人们的重视，形成新一轮的"素养热"，其根本目标在于试图从多维、多元、多向度对发展目标的核心要素施加影响。

2010 年 11 月，国际体育科学和教育理事会（ICSSPE）起草的《关于体育教育的国际立场声明》指出："身体素养是体育教育的结果，是儿童少年全面发展和取得成就必不可少的基础"。任海教授更认为，因身体素养具有的内生性、基础性、贯通性，它可以覆盖全人群、全生命周期的体育活动与过程[②]。并应成为统领体育改革与发展的理念。

---

① 贾绪计，王庆瑾，李雅倩，等.健康素养的内涵与评价［J］.北京师范大学学报，2019（2）：66-70.
② 任海.身体素养：一个统领当代体育改革与发展的理念［J］.体育科学，2018，38（3）：7-10.

1. 身体素养理念已体现在新课程标准中

国外身体素养项目主要体现在体育和教育系统。我国《普通高中体育与健康课程标准》（2017）将学科核心素养凝练为"运动能力、健康行为、体育品德"三个方面，其中运动能力是体能、技战术能力和心理能力等在身体活动中的综合表现，是人类身体活动的基础。运动能力又分为基本运动能力和专项运动能力。运动能力的培养目标重点是发展体能、运用技能和提高运动认知。健康行为则包括养成良好的锻炼、饮食、作息和卫生习惯，控制体重，远离不良嗜好，预防运动损伤和疾病，消除运动疲劳，保持良好心态，适应自然和社会环境的能力。

2. 指导全民健身工作

国内外大众体育理念的宣贯及各类政府促进政策已施行多年，代表体育参与水平的体育人口却呈现总体下降的趋势。单纯的"基于健康的促进模式"不能有效地促进身体活动。如何激励处于健康状态的青少年，不仅要关注身体活动促进健康的实际效用，更应转向人们在身体活动时的综合体验。多样化的激励需要多样性的指标，尽管标准本身的运作机制更倾向于量化和结果，但其多样化和丰富化评价标准本身的推动和带动作用，成为实践身体素养理念的重要一环。

3. 推动精英体育后备人才培养

我国精英体育后备人才不足问题日益严峻，传统专业队培养模式面临诸多挑战。在理论上已有颇多讨论的体教结合，尚未成为专业队模式的强有力补充，更别论成为主要培养模式[①]。早期专业化训练在培养一批批体育精英的同时，也因其高淘汰率等问题而导致成材率较低，培养风险较高。如何既能保障青少年的教育权利，又能使其接受一定专业化水平的运动训练，并能够有机会进入更高水平运动等级序列，以落实《体育强国建设纲要》提出的"创新优秀运动员培养和优秀运动队组建模式，建立向全社会开放的国家队运动员选拔制度，充分调动高校、

---

① 杨蒙蒙，吴贻刚. 体教结合制度变迁的路径依赖与突破策略［J］. 体育文化导刊，2019（6）：58-63.

地方以及社会力量参与竞技体育的积极性。"需要对当前的《等级标准》进行重新修订,打通业余与专业运动员区隔,建立面向全民的业余锻炼等级标准与评定制度,以缓解学训矛盾,推动"学训结合"[①]。

(二)经验积累

体质健康类标准已实施多年,并积累了丰富的经验。《国家体育锻炼标准》和从其中延伸出的《国家学生体质健康标准》可以追溯至 1954 年的《准备劳动与卫国体育制度暂行条例》[②],测试项目也经由军事体能—体质测试—健康的不断调整。各运动项目的业余锻炼等级评定也已推行多年。尽管还存在诸多不完善,但在标准制定、实施机制、结果使用等方面积累的丰富经验,以及各自丰富化与科学化的制度改革需求,使得体系化工作更易于推出与落实。

(三)科技支撑

大数据、云计算等新科技的发展为海量数据的处理提供了技术路径。大数据的 5V 特点:Volume(大量)、Velocity(高速)、Variety(多样)、Value(低价值密度)、Veracity(真实性)使多种类型体育数据的处理变得不再艰难。区块链是分布式数据存储、点对点传输、共识机制、加密算法等计算机技术的新型应用模式[③]。具有"不可伪造""全程留痕""可以追溯""公开透明""集体维护"等特征。奠定了坚实的"信任"基础,创造了可靠的"合作"机制,为身体素养各部门的相互协调提供了广阔前景。当前设立的各类系统,如国家体育总局的《国民体质监测

---

① 陶然成,龚波,何志林,等.高校高水平运动员学训矛盾研究[J].北京体育大学学报,2010,33(10):86-89.

② 于红妍.中国学生体质测试的演进历程及阶段特征[J].北京体育大学学报,2014,37(10):113-118.

③ 宋昱.基于区块链的体育大数据集成与传播创新研究[J].成都体育学院学报,2019,44(6):61-66.

信息系统》《中国国民体质数据库》《运动员技术等级综合管理系统》，社会体育指导员管理平台等；教育部的学生体质健康标准测试数据管理与报送系统；国家卫健委设立的各类健康体检中心等，均无法应对全人群、全生命周期的海量身体素养各类信息的集成需要。应充分利用大数据和区块链技术，实现多平台信息的共建共享，并考虑筹建国民身体素养信息平台，将国民体质信息、健康信息、运动技能等级、体育参与等信息统合。同时，打造包括在线锻炼方式与指导、运动技能培训、运动处方库、运动安全预防、急救知识、运动保险推介、赛事信息等的综合平台，构建一体化的国民身体素养的整体生态圈，数据库，破除"信息孤岛"现象①。

四、体质健康类标准体系化的基本内容

（一）要素指标与分类

《体育强国建设纲要》提出要"建立面向全民的体育运动水平等级标准和评定体系。"因此，应打通运动员评定等级和业余锻炼标准等级，实行统一评定标准、统一称号、统一组织、统一过程、统一标识、统一采信等。此外，当前"体育锻炼标准"多关注运动技能等级指标，但部分标准已有所扩展，如《中国武术段位制手册》（2017）对理论体系的强调。因此，不应再囿于单一的运动技能技术指标，而应对其要素指标丰富化，在以运动技能指标为核心的基础上，扩展包括情感认知、运动知识、技战术常识、技能水平指标和运动参与等。

我国当前三类标准相互分工，并各自有完善化的目标与方向，主要依据体质健康类标准指标分类：形态功能指标（身高、体重、肺活量、心率、血压、BMI

等)、身体素质指标（力量、速度、耐力、爆发力、灵敏、柔韧等）和运动技能指标（速度、远度、高度、重量、名次、积分等）（如图 6-1 所示）。体质健康类标准体系化应结合身体素养理念要求，将相应要素与标准评定要求进行整合，体现不同年龄的不同阶段的人对体育活动参与的认知、情感、运动技能和运动参与的侧重。如对青少年学生而言，要重视他们对体育运动兴趣的培养，具体要让青少年学生认知体育，通过体育运动，培养学生对体育的情感。对老年人而言，要弱化运动技能的考核评价，强化老年人运动参与时间等。

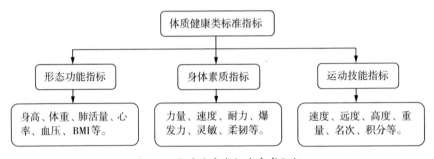

图 6-1　体质健康类标准参考指标

《国家学生体质健康标准》应根据国家卫健部门健康素养建设内容，在可行的基础上，筛选可作为评定标准的部分健康标准，包括但不限于心率、血压、心肺功能指标、视力、基础代谢率 BMR、BMI、营养水平、心理健康、健康行为指标等。体质健康类标准应对当前主要指标进行筛选，适时增加相应指标，依据身体素养理念包含的要素，并不断开发新的评定方式，如可以从情感（动机和信心）、认知（知识与理解）、运动技能（身体能力）和运动参与（为健康而参与身体活动）要素进行考量，建立体质健康类标准指标，进行科学评价。

（二）实施路径

1.统一法规体系

围绕体质健康类标准，我国已建立起一个宪法条款—法律—行政法规—部门规章—标准和规范性文件的体系完整、内容相对完善的规范体系。若以行政法规为主体，呈现出"上位法比较齐全，行政法规有待完善，规章层面较为混乱"的特点。

（1）充实完善行政法规

当前《全民健身条例》是体质健康各项制度的主要承载主体，但其规定过于原则化。在上位法已就各项制度基本内容作出规定的情形下，再对其内容进行简单重复，不仅涉及立法技术，而且造成本身的"空心化"。随着标准内容的扩展、调整内容的增多，应进一步完善。首先，标准实施是全民健身、"健康中国"国家战略建设的重要支撑，通过部门规章推行不利于其提高效力；其次，标准的制定与实施，需要统合教育、体育、卫生三大系统，在其实施过程中可能涉及体育总会、项目协会、社会组织、企业等参与；标准的采用甚至涉及人事部门，以及各类主体的相关权利，通过部门规章来规范，力度未免不够。本书认为应通过《条例》层次立法来解决标准的制定与实施问题。即可以通过修改《全民健身条例》中的相关内容来实现，但是否应将名称修改为《全民健康条例》则尚需讨论。

是否可制定单独的《身体素养促进条例》呢？根据《立法法》第65条，国务院可以根据宪法和法律：就（一）为执行法律的规定需要制定行政法规的事项；（二）《宪法》第八十九条规定的国务院行政管理职权的事项作出规定，而后者即《宪法》八十九条"（七）领导和管理教育、科学、文化、卫生、体育和计划生育工作；"身体素养相关内容既具有宪法和法律依据，又是国务院主管事项，再加以调整内容的复杂，制定单独的行政法规，也应纳入讨论范围。

（2）调整部门规章内容

按照体质、健康、运动的三类划分，根据不同人群和领域，可分别由体育、教育和卫健行政主管部门制定各自领域的实施办法；也可以由联合发文形式确定某一类标准的实施办法。后者更有利于协同效用的发挥。

（3）区分标准与法规内容

当前各协会一般将标准内容与实施办法糅合，以便于实施，如《全国游泳锻炼标准实施办法》等。结果造成标准内容与法规性内容杂糅，与其文件类型不符。对于标准内容，应按《标准化法》及其相应技术文件确定，一般包括说明、技术指标、测试方法、评分等级等，解决标准技术性问题。各类规范性文件则需要明确制定标准的依据、责任部门、实施部门、经费来源、实施制度、结果认定、结果标识、结果采信等内容。

2. 厘定标准实施的公益领域

国外主要通过政府资金、基金、企业赞助或捐助来实施身体素养项目。认定标准实施的公益领域是获得支持的前提。《国家体育锻炼标准施行办法》（2013）第 13 条规定："负责《国家体育锻炼标准》实施工作的部门和单位应当将《国家体育锻炼标准》实施工作所需经费纳入预算。"《国民体质监测工作规定》第 16 条规定："国民体质监测工作经费由各级体育行政部门从其集中的体育彩票公益金中解决。积极争取社会各界对国民体质监测工作的经费支持。"体质健康测试活动也统一由国家负担。统一后的体质健康类标准应按不同主体和活动来划定其公益领域。教育领域中，对于学生的体质、健康、运动技能等级评定，应认定为公益领域（如表 6-5 所示），尤其是与课程相关的运动技能认定，应建立相应的补偿机制。对于课外训练领域的运动技能等级认定，则应贯彻低费原则。社会领域中，对专业与职业领域的运动技能认定，应贯彻低费原则；对国家推行的各项调查工作，应认定为公益活动；对单位或其他组织、个人自行申请的认定，应贯彻低费原则，鼓励单位承担相应的社会责任。

表 6-5　标准实施公益领域

标准分类	学生		非学生	
	学业	非学业	专业职业人士	非专业职业人士
等级标准	免费	低费	低费	低费
体质标准	免费	免费	调查免费、申请低费	调查免费、申请低费
健康标准	强制	强制	调查免费、申请低费	调查免费、申请低费

（三）实施机制

1. 实施主体

《体育法》第 23 条："教育、体育和卫生行政部门应当加强对学生体质的监测，"该规定应继续贯彻，即将教育、体育、卫健部门作为体质健康类标准实施的主责部门（如表 6-6 所示），探讨各部门之间的协作方式。

表 6-6　标准实施责任主体

标准分类	学生		非学生	
	学业	非学业	专业 / 职业者	非专业 / 职业者
等级标准	教育	体育	体育	体育
体质标准	教育	教育	体育	体育
健康标准	教育	教育	卫生	卫生

同时，应综合利用当前各类标准的实施组织与机构：①设立综合性的评定机构，在条件具备时，可以由教育部门组织成立地方各层级学生身体素养评定机构，专门负责此项工作；②提升现有组织能力，如在运动等级标准实施过程中，可以改造各地职业技能鉴定站为运动技能等级评定机构等；学校健康标准在实施过程中，可以委托校内外医务机构实施；③充分发挥社会力量，发挥体育总会、协会等社会组织，以及企业积极性，通过委托、政府采购等方式进入标准评定领域。当然，责任部门应做好其准入资格、过程监督、结果认定、违规处理等工作。

2.实施方式

标准的实施应按照既各自独立，又协调统一的原则，采用强制与推荐相结合的方式（如表6-7所示）。所谓强制，是指作为实施部门的法定职责，同时对于适格主体无法定理由必须参与相关活动的实施方式。强制实施方式以外的人群和活动采用推荐方式，即鼓励人们参与。

表 6-7　标准实施方式

标准分类	学生		非学生		主责部门
	学业	非学业	专业职业人士	非专业职业人士	
等级标准	强制	非强制	强制	推荐	教育部门
体质标准	强制	强制	推荐	推荐	体育＋卫生
健康标准	强制	强制	推荐	推荐	体育＋卫生

3.结果采用

激励是促进终身参与的根本。由于三类标准既各自运作，又形成整体，因此，其评定结果也可以分为单项评定与整体评定，采用部门可根据其需求决定单项、组合还是整体采用。组合或整体采用时，根据其目的科学设计定性或定量权重。强制采用是指必须或应当采用的情形，推荐采用是指是否采用，以何种方式采用由采用者自由裁量（如表6-8所示）。

表 6-8　标准评定结果采用

标准分类	学生		非学生	
	学业	非学业	专业职业人士	非专业职业人士
等级标准	强制	推荐	强制	推荐
体质标准	强制	强制	推荐	推荐
健康标准	强制	强制	推荐	推荐

强制采用主要存在于教育和专／职业领域。①教育领域，应施行整体性采用，并将其纳入学业表现。对于体质标准，应继续实施其与学分、毕业、升学关联的

制度。《国家学生体质健康标准》（2014）规定："学生测试成绩评定达到良好及以上者，方可参加评优与评奖；成绩达到优秀者，方可获体育奖学分。测试成绩评定不及格者，在本学年度准予补测一次，补测仍不及格，则学年成绩评定为不及格。普通高中、中等职业学校和普通高等学校学生毕业时，《标准》测试的成绩达不到 50 分者按结业或肄业处理。"应在相应的法规中体现并补充完善。②对于健康标准，虽然是强制实施，但更应关注个体变化，通过个体的良性转化实施激励，避免造成学业不公平。③对于运动等级，学业范围内的应按学业表现处理，非学业的按奖励性学业表现处理。④除专 / 职业运动员外，对于体育教师、社会体育指导员、教练员、裁判员等，也可根据业务性质强制采用运动等级标准。在强制实施过程中，等级的划分是必要的，但每个人都可以在他们的身体素养之旅中取得进步，也要注意个人的纵向比较。对于特殊人群应体现非歧视和公平原则。

推荐采用主要在社会人群与社会领域。前者如非学生的各类人群，可与其荣誉称号、奖励、证书等关联；后者如《国家体育锻炼标准施行办法》第 24 条："鼓励对身体素质有特殊要求的部门和单位将《国家体育锻炼标准》测验达标结果作为招工、人员素质评价、保险等工作的参考依据。"在就业领域，在非歧视性的基础上，可将身体素养指标作为参考依据。随着我国保险业的蓬勃发展，鉴于身体素养标准对身体状态评价的科学性，保险机构可结合其各项专业检测，为客户设计针对性的保险产品，并建立身体素养指标与保费、保额之间的关联机制。既有利于身体素养标准的实施，又有利于保险业的科学发展。

4. 考核机制

《体育强国建设纲要》提出"把学生体质健康水平纳入政府、教育行政部门、学校的考核体系。"《国家体育锻炼标准施行办法》第 25 条"各级人民政府体育、教育主管部门应当将《国家体育锻炼标准》的实施情况作为考核下级部门工作业绩的指标。"《高等学校体育工作标准》也规定"学生体质健康水平连续三年下降的学校,在'高等学校本科教学工作水平评估'中不得评为合格等级,各省(区、市)不得批准其为高水平运动队建设学校。"显然,应将上述内容分类写入相应层级的法规中。因此,应设计不同标准、不同部门、不同活动的考核机制。如针对主责部门应以责任考核为主;对具体工作部门以绩效考核为主,对推荐标准实施的各类主体以奖励性考核为主;并关注各类考核之间的关联使用。

五、结束语

随着我国全民健身国家战略与健康中国建设的深入推进,对体质健康类标准提出了更高要求。在完善健康、体质、运动等级三类标准时,应以身体素养理念为统摄,注意三类标准之间的协调并使之体系化,以构建一体化的《身体素养标准》。应探讨《全民健康条例》或《身体素养促进条例》立法的可能性。强化标准实施与采用过程中的分类施策,并注意强制与推荐的有机结合,以提高标准实施的有效性并发挥其整体效能。

第七章 青少年运动技能评价的理念、目标与原则

　　青少年体质健康是国家繁荣、民族昌盛、社会进步和家庭幸福的基础。如何科学评价运动技能水平，关系青少年运动技能的形成与发展，深刻影响青少年终身体育观念养成、运动兴趣培养和体质健康水平。掌握运动技能作为提高青少年体质健康的重要依据，国务院、教育部和国家体育总局曾多次发文要求青少年要掌握 1～2 项运动技能。如 2020 年 9 月，国家体育总局、教育部《关于深化体教融合 促进青少年健康发展的实施意见》明确要求，"到 2025 年，青少年普遍掌握 1～2 项运动技能，体质健康水平持续提升。[①]"然而长期以来，关于提高运动技能水平的研究，已然成为专业运动员争金夺银的专利，鲜有针对青少年运动技能形成性评价相关研究。因此，如何对青少年运动技能进行科学评价成为亟须探讨和研究的问题。

一、运动技能的概念辨析

　　关于运动技能，大众对它的认知与政策文件表述的含义存在一定差异，体育学界的定义也不尽一致。通常人们对运动技能较多的是从外显的技术动作角度认识的，而内在的心理过程，如对运动环境的感知和决策能力则容易被忽视。这种

———————

[①] 国家体育总局、教育部《关于深化体教融合 促进青少年健康发展的实施意见》[EB/OL].（2020-09-21）[2022-02-28].http://www.gov.cn/xinwen/2020/09/21/content_5545376.htm.

认知在一定程度上影响了国内体育教学、训练实践和对运动技能的考评，导致出现"重技术而轻心智"的倾向。

进入 21 世纪，为了促进青少年的健康成长，中共中央、国务院、教育部和国家体育总局多次发文要求学生掌握 1 ～ 2 项运动技能，旨在通过掌握运动技能，促进体质健康、培养运动兴趣和运动专长，为终身体育参与奠定良好基础。从 2020 年开始，学界研究逐步使用"专项运动技能"以区别"基本运动技能"[①]。政策文件中的"运动技能"或"专项运动技能"指的是青少年（学生）参与某项体育运动所需的能力，除了对运动技术的掌握，也应包括专项体能和战术能力。

其实在学术界，早期对运动技能的定义也主要从外显的技术动作角度进行。后来对运动技能的定义逐步转向对任务实现的关注，并认为它是多种能力的组合。国内第一本教材《运动技能学习与控制》（王树明 2017）提出，"运动技能是能够完成某项任务的一种特定的能力组合，是能够快速、经济而准确地实现终极目标的活动方式"[②]。运动技能除了外在的动作表现，研究认为，成功完成运动技能至少需要三个层次的心理过程，包括对运动环境的感知，决定做什么、怎么做和何时做，引起有组织的肌肉活动来产生行动。

综上研究认为，运动技能是人们对某个运动项目的真实参与能力，不仅指对运动技术的掌握程度和专项体能，还包括认知运动场景并做出合理决策的战术能力。

---

① 中共中央办公厅 国务院办公厅《关于全面加强和改进新时代学校体育工作的意见》[EB/OL].（2020-10-15）[202-02-28].http://www.gov.cn/zhengce/2020-10/15/content_5551609.htm.

② 王树明.运动技能学习与控制[M].北京：高等教育出版社，2018：2-3.

二、青少年运动技能评价的理念

理念决定目标，进而决定原则和行动，因此青少年运动技能的评价应首先对其理念进行探讨。青少年运动技能评价的理念应服从于上位的青少年体育运动的理念，并遵循现代教育评价与学生评价的理念发展。

（一）青少年体育运动的理念

作为青少年体育运动教学、训练的一部分，运动技能评价的理念首先应符合青少年体育运动的理念。青少年体育运动作为以身体活动为手段进行的教育活动，人本化和科学化是其基本理念。这两个理念在当下具有很强的现实意义，其中人本化理念主要针对当下青少年教育中普遍存在的急功近利心态；科学化理念则针对青少年体育教学或训练中对青少年身心发展规律的认识不足或观念陈旧。人本化，要求在青少年体育运动中要"一切为了孩子[①]"，以孩子们的健康与幸福为中心，体育运动中不仅要发展运动技能、促进身体健康，还要发展青少年孩子们的心理与社会技能。科学化，则要求青少年体育运动的开展要遵循青少年的身体、心理和运动技能等方面的发展规律。

（二）现代教育评价与学生评价的理念

作为一种教育评价活动，青少年专项运动技能评价的理念同时也应遵循现代教育评价与学生评价的理念。教育评价理论的发展既是基于教育理论和哲学的不断发展，更是反映了不同时代对人才规格的不同要求。自 19 世纪末至今，教育评价先后经历了四个发展阶段：测量时代、评价时代、判断时代和心理建构时代[②]。较之传统的评价模式，现代教育评价与学生评价理论呈现三个重要特征。

---

① Robin S. Vealey，Melissa A. Chase.青少年体育运动指导与实践［M］.徐建方，王雄，译.北京：人民邮电出版社，2017：58.

② 李吉桢.第四代教育评价理论的中国化研究［D］.天津：天津师范大学，2019.

其一，倡导在真实环境中评价知识和技能。这既是评价方法的转变，也是对教育和评价目标的校准。世界著名发展和认知心理学家、"多元智能理论"创始人霍华德·加德纳认为："除非在真实的领域和社会环境中进行评价，否则我们就得质疑评价是否能够准确地体现人类的智能表现"[1]。艾伦·韦伯（Ellen Weber）在《怎样评价学生才有效》中提出要想评价学生的某些知识、技能，需要在运用这些知识、技能的真实社会环境中进行评价才比较有效。另一方面，正如教育评价的 CIPP 模式提出，评价目标本身也应受到评价，以适应社会的实际需求[2]。进入 21 世纪，以人工智能、大数据等为核心的第四代工业革命毫无疑问会重新定义知识和技能的价值[3]。在真实环境中评价知识和技能，有助于预测的教育目标进行校准。近年来，很多国家都进行教育改革，从过去孤立地传授知识和技能，转向培养完成现实情境下任务的综合能力[4]。

其二，重视评价的形成性。强调通过评价促进学生学习、改进教育教学，评价目的由"对学习的评价"转向"促进学习的评价"[5]。关于形成性评价对学习的影响，世界各国进行了大量研究，布莱克和威廉汇集了国际上 250 个不同来源的数据，研究发现"与形成性评价相关的成绩提高是有史以来教育干预报告里最显著的"[6]。王晞提出当代学生评价倡导构建"以发展为本"的学生评价体系。陈玉琨直接提出现代学生评价与早期测验相比，强调评价功能的形成性，评价的目的

① Ellen Weber. 怎样评价学生才有效——促进学习的多元化评价策略［M］.陶志琼，译.北京：中国轻工业出版社，2019：258.

② 陈玉琨.教育评价学［M］.北京：人民教育出版社，2019：80.

③ 赵勇.教育评价的几大问题及发展方向［J］.华东师范大学学报（教育科学版）,2021,39（4）:1-14.

④ 经济合作与发展组织.为了更好的学习:教育评价的国际新视野［M］.窦卫霖，张璐，杜海紫等，译.上海：上海教育出版社，2019：110.

⑤ 季永光，虞锡芳，韩霜.以评促学:学习性评价理论对体育学习评价的启示［J］.体育研究与教育，2019，34（6）：69-74.

⑥ Black, P. and D. Wiliam. Assessment and classroom learning［J］.Assessment in education：Principles，Policy and Practice，1998，5：7-74.

强调诊断问题、改进教育。经济合作与发展组织（以下简称"经合组织"，2013）通过研究 28 个成员国的经验，发现各国的教育评价政策普遍强调以学生为中心，注重改进课堂实践①。

其三，教育评价的价值多元性，强调学生在评价过程中的参与性，以及考虑不同学生的不同需求。第四代评价理论批评前三代评价理论将评价者的评价观视为唯一标准，忽略其他利益相关者的价值观，主张重视其他利益相关者的价值观②。王晞认为鼓励学生评价中的合作行为是学生评价理论与实践的当代走向。实践中，经合组织的多数成员国鼓励培养学生自我测评的能力，并要求学生测评具有包容性，以回应不同学生的不同需求。

（三）青少年运动技能等级评定的理念

综合青少年体育运动的理念和现代教育评价与学生评价的理念转变，青少年运动技能评价应遵循以下理念：一是要以人为本：一切为了孩子，以青少年的健康与幸福为根本。二是要尊重科学：积极探索并遵循青少年的身心发展规律。三是要以评促学：通过运动技能的评价提供反馈，促进青少年的学习、改进教学与训练。四是要强调技能实战：综合考察体育运动所需能力，避免过于应试化和片面、孤立地发展技术。五是要秉持价值多元，评价标准的制定不仅来自专家判断，也考虑学生的运动参与需求。研制标准的专家除了运动项目的专家，也要有青少年体育专家和学生评价专家。

---

① 经济合作与发展组织.为了更好的学习：教育评价的国际新视野［M］.窦卫霖，张璐，杜海紫等，译.上海：上海教育出版社，2019：110.

② 李吉桢.第四代教育评价理论的中国化研究［D］.天津：天津师范大学，2019.

三、青少年运动技能评价的功能与目标

教育教学评价可改善学校系统内的实践策略，最终目标是让学生获得更好的学习成果，即评价通过发挥其多项功能，从而达到促进学生学习的目标。关于评价的功能与目标，学界观点较为一致。牛瑞雪[①] 认为真正的教学评价，根本价值在于促进学生发展、提升教学的质量，其功能和价值在于诊断、激励、调节、引导。陈玉琨认为学生评价的功能在于：把握学习起点，以确定学习目标，选择教学策略；评定学习结果，做出教学决策；了解教学得失，改进教学方法；了解学习困难，找出问题；激发学习动机，促进学习。综上认为，教育教学评价具有引导学习与教学方向，诊断学习成果，激励学生学习与教师教学热情，改进教与学的功能，最终目标为促进学生的学习。

青少年运动技能评价作为青少年体育运动的评价环节，也是通过发挥引导、诊断、改进、激励的功能来实现其促进青少年对运动项目学习的最终目标。结合前述以人为本、尊重科学、以评促学、强调实战和价值多元的理念，青少年专项运动技能评价的目标可概要总结为：通过合理的评价标准设定，引导青少年运动技能教学更加人本化和科学化；通过评价，对青少年的运动水平进行诊断，改进运动技能的学习与教学，最终激励更多的青少年有效地掌握一到多个运动项目，为终身体育参与或从事竞技运动奠定良好基础。

四、青少年专项运动技能评价的原则

作为指导评价工作的基本准则，一方面，青少年专项运动技能评价原则要有问题意识，应重点回应当下青少年运动技能教学（训练）中容易出现的问题；另一方面，评价原则的制定需符合现代学生学习评价的基本原则。

---

① 牛瑞雪. 教学评价研究 40 年回顾、反思与展望［J］. 课程·教材·教法，2018，38（11）：60-66.

（一）青少年运动技能教学中存在的问题

国内青少年体育中，有两件事广为社会诟病：一是青少年体质健康近三十多年来持续下降，另一个是"学生上了 14 年体育必修课却一项运动技能都没有学会"[①]。这对青少年学生的身心健康和成年后体育参与的能力与兴趣将产生重要影响。

掌握运动技能与体质健康、体育兴趣培养存在重要关联，基于此，国内有不少学者、机构关注运动技能的研究。张正中运用文献研究、问卷调查与实地访谈、课堂观察与个案研究等方法，从教育病理学视角，较为系统地考察当下的中小学体育课程，诊断病症并剖析原因。研究发现对专项运动技能学习影响较大的问题有：课程目标偏离，运动技能被弱化；教师培养、培训制度不合理，导致体育教师专业素养不足；课程结构在大、中、小学呈现学段性断裂和扁平化；评价过度应试化[②]。清华大学体育产业发展研究中心联合网易公司，自 2017 年起对全国青少年体育培训机构进行调研发现：行业监管缺失，服务质量无法保障；师资水平良莠不齐；教学训练缺少系统规划；训练理念、方法落后；以应试为目的的体育培训占较大比重[③]。

笔者作为"高参小"项目负责人和管理者，亲历参与 7 年小学和高中体育教学服务，通过调研和实地考察认为：教学理念方面，盲目的兴趣培养，忽视少年儿童期基本动作技能的发展；运动技能教学过于单调、枯燥和刻板；形式化的运动技能学习与运动技能运用，与体育竞赛严重脱节脱离；训练手段上重技术、轻战术，对待比赛急功近利，过早给孩子固定场上位置、临场指令性指挥过多、球

①　经济合作与发展组织.为了更好的学习：教育评价的国际新视野［M］.窦卫霖，张璐，杜海紫等，译.上海：上海教育出版社，2019：110.

②　张正中.中小学体育课程疾病及其诊治研究［D］.长沙：湖南师范大学，2015.

③　李瑛，郇昌店，刘远祥.我国青少年体育技能培训市场现存问题、致因与治理对策［J］.山东体育学院学报，2020，36（1）：30-35.

员上场机会严重不均等。

综上研究认为，国内青少年运动技能教学存在如下主要问题：①应试指挥棒，功利化运动技能学习，过于标准化，体育中考中测试项目无法全面体现学生对运动技能的掌握水平。②教师教学观念陈旧，忽视对体育运动技能的情感认知和体育竞赛开展，教师运动技能教学水平有待提高。③教材缺乏系统规划，运动技能教学内容在小、中、大学各学段之间低水平重复现象严重。④未按不同学段确定相应的运动技能考核标准，未把运动技能放在体育竞赛中检验，存在考评机制不合理。⑤拔苗助长体育特长生，超负荷、大运动量训练，忽视青少年身体发育机理、违背运动技能训练规律，看重比赛结果，忽视青少年身心健康和运动技能形成规律。

（二）对学生评价的基本原则

关于评价的原则，陈玉琨认为格朗兰德提出的 5 项原则最为著名，分别为："在评价前首要的是要明确评什么""评价工具的选择要与被评属性或被评的成就相一致""全面的评价需要各种评价工具""要清醒地认识运用的评价工具的局限性"和"评价是达成目的的手段而不是目的本身"[①]。他在综合多家研究成果和实践调查的基础上提出对学生评价 4 原则：发展性原则、全面性原则、明确性原则和过程性原则。牛瑞雪针对过往 40 年教学评价方面的经验和失误，提出教学评价的基本原则，其中关于学生评价的有：长期性原则、综合性原则、简明易行、慎重公正[②]。

经合组织总结梳理各成员国设计评估和测评框架时运用的原则，其中大部分也是针对学生评价的，包括：以学生为中心，专注于改善学生成果，依靠教师的

① 陈玉琨.教育评价学［M］.北京：人民教育出版社，2019：80.

② 季永光，虞锡芳，韩霜.以评促学:学习性评价理论对体育学习评价的启示［J］.体育研究与教育，2019，34（6）：69-74.

评价素养，考虑不同学生的需求等。多数成员国家针对学生测评也体现出相应的政策方向，并进一步提出：保持形成性评价和总结性评价之间的平衡，使用多种测评方式了解学生的学习情况，制定措施防止过分依赖标准化测评等。2021 年由教育部、中组部等 6 个部门联合印发《义务教育质量评价指南》，旨在着力构建以发展素质教育为导向的科学评价体系，明确了质量评价的指标体系，主要阐明了评什么、怎么评、谁来评等问题。其中关于学生评价的部分有：坚持育人为本；面向全体学生，注重综合素质评价；坚持问题导向，着力克服"唯分数、唯升学"倾向；强化过程性评价和发展性评价，有效发挥引导、诊断、改进、激励功能。

综上关于对学生评价的原则，既有内在的共通性，又因所针对问题的不同，呈现出阐释视角的多样性，具有较强的参考价值。

（三）青少年专项运动技能评价的原则

基于青少年体育运动的理念和青少年运动水平评定的目标，在参照学生（学习）评价原则的基础上，以青少年运动技能教学中容易出现的问题为鉴，本研究认为，对青少年运动技能的评价应遵循以下原则。

1. 以青少年的发展为中心

青少年专项运动技能评价要秉持"一切为了孩子"的理念，以孩子们的健康与幸福为中心，关注体育素养的培养和运动天赋的充分发展，关注体育运动中人的全面发展。"以青少年的发展为中心"是青少年运动技能评价"以人为本"理念的具体体现，也是学生（学习）评价的重要原则。经合组织成员国设计教育评估和测评框架时，首要的两条原则分别为以学生为中心和专注于改进学生成果。多数成员国针对学生测评的政策目标也是"以学生为中心"。陈玉琨认为学生评价首先应遵循发展性原则，即学生评价应以学生的发展为中心。

人本性原则的提出，对于解决国内青少年运动技能教学中存在的以下问题具有现实意义：①国内青少年体育教学与培训中的应试化导向以及考评重体能、轻技能，导致青少年普遍缺乏终身体育参与所需的运动技能，不利于孩子们的健康和长远发展。人本性原则以孩子们的健康与幸福为中心，不局限于眼下的体质测试，更关注青少年终身体育参与所需体育素养的培养。②国内学校体育和社会体育培训中比赛实战机会少，不仅导致平时学习的技战术难以转化为比赛所需的运动技能，而且比赛场景的缺乏导致运动塑造人格的作用也难以实现。人本性原则关注体育运动人的全面发展，人格塑造是其重要目标，要实现此目标则需为广大青少年提供充分的比赛参与机会。③有些体育教师或教练对待比赛急功近利，在训练中拔苗助长，为了当下的胜利而漠视青少年运动天赋的长远发展。这也容易导致体育资源集中于那些发育较早的少数精英，让大多数包括有天赋但晚熟型的孩子失去机会，不利于我国竞技体育后备人才的培养。人本性原则要求教师（教练）要以孩子为中心，关注孩子们的长远发展，是应对急功近利心态的良药。

2. 尊重科学规律

青少年专项运动技能教学与测评要以科学规律为依据，既要符合青少年的身体、心理和运动技能的发展规律，也要反映特定运动项目的制胜规律。作为不断成长变化中的群体，青少年的身体素质、动作技能、心理与社会技能有其发展规律，这些规律影响孩子们在体育运动中的学习和运动表现，也是体育运动安排的依据和基础。作为青少年体育运动教学的测试与反馈环节，青少年运动技能评价的内容和方式应符合青少年的身心发展规律。

一项运动有其特定的制胜规律，遵照此规律进行教学、训练，青少年才能有效获得该项运动的实战竞技能力。因此，作为体育教学与训练的风向标与指挥棒，青少年运动技能评定需遵守该项目的制胜规律，指标选取和考评方式要有效地反映青少年在该项运动中的真实竞技能力。

对青少年的发展或运动项目制胜规律的认识不足或忽视，导致青少年运动技能教学中出现如下问题：①国内体育教学中运动技能教学内容在不同学段之间缺乏连贯性，且忽视基本动作技能发展，这违反了青少年运动技能的发展规律。前者造成了学生的运动技能学习在低水平进行重复，后者限制了孩子专项运动技能的发展潜力。②国内运动技能教学模式多重技轻智，不符合对抗性项目的制胜规律，将导致教学（训练）偏离比赛，学员实战能力差。③新近推出青少年运动技能评定标准重技轻智，且未考虑年龄差异，不仅违反了运动项目制胜规律，而且有悖于青少年的身心与运动技能发展规律。④体育教师或教练是青少年运动技能教学的实施者，局限于他们在教学方面水平参差不齐，且知识更新能力不足，也就难以掌握并及时更新青少年身心发展、运动技能形成和运动项目制胜等规律的认知。

遵循科学性原则可解决上述问题。①依据青少年的身心发展规律和运动技能发展规律，为不同年龄段的青少年设定相应的测评指标和标准。其中 3～10 岁儿童应重点发展与测评基本动作（运动）技能①（目前小学体育主要应对体质测试）；对不同年龄段孩子运动技能教学与测评的系统规划，可解决目前不同学段运动技能学习的低水平重复问题。②按照运动项目的制胜规律制定考评内容与形式，将增加以往被忽视的体育运动心智因素，从而扭转目前运动技能教学与测评中的重技术轻心智的错误导向。③按照科学性原则制定的分年龄段的考评体系，还可为体育教师和教练提供指导，从而弥补其对相关科学规律的认知不足，并引导其进行知识更新。

3. 审慎确定评价内容

在选用评价工具之前，首先得明确要评什么，即考评者先要厘清预期的学习成果是什么。青少年运动技能评价要测评的是从事某一项运动的综合能力，并且

---

① CLARK J E，METCALFE J S，2002. The mountain of motor development：A metaphor［J］.Motor Dev Res Rev，2（163-190）：183-202.

作为不断发育成长中的个体，不同的阶段有不同的运动技能发展目标。不少学者对学生评价的原则进行过研究，陈玉琨认为最为著名的就是格朗兰德在多年研究的基础上提出的5项原则。这5项原则的第1项：在评价前首要的是要明确评什么。事先要明确评什么，这一原则看似理所应当、无须提示，但在现实中却容易被忽视，并严重影响青少年运动技能的学习，因此需要在评价前审慎确定评价内容。

该原则有助于以下问题的解决：①青少年体育运动的根本目的在于体育素养的培养，但现实中青少年体育却主要着眼于当下的体质健康测试，导致青少年运动技能学习被漠视。如事先明确青少年体育应该评什么，则可由"头痛医头"式的应付体质健康问题转向培养终身体育参与所需的体育素养，则专项运动技能将被重视。②当下学校体育中运动技能教学的内容缺乏系统规划，也就无法确定合理的阶段性培养目标，运动技能评价就缺乏依据。根据事先要明确评什么的原则，需要厘清不同年龄段的青少年运动技能学习的目标，倒逼对不同阶段运动技能教学内容进行系统规划。③根据此原则，青少年专项运动技能评价的是参与该项运动的能力，不仅包括运动技术和体能，也应包括心智因素，由此可反思并校正青少年运动技能等级评定标准中重技术轻心智的偏颇导向，厘清运动项目的制胜规律。

4. 评判价值多元化

青少年运动技能评价标准的制定要充分考虑学生对体育运动的需求，同时参与制定标准的专家不仅有该运动项目的专家，也应包括青少年体育运动专家和学生评价专家。该原则体现了青少年运动技能评价的价值多元理念，符合第四代教育评价理论，并与经合组织的研究结论一致。前三代教育评价理论仅将评价者的评价观作为唯一标准，现今的第四代评价理论对此进行反思，主张重视其他评价利益相关者的价值观。另外，经合组织研究发现多数成员国学生测评以学生为中心，并且确保学生测评的包容性，以回应不同学生的需求。因此，学生学习评价标准的制定要充分考虑学生的需求。

对于青少年运动技能评价标准的研制，不仅需要了解该项运动制胜规律和运动技能体系，也要了解青少年的身体、心理和动作技能发展规律，还需掌握如何才能有效进行评价，因此研制专家需要有该项运动的专家，还需要有青少年体育运动专家和教育评价专家。

关注学生对体育运动的需求，并引入青少年体育运动及学生评价领域专家参与评定标准制定，有利于以下问题的解决：①有利于对体育教学目标及进行纠偏。当前体育教学和考评中往往重体能测试、轻技能学习，导致青少年缺乏体育参与所需的专项运动技能，也让体育课变得枯燥，破坏青少年对体育运动的兴趣。关注学生对体育运动的需求和青少年体育运动专家的引入，将会使体育教学由应付体质测试调整为体育素养的培养，由此运动技能也将被重视。②可直接改善专项运动技能的考评标准。各省市体育中考核内容不一，但对于专项运动技能通常采用单一的标准化测试，无法体现学生专项运动技能水平；青少年专项运动技能等级评定过于依赖标准化测试，重技术轻心智，且未按不同年龄段确定相应标准。学生评价专家加入标准制定，可有望改变当前心智因素未被测量和过于依赖标准化测试的现状；青少年体育运动专家则可根据青少年的运动技能发展规律，分年龄段设置合适的评判指标和标准。

5. 注重在实战场景中进行考评

运动技能评定的是参与某项运动的真实能力，即在真实运动场景中对技术、战术等的有效运用能力，而非孤立的技术和战术的记忆能力，因此标准化的技能考试无法充分满足此要求，应注重在实战场景中进行考评。该原则是"注重实战"理念在青少年运动技能评价工作中的具体体现，也符合当今教育教学评价的要求。根据经合组织研究，近年来很多国家都进行教育改革，由知识、技能的传授转向完成现实情境下任务的综合能力的培养。培养目标的转变带来了考评方式的转变。基于大部分的标准化考试都倾向对学生机械的知识记忆能力进行测试，却忽略了学生运用知识的能力，艾伦·韦伯（Ellen Weber）提出评价学生的某些知识、技能要在运用它们的真实社会环境中实施，才会比较有效。

注重在实战场景中进行考评原则的提出，有利于以下问题的解决：①可矫正现有运动技能考评中的一些不合理之处。既往体育中考运动技能考评指标过于单一和标准化；青少年运动技能等级评定标准重技术轻心智，两者都难以反映青少年参与某项运动的真实能力。该原则的提出，使得体育中考和运动技能的等级评定要增加比赛实战场景中的考查，从而鼓励发展参与运动的综合能力。②有了考评上对比赛实战能力的回归，现有的教学、训练上重技轻智的模式将随之被矫正，否则难以适应今后考评的要求。这也将倒逼体育教师和教练进行知识更新，提高专项运动教学能力。③有利于落实"常赛"。"教会、勤练、常赛"是新时代学校体育教学改革目标和重点工作[1]，但目前青少年比赛实战机会少。该原则的提出要经常进行比赛，以发展青少年参与专项运动的真实能力；同时经常比赛又为青少年的运动技能进行有效考评提供实战场景。

6. 综合运用评价工具

运动技能是技术、战术及专项体能等能力的综合，因此青少年专项运动技能的评价要针对不同的能力选用适用的评价工具，综合应用各种评价工具来评价青少年参与某项运动的真实能力，防止对标准化终结性评价的过度依赖。格朗兰德认为评价工具要与被评的学业成就相匹配，全面的学生评价需要各种评价工具。对于评价工具的选择，客观性、精确性或方便性是很重要的，但最重要的还是与

---

① 教育部体育卫生与艺术教育司. 关于印发《教育部体育卫生与艺术教育司 2021 年工作要点》的通知［EB/OL］.（2021-04-21）［2021-09-12］. http://www.moe.gov.cn/s78/A17/tongzhi/202105/t20210513_531266.html.

被评的成就一致，而每种评价工具都有其局限性，因此全面的评价需要综合运用各种评价工具。针对标准化测试的过度应用，经合组织研究提出，要制定防止过度依赖标准化测评的保障措施，以避免标准化测试的高可见性带来的教育过程的扭曲。

国内学者也认为学生评价需综合运用多种评价工具。牛瑞雪针对过往40年教学评价方面的经验和失误，认为教学评价应遵循综合性原则，即学生学业包括知、情、意、行多个方面，需采用多种方式进行考察。陈玉琨在综合各家研究成果的基础上，提出学生评价的全面性原则，即学生评价要全面地反映教育目标，而对学生的全面评价要通过多种评价工具来实现。具体到运动技能的评价，2020年修订高中体育课标提出，运动技能系列模块学分的评定采用定性评价与定量评价相结合、过程性评价与终结性评价相结合的方式进行[①]。可见，青少年的运动技能作为技术、战术和体能等多项能力的综合，需要综合运用评价工具进行评价，警惕当前盛行的对标准化测试的过度依赖。

综合运用评价工具原则将解决当前运动技能评定中过度依赖标准化测试，难以有效反映真实运动能力的相关问题：①现有体育中考中运动技能测试过于看重终结性评价、考评指标过于单一和标准化；②青少年运动技能等级评定标准较之体育中考的运动技能测试内容相对丰富，但仍重技轻智，过于标准化。不仅如此，体育教学中对于运动技能的考评，也往往以标准化的运动技术考评为主。

根据综合运用评价工具的原则，通过增加过程性评价：①可在对动作进行定量评价（投篮命中数量、足球绕杆用时等）的基础上，增加动作完成质量的定性评价；②通过竞赛实战中的观察、统计，评价青少年在运动中的心智因素——比赛阅读与合理采用战略战术的能力。根据测试内容的需求选择运用评价工具，可

---

① 教育部. 普通高中体育与健康课程标准（2017版2020年修订）［M］. 北京：人民教育出版社，2020：85.

更有效地评价青少年的专项运动技能。另外，通过过程性评价，可及时对学生运动技能学习状况进行反馈，从而促进学生对运动技能的学习。

7. 提高教师和学生的测评素养

体育教师不仅是体育教学的专家，也应被视为运动技能测评的主要专家，要在教师培养和培训环节，提高教师进行运动技能测评的能力。教育评估和测评有助于改善学校系统内的实践策略，最终目标是改善学生的学习成果。想要有效发挥教育教学评价引导、诊断、改进和激励功能，从而达到提升学生学业质量的目标，教师在评价中的作用必不可少。与此对应，为了应对当今世界关于学生测评的挑战，经合组织研究提出对于学生测评要"保持基于教师的测评的中心地位，提高教师的专业素养"；设计学生测评框架应遵循"依赖教师的专业素养"的原则。

该原则的提出具有以下现实意义：①专项运动技能的测评须依赖体育教师的测评素养。2021年3月，教育部等6个部门联合印发的《义务教育质量评价指南》提出要强化过程性评价和发展性评价，这两种评价的实施要求任课教师成为学生评价的主要专家。同时，要落实注重在实战场景中进行考评和综合运用评价工具的原则，仅靠外部评价是无法实现的，要有任课体育教师的大量参与才行。②要发挥体育教师在运动技能评价中的专家作用，还需对体育教师进行相关素养的培训与提高。发达国家和地区把教育测量与评价等列入教师教育的课程体系，而我国的师范教育课程设置缺乏对师范生进行教育测量与评价方面的专业训练，造成我国大多数教师不了解教育测量与评价的科学理念、基本理论和方法[1]。国内体育教师（教练）对运动技能评价缺乏了解的情况较为普遍，要发挥其评价职能需事先进行培训和能力提升。③对体育教师和教练进行运动技能测评相关素养的培训，不仅可解决当下教师或教练对运动技能评价知识的缺乏，还可通过培训更新知识技能，提升专项运动技能教学水平。

---

① 黄光扬. 教育测量与评价（第二版）[M]. 上海：华东师范大学出版社，2012：29.

五、结束语

随着我国教育和体育主管部门对青少年运动技能学习的重视，具有定向、诊断、改进和激励功能的运动技能评价成为今后国内青少年体育工作的热点。青少年运动技能评价的标准制订和实施行为必然离不开其上位的理念、目标与原则的指导，本书根据现代教育教学的理念、目标和原则，针对国内青少年体育教学与培训中存在的主要问题，提出了青少年专项运动技能评价应遵循的理念、目标与基本原则。希望本研究能引发同仁的关注与深入探讨，为青少年专项运动技能的评价与等级评定提供理论参考。

第八章 《体育项目业余锻炼等级标准》的研制背景、体系构建与现实意义

　　构建更高水平的全民健身公共服务体系，是加快体育强国建设的重要基石，是顺应人民对高品质生活期待的内在要求，是推动全体人民共同富裕取得更为明显的实质性进展的重要内容[①]。我国体育锻炼标准是全民健身公共服务体系的重要组成部分，包括《国家体育锻炼标准》《国家学生体质健康标准》和全国性各单项体育协会制定的部分体育项目业余锻炼标准等三类，统称为"体育锻炼标准"。尽管它们的实施对象和采取措施各有侧重，但其本质、目标和任务基本相同，即业余锻炼的性质，实现国民体质健康的目标和任务。基于三类标准的隶属关系和管辖部门不同，形成条块分割管理，政出多头和部分管理制度交叉局面，导致部门之间的管理权责不清，难以协调和统一，造成治理碎片化、执行乏力以及管理成本和社会资源的浪费；囿于三类标准的名称、等级设计和评定指标各异，引发认识上的混淆，造成评价效果的失效和失信[②]，割裂了与竞技体育之间的联系，必然制约二者的协调发展。

　　体育锻炼标准作为我国群众体育的重要制度，对推动群众体育发展，促进国

---

① 中共中央办公厅、国务院办公厅《关于构建更高水平的全民健身公共服务体系的意见》[EB/OL].（2022-03-23）[2022-03-26]. http://www.gov.cn/zhengce/2022-03/23/content_5680908.htm.

② 毛振明，杨多多，李海燕.《"健康中国2030"规划纲要》与学校体育改革施策[J].武汉体育学院学报，2018，52（4）：75-80.

民体质健康起到重要作用[1]。国家体育总局《"十四五"体育发展规划》明确提出，"在现行运动员技术等级评定政策框架基础上，打通业余和专业之间的界限，按照科学合理、便民利民的原则，建立健全统一规范、面向全体公民的体育运动水平等级标准体系。[2]"因此，构建《体育项目业余锻炼等级标准》(以下简称《标准》)体系是应时、应势而为，以问题为导向，依据身体素养理论，科学规划和设计，统筹标准评定指标和进阶等级，打通"体育锻炼标准"与《运动员技术等级标准》制度之间的藩篱，以期实现其一体化、规范化和科学化管理，激励广大人民群众积极参与体育锻炼，推动全民健身、健康中国和体育强国等国家战略建设。

一、《标准》体系研制背景

我国现有针对专业运动员制定的《运动员技术等级标准》和为群众健身制定的"体育锻炼标准"两类标准。《运动员技术等级标准》始建于 20 世纪 50 年代，经多次修订，更规范、科学，发挥着重要的激励和评价作用。而"体育锻炼标准"则较为庞杂，社会影响力逐渐下降，随着社会主义市场经济体制确立，社会结构发生深刻变化和单位制隐退，其实施效果和社会效益越来越不明显，原因分析如下。

(一)群众体育与竞技体育长期割裂，制约我国体育事业协调发展

竞技体育"优先发展"战略是导致二者长期割裂的主要原因。与竞技体育相比，群众体育因"制度供给不平衡，资源分布不均匀，进而形成了二元失衡的发

---

[1] 马思远.我国体育锻炼标准的制度化历程与功能嬗变［J］.首都体育学院学报，2021，33（05）：481-487.

[2] 国家体育总局《"十四五"体育发展规划》［EB/OL］.（2021-10-25）［2022-03-26］. https://www.sport.gov.cn/n315/n20001395/c23655706/content.html.

展局面。①"1979 年，国家体委明确提出"省级以上体委在普及与提高相结合的基础上，侧重抓提高"的战略方针，一改新中国体育"经常化与普及化"②的发展战略，确立了竞技体育适度超前的战略指导思想。竞技体育的"优先发展"战略，举国之力实现《奥运争光计划》等政策施行，使得竞技体育空前繁荣。在政府财力有限的情况下，强调竞技体育优先发展，必然会挤压群众体育的发展空间，导致竞技体育与群众体育相互脱节，难以形成有效的互补互促③。群众体育与竞技体育作为我国体育事业的重要组成部分，长期割裂，不利于我国体育事业健康发展。早在 1995 年全国人大八届三次会议的《政府工作报告》明确指出："体育工作要坚持群众体育和竞技体育协调发展的方针，把发展群众体育、推行全民健身计划、普遍增强国民体质作为重点。④"由于"奥运争光"一直处于核心位置，国家对竞技体育的高要求及相应资源的非均衡配置在一定程度上制约了全民健身的发展，竞技体育的崛起与国民体质的逐年下滑成为我国体育发展日渐突出的问题⑤。这不符合我国体育事业发展格局，也不符合党的十九大报告提出的"以人民为中心"的根本要求，必然制约国家体育战略推进和体育事业协调发展。

（二）体育锻炼标准条块分割管理，其治理成效越来越不明显

"业余锻炼标准"从制定到实施管理，不仅部委之间条条分割管理，部门（各类单项协会）之间也彼此割裂，实行块块管理。这是由我国行政管理体制、

① 陈玉萍，郭修金.我国竞技体育与群众体育和谐共生研究［J］.体育文化导刊，2019（9）：20-25.

② 田雨普.新中国 60 年体育发展战略重点的转移的回眸与思索［J］.体育科学，2010，30（1）：3-9+50.

③ 马德浩.新中国成立 70 年我国竞技体育发展方式演进历程与展望［J］.中国体育科技，2021，57（1）：4-11.

④ 国务院.《1995 年政府工作报告》［EB/OL］.（2006-02-16）［2022-04-26］.http://www.gov.cn/test/2006-02/16/content_201109.htm.

⑤ 刘小静，钟秉枢，蒋宏宇.协同治理视角下我国竞技体育与全民健身发展中的问题与思考［J］.北京体育大学学报，2022，45（2）：84-95.

政府主导体育治理和行政部门权力分割的特点决定的。新中国体育要赶超西方体育强国，必须采取非常规的手段，发挥体制优势，才有可能实现体育的突破和超越。政府驱动治理体育之所以高能又高效，单位制功不可没。单位制以其强大的社会组织动员力，能很快将政府发展体育运动的意志转化为广大人民群众的体育行为。当年亿万群众参加达标锻炼的轰轰烈烈场面历历在目。改革开放后，随着我国社会主义市场经济体制建立，国企改制，民营企业异军突起，我国社会结构发生根本性变化，人的社会流动性和社会属性逐步增强，其单位属性不断弱化。过去那种仅依靠单位组织体育、治理体育的做法，因组织依托缺失，政府驱动传递链条断裂，越来越呈现出社会内生无力和政府驱动无效[①]。以"中央 7 号文件"扩散为例，25 个省级政府扩散时间最短为 155 天，最长为 1 516 天，平均用时为 544.22 天[②]。

（三）身心二元认知逻辑致知行分离，以技能促体质健康难达预期

"体育锻炼标准"仅以强化运动技能、体能强化体质健康，而忽视身体活动本身的意义。身体活动不被人们重视的思想根源在于身心二元论，它主张人分为心智和身体两个部分，心智高于身体，身体的意义仅在于服务心智[③]。这种主张将二者对立，不仅扭曲了原本相互交融的身心关系，使身体沦为单纯的工具层次，贬损身体活动的价值地位，而且使离身的心智失去根基，从而导致知行分离。

人是寻求意义的高级动物，过去人们之所以参与身体活动，是基于其生存的工具意义，在很大程度上属于功利的被动行为。随着科技进步，身体活动的工具意义逐渐削弱时，仅为了体质健康难以激发人们去参加身体活动，这既不是社会

① 任海.中国体育治理逻辑的转型与创新［J］.体育科学，2020，40（7）：3-13.

② 郇昌店.我国青少年体质健康政策扩散：模式、效应与改进策略［J］.山东体育学院学报，2020，36（6）：1-7.

③ 任海.身体素养：一个统领当代体育改革与发展的理念［J］.体育科学，2018，38（3）：3-11.

对身体活动重要意义缺乏足够认识，也不是政府、体育部门采取干预措施不力，而是需要改变认知观念，将着眼点由关注仅以运动技能促健康的实际效用，转向将身体活动时的情感体验、认知探求和运动技能习得融为一体，并积极主动参与其中。那种仅以"运动技能、体能论英雄"，把达标数据作为评价结果的做法，严重忽视人的主体地位，抑制了人在身体活动中体验的敏感性和体知的深刻性，导致体育中的人无法体验自我，认知自我。如此，不仅使参与者无法感悟身体活动的意义，体验体育的乐趣，也打击了参与者的自信与自尊。

（四）无体育项目支撑的"体育人口"，统计学意义缺少可靠依据

体育人口是人口质量的重要指标，其数量、质量和结构等反映社会经济和文化教育的发展程度，对国家制定社会体育发展规划和战略研究具有重要的参考意义。"体育人口"与"经常参加体育锻炼的人数"是同一概念的两种不同提法，"体育人口"概念有明确的内涵界定。我国体育人口统计主要包括在校的大、中、小学生数量和对城市、农村人口进行百分比抽样调查数量两个部分。相关统计数据表明，我国体育人口 2017 年约 4.13 亿，2020 年约 4.35 亿，同比增长 1.64%，其中，全年全国 7 岁及以上人口中经常参加体育锻炼人数比例达 37.2%[①]，预计到 2025 年体育人口达到 5 亿。这样庞大的体育人口数量是否真实？把在校的大、中、小学生数量全部统计为体育人口，是否合理和具有统计学意义？对城市、农村人口进行抽样调查是否注意到体育人口的年龄、性别、家庭、阶层和区域等结构？体育人口的稳定性、质量和结构合理性怎么样？未把以上问题考虑在内，统计出来的体育人口是不可靠的。

片面追求体育人口数量，必然导致"体育人口泡沫现象"，它不是高无止境

---

① 国家统计局 . 中华人民共和国 2020 年国民经济和社会发展统计公报［EB/OL］.（2021-02-28）［2022-03-26］.http://www.stats.gov.cn/tjsj/zxfb/202102/t20210227_1814154.html.

的，发展到一定阶段，实际上是一个动态化的常态性数值①。体育人口稳定发展需要依托体育项目的支撑，国家体育总局原副局长冯建中在 2014 年国家体育总局系统全民健身工作会议上首次提出"体育项目人口"概念，他明确要求"各单项体育协会，要积极创建各类体育项目俱乐部，大力发展各类体育项目和培育项目人口"②，以助力群众体育快速健康发展。一般认为，运动技能水平与参与该项运动的稳定性和经常性存在一定关系，运动技能水平高，表现为参与该体育项目兴趣浓厚和参与锻炼的经常性。

二、《标准》体系构建的理论依据、原则

（一）《标准》体系构建的理论依据

现行的三类"体育锻炼标准"，皆以测试的数据为凭，将运动参与评价拱手交给测量数据控制；以运动技能、体能论体质的"成败"，忽视了人们参与体育活动的感受，贬低了"身"在体育活动中的作用，让"身"沦为工具。《标准》制定的根本目的不在于培养运动技能高超的专业选手，而是注重"身"在身体活动中的能动地位，以激发民众自愿参加体育锻炼。然而"身"能担起重任吗？理论依据何在？

身体在体育活动中的地位得不到重视的思想根源是"身心二元论"，它不仅使身体沦为单纯的工具层次而失去其应有的重要地位，而且使离身的心智（disembodied mind）失去根基，导致认知的偏差③。梅洛·庞蒂的身体现象学认

---

① 李相如."经常参加体育锻炼的人数"取代"体育人口"的科学意义［J］.体育文化导刊,2009(9):18-19.

② 冯建中在 2014 总局系统全民健身工作会上的总结［EB/OL］.（2014-05-28）［2022-03-26］.https://www.sport.gov.cn/n4/n305/c319108/content.html.

③ 任海.身体素养：一个统领当代体育改革与发展的理念［J］.体育科学，2018,38（3）:3-11.

为，"身体是能思想的物体，思想是有肉体的心灵，灵与肉、主与客相互交织，不可分割。①"这表明，身体活动在本质上是身心一元、主客一体的，即任何身体活动不仅涉及物质形态的人，还与认知、动机、情感和意志等多种心智因素紧密关联。对此，梅洛·庞蒂阐释说，"身体能利用最初的行为，经行为的本义达到行为的转义，并通过行为来表达新的意义。"他进一步指出，"当身体被一种新的意义渗透，当身体同化一个新意义的核心时，身体就能理解，习惯就能获得。②"他的这一转义观点对我们重新认识人们参与身体活动的动机具有重要意义。

随着认知变革，在身体现象学基础上发展起来的"具身认知观"认为，人首先是通过身体的方式而不是意识的方式与世界打交道，通过身体对客观世界的作用而产生知觉和认识世界的③。具身认知观"强调认知主体的身体对认知活动的影响，更加注重身体所处的实时环境对认知活动的影响，并将认知主体所处的环境视为认知系统的一部分。④"以上理论重新诠释了身体活动的意义，奠定了身体素养理论基础。

身体素养理论以具身认知为依托，强调身心一元，将参与身体活动的动力源内置于活动者自身，探究身体活动的意义。它着眼于身体活动与积极生活方式的契合关系，立足于人的整体，在认知、情感和身体等相互关联的多维度上激发动机，不断学习新技能，培养能力和自信，不断学习新技能，促成终身参与体育活动的行为习惯。这一理念早已进入许多国家体育决策者的视野，为制定国家战略性的体育政策提供了理论依据，如加拿大政府出台的《加拿大体育政策2012》、美国2014年修订的《K-12体育教育国家标准与等级》⑤，以及2015年联合国教科

---

① 季晓峰.论梅洛·庞蒂的身体现象学对身心二元论的突破［J］.东南学术，2010（2）：154-162.

② 梅洛·庞蒂，姜志辉译.知觉现象学［M］.北京：商务印书馆，2001：256.

③ 叶浩生.西方心理学中的具身认知研究思潮［J］.华中师范大学学报（人文社会科学版），2011，50（4）：153-160.

④ 陈波，陈巍，丁峻.具身认知观:认知科学研究的身体主题回归［J］.心理研究,2010,3（4）:3-12.

⑤ 任海.身体素养：一个统领当代体育改革与发展的理念［J］.体育科学，2018，38（3）：3-11.

文组织发布的《优质体育教育：决策者指南》^①等。

（二）《标准》体系构建的基本原则

《标准》体系作为"构建更高水平的全民健身公共服务体系"的组成部分，要统合各类标准的名称、等级和管理方式，打破部门之间条块分割管理存在的壁垒，解决政出多头和制度并行等问题，创新推动群众体育和竞技体育协调发展机制，加强顶层设计，科学统一评定标准，综合促进国民体质健康发展。基于此，构建《标准》应遵循统合贯通、协调发展和综合促进3项基本原则。

1. 统合贯通原则

基于"体育锻炼标准"多项制度并行，管理条块分割、政出多头造成治理碎片化，标准等级名称各异和评定指标不一造成社会认可度逐渐下降等问题。宏观层面上，国家政府要统筹协调"体育锻炼标准"制度各方利益关系，创新社会治理机制，处理人民日益增长的健康生活需要和体育不充分、不协调发展之间的矛盾。中观层面上，相关部委要厘清权责、统一认识、共商对策、整合资源、统一部署，避免管理交叉而导致治理失效。在统合的基础上，《标准》构建要从长计议、战略谋划、科学设计，统一评定指标，贯通体育锻炼的"业余等级"与运动员的"专业等级"，实现体育发展双轮驱动的"一盘棋"格局。

2. 协调发展原则

竞技体育优先发展是由我国特定历史时期的国情、政治外交和经济发展水平决定的。我国群众体育核心价值是以人为本，以人民为中心，促进人的健康发展，满足人民日益增长的美好生活需要。对偏离我国体育事业健康发展方向，国家予以及时调整。从国家体委的"全国体育发展战略讨论会"到历年的《中央政府工作报告》，多次提出群众体育与竞技体育协调发展的问题。近些年，习近平

---

① 任海.身体素养与青少年体育改革［J］.体育文化与产业研究，2021（1）：9-15.

总书记在不同场合多次强调二者要全面协调发展。这表明二者全面协调发展、双轮驱动对实现国家体育战略的重要意义。《标准》旨在打破群众体育与竞技体育长期割裂的困局，构建全民参与健身的科学体系，夯实竞技体育发展根基，真正实现群众体育与竞技体育协调发展。

3. 综合促进原则

三类"体育锻炼标准"主要以技能、体能，辅以身体形态作为评价依据，注重终结性评价，忽视参与者在体育锻炼过程中的参与行为和情感认知，缺乏贯通性的理念。各年龄阶段的体育标准实施各行其是，多聚焦于短期的指标任务，被动、割裂甚至冲突，难以协同，无法形成耦合效应。《标准》构建以身体素养作为理论基础，既注重人的整体，着眼于身体活动参与健康生活方式形成的契合关系，又强调人的不同年龄发展阶段的情感认知、运动技能和运动参与三个维度上激发动机，培养能力，综合促进人的身体素养，促成终身参与体育活动的行为习惯。

三、《标准》体系的基本架构

《标准》体系构建依据身体素养理论、基本原则，在广泛开展专家调研和征求意见的基础上，通过多种研究方法，对《标准》体系的名称厘定、等级设计、年龄阶段划分、评定指标及其权重确立，评定指标之间的逻辑关系等方面进行研究。

（一）《标准》名称厘定

现行的《国家体育锻炼标准》《国家学生体质健康标准》和全国性各单项体育协会制定的部分体育项目业余锻炼标准三类"体育锻炼标准"，它们名称各异，如田径、篮球和游泳等称为《全国XX业余锻炼等级标准》，健美操、乒乓球和铁人三项等项目称为《XX 业余运动员技术等级标准》，网球、攀岩称为《XX 业余选手技术等级标准》，另外还有称《大众 XX 运动锻炼等级标准》《XX 运动国民锻炼标准》等，以上这些《标准》目的都是锻炼身体，与专业训练相比，皆属于业余性质。但如此名目繁多，评定指标各异，势必造成大众对业余锻炼评价认识上的混乱和对各类标准评价结果的混淆。

2014 年 10 月，国家体育总局群体司启动研制《关于开展运动项目业余锻炼标准达标工作指导意见》（以下简称《意见》），旨在推进群众体育发展和业余体育锻炼科学评价等问题。《意见》工作会上就"体育锻炼标准"名称的拟定，体育专家、各运动管理中心负责人和群体司的领导皆充分发表意见。论证焦点主要集中在"业余选手"与"业余运动员"，"运动技能等级"与"运动水平等级"等方面，最终虽未达成统一意见。但与会专家认为，既然"标准"的目的是锻炼，就不必用"选手"或"运动员"称呼，这不仅在不同主体之间容易产生误解，也与"专业运动员"相比，"业余"选手、业余运动员有轻视之感。另外，就"标准"名称定为"运动技能等级"还是"运动水平等级"。与会专家认为，业余锻炼的目的不仅要重视运动技能，更要侧重青少年的情感认知和老年人的运动参与过程。如果说运动技能是锻炼的"标"，那么对于参与锻炼者而言，对运动的认知和参与行为才是"本"。所以，"标准"的名称要兼顾"标"与"本"，唯"标"失"本"，既不是"标准"制定的初衷，又重蹈仅以"运动技能"论成败的覆辙。

经业内体育专家较长时间的讨论，群体司再次组织专家论证，最终把"标准"名称确定为"业余锻炼等级标准"①，既体现"体育锻炼"的"业余"性质，也尊重了"业余锻炼"的传统称呼，并对"等级"设定和评定指标赋予丰富、科学的内涵。

---

① 李颖川在 2016 年国家体育总局系统全民健身工作会议上的总结讲话［EB/OL］.（2016-11-10）［2022-03-26］.https://www.sport.gov.cn/n10503/c775058/content.html.

（二）《标准》体系的等级设计

《国家体育锻炼标准》和《国家学生体质健康标准》分不同年龄阶段，测试 3-5 个体育项目，按计分评出优秀、良好、及格和不及格 4 个等级（如表 8-1 所示）。

表 8-1　《国家体育锻炼标准》和《国家学生体质健康标准》评级标准

《国家体育锻炼标准》评级标准		《国家学生体质健康标准》评级标准	
等级	总分	等级	总分
优秀	400 分（含）以上	优秀	90 分（含）及以上
良好	320～399 分	良好	80～89 分为良好
及格	200～319 分	及格	60～79 分
不及格	199 分（含）以下	不及格	60 分以下

截至 2022 年 4 月，已有 39 个体育项目制定了"业余锻炼标准"，不同体育项目等级不同，且各具特色。有的分 3 级（1～3 级或初、中、高 3 级），有的分 5 级（1～5 级或健将、1～4 级），有的与《运动员技术等级标准》衔接分为 6 级（4～9 级），也有的分为 3 等 9 级（1～3 级为初级、4～6 级为中级、7～9 级为高级）和 4 等 12 级[①]（1～3 级为入门级、4～6 级为提高级、7～9 级为专业级、10～12 级为精英级），不一而足。另外还有如武术、跆拳道等多采用段位制，设计方式也不尽相同。以上这些等级（或段位）划分，必然导致不同等级孰大孰小、孰高孰低等问题；对高等级（段位）的称呼上，有的称"精英""大家"，甚至称"大师"，这些称谓加之媒体捕风捉影，更容易混淆视听，对体育锻炼和体育项目发展造成不利影响。

依据统合贯通和协调发展基本原则，通过大量专家访谈、调研和论证，在征

---

① 唐炎.《青少年运动技能等级标准》的研制背景、体系架构和现实意义 [J]. 上海体育学院学报，2018，42（3）: 2-7.

求国家体育总局相关部门负责人意见的基础上，将《标准》设为3阶6级：4～5级为高阶，6～7级为中阶，8～9级为初阶，9级为综合身体素养最低一级，4级为综合身体素养最高一级；4级与《运动员技术等级标准》的3级进行衔接，构成"专业等级"（国际级运动健将、运动健将、1～3级运动员）与"业余等级"（4～9级）共11个等级，形成业余与专业体育运动等级评价一体化（如图8-1所示）。

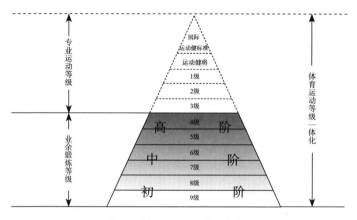

图 8-1　业余锻炼等级与运动员技术等级衔接体系

（三）《标准》体系不同年龄阶段划分

人从婴儿到老年，其发育水平、认知能力，运动技能和体质状况等方面呈现明显的阶段性[①]。通过对年龄划分研究认为[②]，生理年龄和心理年龄对《标准》体系年龄阶段的划分具有重要的参考价值，依据此，把人的年龄划分为：幼儿（0～6岁）、儿童（7～12岁），少年（13～18岁）、青年（19～35岁）、壮年（36～45岁）、中年（46～59岁）、老年（60及以上）7个阶段。这种分期对人在不同年龄阶段的运动认知能力、运动技能水平和运动参与兴趣形成等方面是否具有激励

①　林崇德.发展心理学［M］.北京：人民教育出版社，2009：43.

②　罗淳.关于人口年龄组的重新划分及其蕴意［J］.人口研究，2017，41（5）：16-25.

作用和区分意义呢？下面通过德尔菲法，对《标准》体系年龄的阶段划分合理性进一步探讨。根据《标准》体系等级制定的客观情况和实际需要，剔除婴幼儿期（0～6岁）。

依据年龄划分与人的生长发育、情感认知、兴趣爱好，身体素质，运动技能形成和体育教育等相关，遴选12位3类权威异质专家，其中体质研究专家4人，运动生理、心理研究专家4人，锻炼标准研究专家4人（如表1-2所示）。

本研究中第2轮专家问卷回收率均为100%，表明专家的积极系数非常高。专家权威程度 Cr 对咨询结果的质量具有重要影响，且 Cr 由专家对指标做出的判断 Ca 和专家对问题的熟悉程度 Cs 决定，计算公式为 Cr=（Ca+Cs）/2。根据相关计算方法得出，Ca=0.88，说明实践经验和理论分析代表专家意见；Cs=0.87，表明专家对咨询的内容非常熟悉；Cr=0.91（≥0.7），代表咨询的专家权威程度非常高。协调系数（W）表示专家对评定指标评价的一致程度，通常用 Kendall' s W（肯德尔和谐系数）和变异系数 Cv 来评价。Kendall' s W 计算公式如下：

$$W = \frac{12\left[\sum R_i^2 - \frac{\left(\sum R_i\right)^2}{N}\right]}{K^2(N^3 - N)}$$

注：N 为被评对象数，R_i 是第 I 个被评对象被评的水平等级之和。

变异系数 Cv 来解释专家对指标的重要性、计算公式的合理性和收集方法可操控性的协调程度，变异系数 Cv 的系数越小，说明专家间的协调程度越高。变异系数 Cv 计算公式如下：

$$Cv = \frac{标准差}{平均数}$$

注：平均数即所有专家对一个指标的评分取平均值，标准差与此相同。

第一轮协调系数为 W 为 0.64（介于 0.6～0.8 之间），说明专家认可的一致程度较高，但有 3 个评定指标变异系数 $Cv > 0.25$（$Cv < 0.25$，表明专家一致认可），表明专家对这 3 个年龄阶段划分存在不同见解（如表 8-2 所示）。

表 8-2　专家意见协调程度

年龄阶段（时期）	均值	标准差	变异系数
7～12 岁（儿童）	3.75	1.06	0.28
13～18 岁（少年）	4.75	0.45	0.095
19～35 岁（青年）	4.75	0.45	0.095
36～45 岁（壮年）	3.92	1.08	0.28
46～59 岁（中年）	3.33	0.89	0.27
60 岁及以上（老年）	4.5	0.80	0.18

综合归纳专家意见：年龄划分要遵循删繁就简，便于《标准》推行；要把运动技能习得与青少年学生的学段衔接起来，《标准》等级申报与学制协调起来，鼓励在校学生积极参加课余体育锻炼和等级申报；要考虑到运动技能提升潜质与身体发育水平之间的关系，以区分不同年龄阶段人群的运动参与的目的。根据专家的建议，经课题组成员研讨，将《标准》的年龄分组和分期调整为：儿童（6～12 岁）、少年（13～18 岁）、青年（19～35 岁）、中年（36～59 岁）和老年（60 岁及以上）五个年龄阶段。

将第 1 轮调查的修改结果，再次反馈给专家，征询意见。第 2 轮协调系数为 W 为 0.86（介于 0.8～1 之间），各项评定指标变异系数 $Cv < 0.25$（见表 8-3），表明专家对表 8-3 的年龄阶段划分认可程度非常高，不存在分歧。因此，将《标准》体系的年龄阶段划分为：6～12 岁（儿童）、13～18 岁（少年）、19～35 岁（青年）、36～59 岁（中年）、60 岁及以上（老年）5 个阶段。

表 8-3 专家意见协调程度情况

年龄阶段（时期）	均值	标准差	变异系数
6～12 岁（儿童）	4.92	0.29	0.06
13～18 岁（少年）	4.83	0.39	0.08
19～35 岁（青年）	4.67	0.492	0.11
36～59 岁（中年）	4.83	0.39	0.08
60 岁及以上（老年）	5	0	0.00

（四）《标准》体系等级评定指标确立及其逻辑关系阐释

1. 确立《标准》体系评定指标

身体素养理念不仅旨在解决因身体活动缺失带来的日趋严重的全球健康问题，而且有力地推动体育融入生活中，全面提高生活质量，对大众体育、学校体育和竞技体育等各领域均有全面而深刻的影响，为体育的统合发展提供了改革的基础[①]。

通过身体素养概念内涵环境扫描，不同国家的不同相关组织对身体素养内涵界定共性基本相同，但也存在一些区别，具代表性的，如 2013 年美国健康与体育教育协会将身体素养作为体育教育的目标，修订了《K-12 体育课程标准》，提出身体素养主要涵盖 5 部分：身体能力、知识理解、认知情感、行为参与和社会适应[②]；2015 年加拿大体育与健康教育组织等众多体育组织联合发表的《加拿大身体素养声明》，认为身体素养包含：情感、身体、认知、为行 4 个相互关联的要素[③]；2017 年澳大利亚体育委员会发布的《定义身体素养的共识声明》，定义了身

① 任海.身体素养：一个统领当代体育改革与发展的理念［J］.体育科学，2018，38（3）：3-11.

② SHAPE A. National standards & grade level outcomes for K-12 physical education［M］. Champaign：Human Kinetics，2014：2.

③ Canada's Physical Literacy Consensus Statement.https://www.participaction.com/en-ca/though-leadership/research/physical-literacy-consensus-statement.

体素养是由体力、心理、社会、认知 4 个领域及其相应内容体系组成等[①]。其中最具代表性的、得到国际体育和健康社会组织高度认可的是加拿大的"国际身体素养协会"对身体素养内涵的界定：身体素养包含动机和信心（情感）、身体能力（身体）、知识与理解（认知）、为生活而参与身体活动（行为）4 个相互关联的要素。

综上研究认为，人参与体育锻炼的动机、信心和对运动的理解，表现为人对运动的情感和认知，人参与体育锻炼的技术与能力体现为运动技能，以及人参与体育活动的过程等三个主要方面。根据《标准》体系构建可操作性的客观性要求和认知—情感相符理论[②]，将《标准》等级评定指标确定为情感认知、运动技能和运动参与三个维度。

2. 评定指标之间的逻辑关系

情感认知对行为取向和运动技能形成具有重要意义。情感是指人对人、物和事件产生的情绪共鸣。认知—情感相符理论认为，"情绪共鸣是价值认同的基础和前提，表现为对某类情绪共鸣事物的精神依赖，这种精神依赖产生的价值导向决定着人的行为取向。即人们总是试图使其认知与其感情相符，努力地使自己的认知和行为保持一致。[③]"态度的三因素理论（three-component model of attitude）也支持这一观点，喜爱与否只是态度的情感（affect）成分，除此之外态度还包含认知（cognition）和行为（behavior）成分，并且积极认知对行为的产生有着重要作用[④]。因此，体育知识作为文化符号本质上就是具身化的，与身体情感、身体意

---

① 赵富学，吕钶，李林.澳大利亚青少年身体素养促进的问题聚焦与治理实践研究［J］.成都体育学院学报，2021，47（5）：24-30.

② 林秉贤.认知学派的社会心理学观点及其理论新趋向［J］.天津商学院学报，1997（3）：64-67+.72

③ 符国群.消费者行为学［M］.武汉：武汉大学出版社，2007：135-136.

④ Biddle SJH，Mutrie N. Psychology of Physical Activity：Determinants，Well-being and Interventions［M］.New York：Routledge，2008：55-56.

志、身体记忆是统一的整体，始终内在的影响和推动身体的运动感觉、知觉和运动技能的发展[①]。

运动技能形成过程始终伴随人的情感认知和运动参与的过程。运动技能是支撑运动兴趣最稳定的因素之一。情感对人的影响主要是通过价值判断，情感认知决定一个人的价值观，再以这些价值为导向定义自我追求，对运动技能达成的理想目标与水平，就是对某类体育项目情感认同下的自我追求的具象化结果。认知心理学家在承认动作本身是一系列刺激反应联结的同时，更强调动作技能的学习必须有感知、记忆、想象和思维等认知成分的参与。这与行为心理学对动作技能形成的本质认识是一致的。

运动参与是稳定运动技能、激发情感认知的结果。身心二元论长期否定"身体参与"在体育活动中的"地位"，因具身认知观的出现得以改变。身体活动在本质上是身心一元、主客一体的，即任何身体活动不仅涉及物质形态的人，还与认知、动机、情感和意志等多种心智因素紧密关联，它肯定了"身体"在"运动参与"中的重要作用。实际上，身体参与活动对人的作用是全方位的，不仅作用于身体的物质维度，同时也作用于人的情感和心智的意识维度，即人在"运动参与"中，身心合一，各种能力相互依存，各种感官相互协调，得以全面而深刻地感知和认识世界。因此，认知是身体的认知，心智是身体的心智，离开了身体，认知和心智根本就不存在，运动技能更不可形成。

因此，情感认知、运动技能和运动参与三者之间相互依存、互补互促、不可分割。运动参与对稳定运动技能，激发情感认知具有重要作用。高水平的内部动机和内化了的外部动机，应该导致积极的情感、积极的行为结果和提高的认知水平[②]。没有情感认知，就不可能产生运动参与的动机和兴趣，就无法认知

[①] 张震.整体性与独特性：体育知识基本问题的具身哲学阐析［J］.体育科学，2021，41（6）：68-77.

[②] ［美］理查德·H.考克斯著，王树明等译.运动心理学（第七版）［M］.上海：上海人民出版社，2015：66.

身体活动的性质和功能，更不可能承担终身参与体育健身的社会责任；没有运动技能，就无法获得运动参与过程中的积极性体验，更谈不上增强自信心。运动技能是兴趣爱好最稳定的因素，其形成过程始终伴随人的情感认知和运动参与的过程。

（五）《标准》体系不同年龄阶段三维等级评定指标的权重

根据《标准》体系对不同年龄阶段参与者情感认知特点、运动技能水平和运动参与程度等要求，在德尔菲法确定不同年龄阶段划分的基础上，采用层次分析法确定不同年龄阶段三维（情感认知、运动技能和运动参与）等级评价指标的权重。建立评定指标判断矩阵，专家依据 Santy 的 1—9 标度（如表 1-3 所示）对各项评定指标进行两两比较判断并赋值，将各项指标的重要程度进行量化，构建两两比较判断矩阵 $A=[a_{ij}]$，$a_{ij}>0$，$a_{ij}=1$，且 $a_{ij}=1/a_{ij}$，即 A 为正反矩阵。为消除专家对不同年龄阶段的各项指标赋值存在理解上的偏差，根据层次分析法判断矩阵的一致性检验，公式为 $CR=CI/RI$，其中 CR 为随机一致性比率，CI 表示判断矩阵一致性指标值 $CI=(\lambda_{max}-n)/n-1$，λ_{max} 为判断矩阵的最大特征根，R_i 是经过大量理论分析和事实比较后得出的平均随机一致性指标。当 $CR<0.1$ 时，认为判断矩阵具有较满意的一致性，表明指标权重分配是合理的，否则，就需重新调整指标权重。

根据专家赋值打分，得出不同年龄阶段指标的判断矩阵如下：$A1$（6～12 岁）、$A2$（13～18 岁）、$A3$（19～35 岁）、$A4$（36～59 岁）、$A5$（60 岁及以上）。下面以 $A1$（6～12 岁）判断矩阵为例进行研究。

$$A1 = \begin{pmatrix} 1 & \frac{1}{2} & 1 \\ 2 & 1 & 2 \\ 1 & \frac{1}{2} & 1 \end{pmatrix} \quad A2 = \begin{pmatrix} 1 & \frac{1}{5} & \frac{2}{3} \\ 5 & 1 & 2 \\ \frac{3}{2} & \frac{1}{2} & 1 \end{pmatrix} \quad A3 = \begin{pmatrix} 1 & \frac{1}{9} & \frac{1}{3} \\ 9 & 1 & 2 \\ 3 & \frac{1}{2} & 1 \end{pmatrix}$$

$$A4 = \begin{pmatrix} 1 & 1/5 & 1/7 \\ 5 & 1 & 2/3 \\ 7 & 3/2 & 1 \end{pmatrix} \quad A5 = \begin{pmatrix} 1 & 1/4 & 1/9 \\ 4 & 1 & 1/3 \\ 9 & 3 & 1 \end{pmatrix}$$

将 $A1$ 判断矩阵数据输入 SPSSAU 软件综合评价进行 AHP 层次分析，得出 6～12 岁如下分析结果（如表 8-4 所示）。

表 8-4　6～12 岁 AHP 层次分析 3 项评定指标的结果

评定维度	特征向量	权重值	最大特征值	CI 值
情感认知	0.750	25%		
运动技能	1.500	50%	3.000	0.000
运动参与	0.750	25%		

从表 8-4 可知，针对情感认知，运动技能，运动参与总共 3 项构建 3 阶判断矩阵进行 AHP 层次法研究（计算方法为：和积法），分析得到特征向量为 0.750、1.500、0.750，并且总共 3 项对应的权重值分别是：25%、50%、25%。除此之外，结合特征向量可以计算出最大特征根 3.000，利用最大特征根值计算得到 $CI=$（$\lambda max\text{-}n$）/ $n\text{-}1$ 为 0.000（其中随机一致性 RI 值为 0.520）。利用 AHP 层次分析法进行权重计算时，需要进行一致性检验分析，以评价权重计算结果的一致性。一致性指标 $CR=CI/RI$。通常情况下 CR 值越小，则说明判断矩阵一致性越好。如果 CR 值大于 0.1，则说明不具有一致性，应该对判断矩阵进行适当调整之后再次进行分析。通过计算分析 CR 为 0.000，一次性检验结果为通过。表明本次研究判断矩阵满足一致性检验，计算所得权重具有一致性，即 6～12 岁 3 项指标（情感认知，运动技能，运动参与）权重值分别为：25%、50%、25%，分配合理。

使用同样方法，分别将 A2、A3、A4、A5 判断矩阵数据输入 SPSSAU 软件综合评价进行 AHP 层次分析，经过判断矩阵一次性检验，均通过检验（如表 8-4 所示），得出如下分析结果（如表 8-5 所示）。

表 8-5　不同年龄阶段判断矩阵一致性检验结果

年龄阶段（时期）	最大特征根	CI 值	RI 值	CR 值	一致性检验结果
6 ～ 12 岁（儿童）	3.000	0.000	0.520	0.000	通过
13 ～ 18 岁（少年）	3.029 1	0.014 5	0.520	0.027 9	通过
19 ～ 35 岁（青年）	3.018 3	0.009 1	0.520	0.017 6	通过
36 ～ 59 岁（中年）	3.000 5	0.000 3	0.520	0.000 5	通过
60 岁及以上（老年）	3.009 2	0.004 6	0.520	0.008 8	通过

根据《标准》体系构建的目标任务和基本原则，以及专家提出遵循删繁就简，便于《标准》等级推行等要求，充分考虑不同年龄阶段的人参与体育锻炼的目的、情感认知水平、运动技能提升潜质和体质发育水平之间的关系，将表 8-6 权重数据采用四舍五入和取整方法，修正结果如表 8-7 所示。

表 8-6　不同年龄阶段评定维度权重情况

评定维度（权重）	6 ～ 12 岁（儿童）	13 ～ 18 岁（少年）	19 ～ 35 岁（青年）	36 ～ 59 岁（中年）	60 岁及以上（老年）
情感认知	25%	14.29%	8.13%	7.66%	6.88%
运动技能	50%	60.28%	63.94%	37.45%	24.99%
运动参与	25%	25.42%	27.93%	54.89%	68.13%

表 8-7　不同年龄阶段评定维度权重修正结果

评定维度（权重）	6 ～ 12 岁（儿童）	13 ～ 18 岁（少年）	19 ～ 35 岁（青年）	36 ～ 59 岁（中年）	60 岁及以上（老年）
情感认知	25%	15%	10%	5%	5%
运动技能	50%	60%	65%	40%	25%
运动参与	25%	25%	30%	55%	70%

综上研究，《标准》体系 6 ～ 12 岁情感认知、运动技能和运动参与三项评定指标的权重分别为：25%、50%、25%；13 ～ 18 岁情感认知、运动技能和运动参与三项评定指标的权重分别为：15%、60%、25%；19 ～ 35 岁情感认知、运动技能和运动参与三项评定指标的权重分别为：10%、65%、30%；36 ～ 59 岁情感认知、运动技能和运动参与三项评定指标的权重分别为：5%、40%、55%；60 岁及以上情感认知、运动技能和运动参与三项评定指标的权重分别为：5%、25%、70%。

四、《标准》体系的主要特点和现实意义

（一）《标准》体系的主要特点

1.《标准》体系具有显性激励作用

《标准》体系是基于身心一元、具身认知观和身体素养等理论建立起来的，符合人的情感认知特点、运动技能形成规律和运动参与健康意义的需要。《标准》体系的设计，以认知—情感相符理论奠定运动参与动机和兴趣培养基础，打破唯"技能""体能"论"体质"，充分考虑少年儿童精力充沛和较低的能力水平，以及对未知世界充满好奇，富有挑战精神；以运动技能稳定兴趣为客观依据，遵循肌肉力量发展、神经系统发育和协调柔韧能力等规律，逐步强化青少年运动技能；以运动促健康为宗旨，始终重视运动参与对健康的意义，不断推动体育锻炼生活化，满足老年人健康养老的需求。因此，《标准》三维指标设计既符合不同年龄阶段人群情感认知的特点，又遵循运动技能形成的规律和满足老年人运动参与对健康养老的诉求等变化特点（如图 8-2 所示），使参与者在情感认知、运动技能形成和运动参与等方面，预期感知到快乐、健康和积极的生活情趣。

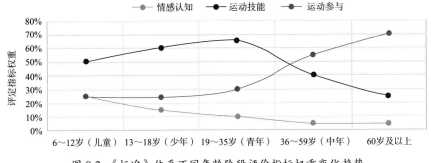

图 8-2　《标准》体系不同年龄阶段评价指标权重变化趋势

2.《标准》体系具有贯通性

按照《标准》体系构建基本原则，打破"体育锻炼标准"体育治理存在的问题，科学规划，发挥社会主义制度和体育社会组织的优势，统筹兼顾各类体育锻炼标准制度的公平与效益，经验与创新，将《标准》设计为 3 阶 6 级，贯通业余锻炼等级标准与《运动员技术等级标准》，科学设计《标准》体系三维评定指标，形成完整体系。现有的评定指标是依据身体素养理论，遵循运动参与者的情感认知水平、运动技能形成规律和运动参与的健康需求构建起来的评价体系，贯通了身与心，知与行的统一。

3.《标准》体系具有可操作性

在具体实施中，情感认知可通过"业余锻炼等级标准化信息平台"[①]，以问题测试、问卷等形式考量受试者对体育的认知水平、情感倾向和运动技能等方面的理解和认识。考评分数可按不同年龄阶段情感认知的权重计入评定成绩。运动技能可通过测定运动技术或能力，或二者共同来评定受试者掌握运动技能水平；较高等级可通过不同项目的等级比赛名次来评定。运动参与可利用"可穿戴设备实现身体数据化管理"[②]来实现运动参与时间的量化。通过对可穿戴设备不同心率区

[①]　朱惠平，马思远，李相如等.体育项目业余锻炼等级标准化网络信息平台建设研究［J］.吉林体育学院学报，2019，35（5）：22-28.

[②]　宋庆宇，张树沁.身体的数据化：可穿戴设备与身体管理［J］.中国青年研究，2019（12）：13-20.

间的设计，区分一般身体活动和运动参与；运动参与的量可通过设定周、月、年的运动量区间，通过信息平台的大数据处理，分析运动量是否符合不同等级的评定要求。对符合运动参与量的要求的，将运动量换算成百分制成绩，按权重计入不同年龄阶段的不同等级的评定结果。

（二）实施《标准》的现实意义

1. 指导各类单项业余锻炼等级标准制定与完善

《标准》体系建构以问题为导向，科学研判群众体育发展面临的新形势，依据身心一元、具身认知观和身体素养理论，改革创新《标准》体系评定指标和进阶等级设计等关键环节，破除群众体育锻炼标准与专业运动员技术等级标准之间的制度壁垒，激活《标准》体系激励评价机制，形成群众体育发展新模式。《标准》在未获得国家相关部门认证，成为国家标准之前，拟作为推荐性的行业标准，以期对各单项业余锻炼等级标准制定和完善提供理论参考和指导。

2. 促进群众体育与竞技体育协调发展

苟仲文局长在 2017 年全国群众体育工作电视电话会议上发表讲话明确指出，"群众体育和竞技体育不能割裂开来，管理上的条块分割、通过行政手段配置资源，必然会导致目标上的冲突，甚至相互对立矛盾。[①]"《标准》体系构建不能拘泥于运动技能指标的评定与进阶等级激励，还应遵循了个体的发育水平和运动技能发展规律，兼顾少年儿童体育运动认知和兴趣培养，老年人的运动参与、体育生活化和运动促健康等方面，形成个体在不同年龄阶段对情感认知、运动技能与运动参与各有侧重的进阶等级体系。这对夯实群众体育基础，打通业余与专业体育竞技人才培养通道，助推二者互补、互促、协调发展具有重要意义。

---

① 苟仲文局长在 2017 年全国群众体育工作电视电话会议上发表讲话［EB/OL］.（2017-04-20）［2021-11-18］. http://www.sport.gov.cn/qts/n4985/c799239/content.html.

3. 推动体育人口向"体育项目人口"过渡

扩大"体育项目人口"是构建《标准》体系的重要任务之一。国家体育总局副局长杨树安在 2016 年国家体育总局系统全民健身工作会议上要求,"以各单项体育协会为载体,加大创建项目俱乐部力度,科学制定和完善各体育项目的业余锻炼等级标准,大力发展各体育项目人口数量。[①]" 2021 年,国家体育总局发布的《"十四五"体育发展规划》再次提出要"研制并推广体育运动水平等级评定标准,扩大项目人口。[②]"《标准》体系一方面从学理上科学设计评定指标和 3 阶 6 级进阶等级,指导各单项业余锻炼等级标准制定与完善,逐步实现各类《标准》施行普及化,推动"体育人口"向"体育项目人口"过渡发展。另一方面实现《标准》等级与运动员技术等级衔接,打通"体育项目人口"向"运动员人口"晋升通道,"扎实推动体育人口向结构性、稳定和高质量发展,使体育人口真正具有统计学意义[③]"。

4. 夯实健康中国和体育强国国家战略建设基础

到底把什么作为落实国家体育战略的重要抓手?这不仅关乎健康中国和体育强国战略能否落地,也将关乎民族的未来和国家命运。统合三类体育锻炼标准,科学设计三维评定指标和 3 阶 6 级进阶等级,建立《标准》体系,以此作为参考性的行业标准,指导各单项业余锻炼等级标准制定与完善。新《标准》体系有利于整合群众体育管理资源,理顺群众体育治理关系,避免在缺乏必要的监督和约束机制条件下,出现"政府权力部门化""部门权力利益化"和"部门利益习惯

---

① 杨树安在 2016 年国家体育总局系统全民健身工作会议上的讲话 [EB/OL].(2016-11-10)[2022-03-26]. https://www.sport.gov.cn/n10503/c775054/content.html.

② 国家体育总局《"十四五"体育发展规划》[EB/OL].(2021-10-25)[2022-03-26]. https://www.sport.gov.cn/n315/n20001395/c23655706/content.html.

③ 马思远.我国业余体育竞赛体系构建研究 [J].北京体育大学学报,2021,44(10):22-32.

化"等问题 [1]；有利于实现群众体育治理由政府包办转向"政府主导监督""社会本位回归"，提升群众体育治理水平和提质增效。这对夯实全民健身、健康中国等国家体育战略基础，筑构体育强国梦具有重要的战略意义。

五、结束语

我国体育锻炼标准制度从中华人民共和国成立初期的《劳卫制》，发展到今天三类并行制度，有它深刻的历史背景和成因。如何统合三类标准制度，实现降本增效的目标？国家体育总局群体司从 2014 年 10 月牵头制定《关于开展运动项目业余锻炼标准达标工作指导意见》，到 2017 年政法司启动《关于进一步加强体育运动水平等级评定规范化管理的意见》研制，已经做了探讨性研究。两个《意见》最终没有落地的原因是复杂的，也是多方面的。前者是为落实 2013 年修订的《国家体育锻炼标准施行办法》采取指导性的意见和措施，属于制度性的补充和完善，后者仅用"运动水平"一维评定指标，统领竞技体育和群众体育的运动等级，显然难达预期。竞技体育技能不限于运动水平高低，还表现为团队的合作能力和凝聚力、运动员的坚毅品质和心理素质等方面；群众体育的业余锻炼除了重视运动技能的提升，还要兼顾儿童青少年的情感认知，体育兴趣培养和运动习惯养成，以及中老年人促进健康的运动参与等。《标准》创新了评价体系和评价机制，实现了业余体育与专业体育协调发展，打通了群众体育与竞技体育人才培养的晋升通道，增强体育内生动力，对调动群众参与体育锻炼的积极性，扩大"体育项目人口"，实现全民健身、健康中国和体育强国等国家战略目标具有重要意义。

---

① 任海.以群众体育促进社会建设［J］.北京体育大学学报.2014, 37（9）: 1-9.

第九章 《体育项目业余锻炼等级标准》的实施原则、路径和机制研究

实现体育强国的根本措施在于广泛开展群众体育运动，让其充分享有体育运动的权益。李颖川在 2016 年国家体育总局系统全民健身工作会议上明确要求各运动管理中心，要"科学制定和完善本项目的业余等级标准，并于 12 月月底之前，在认真调研的基础上，提出所管理项目的业余等级标准研制方案并报群体司。群体司认真梳理后，要拿出具体的措施来抓落实。[①]"体育总局办公厅印发的《2019 年群众体育工作要点》中明确指出：按照面向全体人民、打通大众锻炼标准与运动员技术等级标准之间制度藩篱的思路，在尊重项目规律、尊重历史形成、尊重国际惯例的前提下，探索推广各项目运动水平等级标准[②]。基于此，《体育项目业余锻炼等级标准》（以下简称《标准》）的落实与实施，事关"体育锻炼标准"（包括《国家体育锻炼标准》《国家学生体质健康标准》和各单项协会制定的业余锻炼等级标准）资源整合与节流、降本与增效的问题；事关打通"体育锻炼标准"与《运动员技术等级标准》制度之间的藩篱，实现群众体育与竞技体育协调、科学发展，推动体育人口向"体育项目人口"过渡的问题；事关"构建更

---

① 李颖川在 2016 年国家体育总局系统全民健身工作会议上的总结讲话［EB/OL］.（2016-11-10）［2022-03-26］.https://www.sport.gov.cn/n10503/c775058/content.html.

② 体育总局办公厅.《2019 年群众体育工作要点》［EB/OL］.（2019-02-21）［2022-03-26］.https://www.sport.gov.cn/gdnps/content.jsp?id=892893.

高水平的全民健身公共服务体系"，调动广大人民群众积极参与体育锻炼，增强人民群众的成就感和获得感，推动全民健身、健康中国和体育强国等国家战略建设，更好地服务人民健康的问题。

一、《标准》实施的指导思想及基本原则

（一）《标准》实施的指导思想

《标准》的实施要紧紧围绕习近平总书记提出的"坚持以人民为中心的思想，把人民作为发展体育事业的主体，把满足人民健身需求、促进人的全面发展作为体育工作的出发点和落脚点，落实全民健身国家战略，不断提高人民健康水平[①]。"作为指导思想和指南，依靠广大人民群众的力量，以提高人民健康水平为核心，科学落实和实行《标准》，并将成果惠及广大人民群众，不断满足人民日益增长的美好生活需要，切实服务于全民健康和体育强国等国家体育战略。

1. 以满足人民不断增长的体育需求为导向

《标准》的实施首先要回应"为了谁"这一事关体育事业发展方向的课题。发展以人民为中心的体育，意味着要从人民根本利益出发，积极践行体育为民的理念，回应人民群众对体育的需求，即实现人民群众在体育锻炼中的主体地位。党的十八届五中全会通过的《中共中央关于制定国民经济和社会发展第十三个五年规划的建议》（以下简称《"十三五"规划》）提出了健康中国的战略构想，提倡构建"人人参与，人人健身，人人快乐，人人健康，人人幸福"的和谐社会，充分体现了对人民价值主体性地位的高度重视。体育作为价值客体，能够满足人民主体多方面的需求。新时代，我国社会主要矛盾的转变，体育领域中的矛盾表

---

① 习近平在第十三届全国运动会期间会见了全国群众体育先进单位、先进个人代表等发表重要讲话［EB/OL］.（2017-08-28）［2022-03-26］.http://cpc.people.com.cn/n1/2017/0828/c64094-29497365.html.

现为"人民群众日益增长的多元化、多层次体育需求与体育有效供给不足的矛盾"①，人民对体育的需求方式和内容在不断变化。因此不能把满足人民对体育的需求的责任完全推给市场，政府对发展公益性体育事业有着义不容辞的责任，应进一步完善体育服务供给。将《标准》的落实和实施作为体育事业供给侧改革的有效尝试，及时回应了人民群众对体育锻炼的迫切需求。

2. 以提高人民健康水平为核心

《标准》的落实与施行，要以提高人民健康水平为核心，不断满足人民日益增长的美好生活需要。人民健康是人民美好生活的重要指标，提高人民健康水平是实现人民幸福生活的第一要义，这对兑现"人民健康至上"的承诺、实现社会和谐、维护社会稳定具有重要的意义。从"充分认识体育对提高人民健康水平的积极意义，落实全民健身国家战略，普及全民健身运动，促进健康中国建设"，到"把以治病为中心转变为以人民健康为中心，建立健全健康教育体系，提升全民健康素养，推动全民健身和全民健康深度融合②"，习近平总书记始终高度重视人民健康高于一切，以"实现好、维护好、发展好最广大人民群众根本健康利益为最高标准"的郑重宣言。"一切为民者，则民向往之"。自党的十八大以来，特别是进入新时代，党中央始终坚持以人民为中心的工作导向和发展思想，坚持体育发展为人民，不断推动体育改革和发展成果普民、惠民，不断满足人民日益增长的美好生活需要。习近平总书记多次强调广泛开展全民健身活动，突出全民健身的参与度、覆盖面和普惠性，提出全民健身重在"全民"，彰显了对人民的博大情怀，蕴含着深厚的人本特质，是实现以人民为中心价值取向的生动实践，诠

---

① 马蕊，贾必成，贾志强.社区全民健身公共服务供给治理研究［J］.体育学研究，2019，2（3）：83-89.

② 陈丛刊，王思贝.习近平关于全民健身重要论述的逻辑旨归、时代意蕴与实践引领［J］.体育科学，2021，41（12）：39-47.

释了体育发展中坚持"人民至上"的价值追求①。

3. 以发挥人民群众的主体力量为根基

我国的体育是人民的体育，其发展必须依靠人民群众的力量。发展以人民为中心的体育，必须充分发挥人民在体育实践活动中的主体性，依靠人民群众的力量发展中国特色社会主义体育，这既是对人民群众主体能动性在体育领域的充分肯定，也是对人民实践主体地位的尊重。新时代体育强国建设要求通过弘扬中华体育精神"唤化大众"，促使群众主体意识的觉醒，激活人民的主体意识，让每一个中国人都承担起自己在体育强国建设中的责任。要求坚持群众路线，尊重人民群众的首创精神，调动一切积极因素，群策群力，共建共治共享。

4. 以提升人民群众体育锻炼的获得感为标尺

"体育发展成果属于谁"是考量体育发展效益的重要方面。落实和实施《标准》，能让体育融入生活，体育锻炼成为日常，切实提高广大人民群众的健康水平。能否提升人民群众体育锻炼的获得感，取决于人民群众是否共同享有体育发展的成果。《标准》作为开展各类体育活动的评价手段，对规范和激励群众体育发展具有重要作用。美国教育评估专家斯塔弗尔比姆（Stufflebeam）曾经指出："评估检测的最终目的不在于证明，而在于改进"②。此意义上，《标准》不能只是一种证明公众运动技能等级高低的评价工具，更应是推动公众积极参与运动的一种动力源。对公众参与体育锻炼进行具体评价特别是量化评价，可以激发群众参与体育锻炼的热情，增强成就感、荣誉感和获得感。以往普通人体育运动玩得好的，只能用"打得好""玩得溜"这些模糊、概括性的词来形容，现在则可以用比较明确的"等级"来衡量。对于达到初阶较低等级标准的人来说，参照标准，

① 王广义，李泽军，杨光.习近平关于体育健康重要论述的生成机理、理论要旨及价值意蕴［J］.体育科学，2021，41（6）：3-9，20.
② 高书国.教育指标体系：大数据时代的战略工具［M］.北京：北京师范大学出版社，2015：44.

可能稍微努力一下就可以达到中阶，甚至高阶的等级标准了。这样，锻炼有了更明确的细化目标，锻炼的兴趣也将大大提升。《标准》实施的更大意义在于能够提高人民群众参加体育锻炼的积极性和获得感。

（二）《标准》实施的基本原则

《标准》是在统合《国家体育锻炼标准》《国家学生体质健康标准》和全国性各单项体育协会制定的部分体育项目业余锻炼标准的基础上，面向广大人民群众构建的。《标准》的落实旨在调动广大人民群众参与体育锻炼的主动性、积极性，有效地发挥各类体育项目竞赛的杠杆作用，以赛促练、促评促建，激发群众参与体育锻炼的活力，扎实推动体育人口向"体育项目人口"过渡，提高国民体质健康水平，实现全民健身和健康中国国家战略。基于此，《标准》的实施需遵循全民参与、共建共治共享，重在普及、兼顾提高和以赛促评、评建结合等基本原则。

1. 全民参与、共建共治共享

不论是"全民健身"还是"健康中国"国家体育战略，都需要抓手来践行和实现。《标准》的制定和实施，正是应时、应势而为，作为推动全民健身、健康中国和体育强国等国家战略建设的重要抓手，打通"体育锻炼标准"与《运动员技术等级标准》制度之间的藩篱，以期实现两类"标准"一体化、规范化和科学化管理，激励"全民参与"体育锻炼。"打造共建共治共享的社会治理格局"是2017年党的十九大提出的应对新时代体育转型和破解旧的体育政府驱动治理能力和成效不足等瓶颈问题。《标准》的制定与施行，就是要统合现有的多类"标准"，节流、降本和增效体育治理效益，实现社会体育共建共治共享，提升体育治理能力和水平，服务于国民体质健康和国家体育战略。

2. 重在普及、兼顾提高

不论是群众体育还是竞技体育，本身都存在着普及与提高相结合的问题。"普及与提高相结合"作为我国体育发展的基本方针之一，对促进群众体育和竞技体育发展起到重要作用。对群众体育来说，"普及"是指继续扩大经常参加体育活动者的人数比例，"提高"则是指提高锻炼的科学化程度和水平，使体育锻炼能更好地服务于国民体质健康；对于竞技体育而言，"普及"是指扩大某项运动的竞技体育后备人才队伍人数，"提高"则是提高该运动训练水平和能力，达到甚至超越世界领先水平。因此二者的普及与提高无必然联系。然而，《标准》建立不同体育项目进阶等级制度，能有效激励广大人民群众积极参与体育锻炼，因此，《标准》重在普及，一方面实现体育人口向"体育项目人口"过渡，稳定体育人口，使体育人口更具有科学统计意义，另一方面普及和推广各类体育运动项目；"提高"是按照《标准》等级进阶，激发大众参与不同体育项目的热情，激励大家参与《标准》体育锻炼和等级进阶。对青少年而言，不断提高运动技能水平，为竞技体育后备人才选拔奠定扎实基础。

3. 以赛促评、评建结合

以赛促评，推动《标准》不同体育项目不同等级评定。"业余体育竞赛体系"与《标准》体系，二者互为促进、互为补充。构建科学的业余体育竞赛体系对推动《标准》体系建设，落实业余体育锻炼不同项目等级标准的评定具有重要意义。以赛促评：不同体育项目的竞赛，其竞赛水平、竞赛层次、竞赛规格等是评定不同体育项目业余锻炼等级的重要参考指标，特别是集体体育项目和较高业余锻炼等级的评定，主要依据不同层级体育竞赛（团体或个人）的成绩或名次[1]。因此，体育竞赛，有利于实现体育项目业余锻炼等级评定的科学性。以赛促建，提升体育社会组织在国家体育治理中的作用。体育社会组织在落实全民健身国家战

---

① 马思远. 我国业余体育竞赛体系构建研究［J］. 北京体育大学学报，2021，44（10）：22-32.

略和建设体育强国中的主体地位，决定了它在业余体育竞赛中的重要作用。业余体育竞赛体系能否发挥应有的经济效益和社会价值，关键在于体育竞赛社会组织效能是否可以有效发挥。

二、《标准》的实施路径

《标准》实施是完善制度、规范管理、整合资源和提高服务效率的过程，采取何种实施模式显得尤为重要。《标准》的实施离不开政府、市场、社会组织等多元主体共同参与，他们将根据《标准》实施的指导思想和实施原则，根据治理任务与治理内容相匹配的需求，在治理语境下，对政府、市场和社会等可供选择的治理资源进行有效整合与重构，旨在更好地满足广大人民群众的公共体育服务需求。

（一）完善群众体育制度建设，实现法制化管理

各级体育行政主管部门应当积极推动体育领域标准实施，通过标准化手段推动部门业务开展、提供公共服务[①]。政府体育部门是《标准》实施的责任主体，更是体育制度创新的主体。实现这一职能转变的核心是推动有效治理的形成，使政府由群众体育制度"划桨者"转变为"引航者"。《标准》作为群众体育具有代表性的制度，其实施并不需要政府亲力亲为，否则就会把大量的人力、物力和财力浪费在低效率、不公平、不均衡的公共体育服务生产上。为此，加强政府在群众体育制度创新层面的能力建设，通过优化顶层设计，不断地提升体育制度设计、更新和建构的系统性和协调性，对于破解当前的群众体育治理困境尤为重要。群众体育制度创新必须协调制度系统的功能性需求，加强制度创新的协同力度，打

---

① 国家体育总局.《体育标准化管理办法》［EB/OL］.（2022-02-21）［2022-03-26］.https://www.sport.gov.cn/jjs/n5032/c24032620/content.html.

破各自为政的条块分割状态。实现法制化管理，必须建立由体育行政部门牵头，由多部门密切配合的跨部门协同机制，真正做到在制度顶层形成系统、科学、有效的架构，形成各部门和各层级责任明确、措施有力、联动高效、问责到位的格局，既发挥各级体育行政部门的供给作用，又积极推动教育、文化、科技、卫生、社会保障等其他行政部门参与协同供给。随着《标准》的实施进程，对政策法规等制度体系的全面性和系统性要求也越来越高，这就需要协调各种制度资源，既要加快国家层面公共体育服政策法规的整体规划，实施顶层推进，又要调动地方各级政府、体育及相关部门的积极性和主动性，形成上下联动的合力，提升《标准》的法制化管理水平。

（二）盘活体育协会资源，激发体育协会活力

推动各类体育协会改革，"加快推动体育行业协会与行政机关脱钩，充分发挥单项协会的专业性、权威性"《标准》体系的落实、实施，以及其功能的充分发挥，需要各级各类体育协会的大力支持和积极参与。长期以来，体育协会因"内部自治能力不强、外部约束监管不足，使其在治理格局中作用不够明显，无论是参与国家体育事业发展还是服务社会的能力都十分有限，正面临在'脱钩'深化改革阶段。[①]"切实推动各级各类体育协会的深化改革，并不是一脱了之，也不是简简单单的"脱管"，而是通过多元治理，去体育协会"空心化"，实现体育协会"实体化"，逐步完善各级各类不同体育项目协会职能、职责，优化体育协会岗位设置，盘活体育协会资源，调动各级各类体育协会的积极性，激发各类体育协会的活力，充分发挥体育协会的社会职能，扎实推进《标准》落实和实施，更好地服务广大人民群众健康，服务于国家体育战略建设。

---

① 国家体育总局、教育部.关于深化体教融合 促进青少年健康发展的意见［EB/OL］.（2020-08-31）
［2022-03-26］.http://www.gov.cn/zhengce/zhengceku/2020-09/21/content_5545112.htm.

（三）引入市场竞争机制，动员体育社会组织力量

政府强调的是整体服务，而其他主体强调的是部分服务，这就决定了市场机制排斥整体性服务的需求，而关注于个人需求的满足。个人需求本身存在差异，市场参与《标准》实施是对健康消费者需求细分的一种回应，是对个人需求的满足，体现的是公共体育服务的延伸。在我国经济高速发展、人民生活水平显著提升的今天，市场参与公共体育服务的供给是十分必要的，是整合各方资源，满足公众多层次公共体育服务需求的必然选择。面对当下高涨的公共体育服务需求，应降低市场准入门槛，吸引社会资本投入公共体育服务，鼓励社会力量、民营资本、海外资本以直接投资、间接投资、项目融资、租赁、承包等多种形式进入体育领域。但是，市场参与公共体育服务需要政府给予政策的引导，为各类资本的进入消除障碍。《标准》的落实与实施走向社会化、市场化是群众体育发展的规律，有利于为体育社会组织链接更多资源，推动体育社会组织与体育产业融合发展，促进自身"实体化"。只有从体育治理体系建设的高度把体育社会组织纳入体育事业发展全局，对其发展进行顶层设计和规划，才能促进体育社会组织的持续健康发展。如何动员体育社会组织的力量，规范化其管理和发展，提升体育社会组织在国家群众体育治理中的能力和水平，对推进《标准》的落实和实施具有重要作用。

（四）重视体育竞赛开展，以赛促练、促评、促建

体育竞赛是开展体育活动的基本形式和重要手段，对调动广大人民群众参与体育锻炼的积极性，促进体育运动普及与水平提高，推动群众体育发展具有杠杆作用和效应[1]。积极开展体育竞赛，有利于推动《标准》落实，对实现群众体育与竞技体育全面协调发展，对服务于全民健身、健康中国，加快体育强国建设具有

---

[1]　马思远. 我国业余体育竞赛体系构建研究［J］. 北京体育大学学报，2021，44（10）：22-32.

重要战略意义。以赛促练：通过开展群众体育竞赛，不断营造体育锻炼和相互学习的氛围，扩大体育项目之间的学习与交流；不断改进锻炼手段和方法，规范锻炼行为，提升运动技能，提高运动技能水平与效果，奠定群众参与《标准》晋级进阶基础。以赛促评：体育竞赛有利于促进《标准》进阶等级评定，高级别的进阶等级评定需要通过体育竞赛来实现。因此，体育竞赛与《标准》评定，二者互为补充、互为促进，积极开展体育竞赛有利于实现不同体育项目业余锻炼等级评定的科学性。以赛促建：现有的《标准》体系并不是尽善尽美的，它需要通过各种检验加以不断完善。《标准》的落实离不开体育竞赛，体育竞赛能撬动各种社会资源、市场资源，调动群众参与体育锻炼的热情，这对检验《标准》的完善程度、科学合理性，对促进《标准》建设大有裨益。

（五）多元主体参与，协同治理群众体育

提高多元主体参与的体育公共服务供给的效率与质量，关键在于建构多元主体协同参与的实施模式[①]。在政府、市场、社会共同群众体育治理的场域中，虽然政府位于治理的中心，但与其他治理主体是一种协作关系，治理的效果如何，取决于协同机制的科学建立和耦合效应，而政府则是协同机制的主导者。《标准》的有效落实和实施，需要建立多元主体参与，协同治理模式（如图9-1所示）。锥体的底部是参与《标准》实施的3大主体，各主体拥有资源优势不同，体现在政府主体拥有公共体育制度供给、引导协调、法律监管、财政拨款、专项资金、公共体育场馆等优势；市场拥有体育培训、策划、营销网络、产品研发等优势；社会组织拥有体育专业专门人才、组织网络体系、社会体育资源募集能力等优势；公众更多地体现为参与实践、体育精英技术支持与捐赠、效果评定等优势。依据各主体拥有的资源禀赋、发展的不同阶段，明确在政府主导的参与治理原则

---

① 黄亚玲，郎玥，郭静.深化改革背景下全国性单项体育协会治理机制研究［J］.北京体育大学学报，2020，43（2）：19-34.

下各自角色定位是：以体育私营机构为代表的市场体系：互利双赢；以体育协会组织为代表的社会组织体系：扩展补偿；以个人为代表的公众个人体系：积极参与。在明确各自角色定位的理论前提下，围绕《标准》实施的人才、资金、监督、评估、宣传与激励6个方面，通过合作、竞争与制衡的协同实施模式共同作用，实现处于锥体顶部的《标准》得以落实。该实施模式是一个交互的、由上到下、由下到上双向的、动态的运行体系。

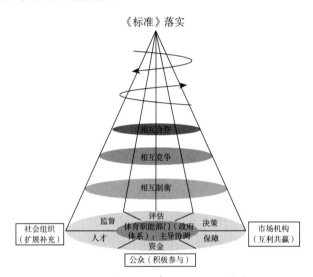

图 9-1　多元主体参与协同治理关系

　　合作、竞争、制衡的运行体系通过"个人—体育市场机构—政府""个人—社会体育组织—政府""个人—政府"等多种路径发挥作用。其协同治理的方式有授权、购买服务、公私协作、监督评估、志愿服务、健身消费券、体育场馆开放、宣传引导等。《标准》的实施过程所具有的复合动态性、网络性等特征，决定了参与实施的路径与方式不是点对点的对应关系，或线性静态的发展关系，而是网状的、非线性、动态的，任何一种路径都可能有其他主体的参与，从而壮大表达的枝干，丰富表达的内容；任何一种方式可能通过多种表达路径，达到《标准》的有效落实。

三、《标准》实施的机制

实施机制是制度内部各要素之间在运转过程中所表现出来的内在关联与运行方式[①]。影响《标准》实施的重要因素包括专业人才、组织管理、资金投入、监督评估、激励措施、宣传等。基于此，依据《标准》的指导思想、原则以及实施路径的相关要求，拟从几个方面落实、实施《标准》。

（一）强化专业人才培养机制

人力资源是《标准》实施工作顺利开展的核心要素之一。在人才培养方面要做到尊重知识、科学、人才和创新，并不断完善创新机制，以激发全社会的创新活力，不断满足《标准》实施的专业人才需求。《"健康中国2030"规划纲要》明确要求：要加强社会体育指导员队伍建设，到2030年，实现每千人拥有社会体育指导员2.3名[②]。对此，苟仲文局长提出：要大力培养社会体育指导员，拿出来几千万的专项资金培养社会体育指导员，壮大这个队伍，让社会体育指导员懂得指导科学健身。《标准》实施的专业人才培养可以从以下三个方面着手：第一，面向基本公共体育服务相关工作人员，定期开展专业技能和标准化知识的培训，提高工作人员素质，不断提高他们落实、实施《标准》的工作能力。第二，充分利用体育、体育协会等人才培养、培训基地，把《标准》的组织管理、实施流程等内容纳入专业化体育人才培养体系，开展相关专业人才系统培养。第三，组建由专业技术人才、标准管理人才、标准化专家构成的《标准》专家库，为相关工作的开展提供专业参考意见，保障工作的科学性。

---

① 王苏阳.普通高校公共艺术教育实施机制研究［D］.沈阳：沈阳师范大学，2017.

② 胡庆山，王健.农村业余锻炼等级标准实施的价值审视与现实困境［J］.上海体育学院学报，2014，38（4）：20-24，30.

（二）建立资金多元化筹集机制

《标准》实施工作需要大量的资金支持，在当前资金短缺的情况下，政府需要尽快建立与经济发展和公共体育服务相契合的财政支出增长机制。对财政支出进行结构性调整，稳步增长公共体育服务投入资金在体育总支出中的比例。建立稳定的公共体育服务资金投入增长机制，将其作为政府体育工作业绩的年度考核内容之一。一是要明确不同层级政府间在《标准》实施中具体的财权和事权，逐步增加中央、省级等上层政府在《标准》实施中的财权和事权责任，进一步减轻地方政府的财政负担。二是要设立《标准》专项资金，由于缺乏稳定的资金支持，限制了已经制定的《标准》推广。该基金为制定与落实《标准》奠定良好的经济运行环境与基础。三是要鼓励多元力量加入《标准》实施中来。正如苟仲文局长指出的要加大全民健身资金投入力度，从政府公共财政、彩票公益金、社会投资等多方面加大投入，建立全民健身事业发展的多元筹资渠道①。逐步形成政府部门、企事业单位、社会团体等多方积极稳定出资，相互协同的资金投入机制，保障《标准》落实、落地，有成效。

（三）引入社会监督、评估和反馈机制

监督评估制度是对《标准》实施工作质量和效率的检验和激励环节，是发现并改正问题，保障《标准》实施工作顺利开展的关键。各级体育行政主管部门应当严格执行《标准》，依据国家体育总局《体育标准化管理办法》的职责，建立健全《标准》的实施监督评价反馈机制和实施情况统计分析报告制度，形成监督评估的常态化机制。监督评价不仅是政府管理标准化建设的手段，也是标准化工

---

① 付冰，王家宏 . 基于 CAF 的政府公共体育服务标准运行管理研究［J］. 体育科学，2017，37（9）：16-27.

作本身的义务之一，主要包括对标准化执行情况的督促、检查、处理等[①]。对《标准》实施工作进行监督评估主要从以下四个方面进行：第一，构建完善的监督评价指标体系。《标准》实施的评价指标的核心内容主要包含两个方面：一是实施过程，二是实施效果。评价指标的确定坚持定量与定性相结合的原则，为了确保评价指标的科学性、易操作性，团队除了政府部门外还应加入社会组织、专家学者等。第二，形成多元的监督评估主体。目前，我国还没有设立专门的标准实施监督机构，政府部门往往"既做运动员又做裁判员"，这样很难做到公正客观的评价。鉴于此，要形成自我评估、专家评估、第三方评估等多元化的监督评估局面[②]，确保监督评估工作的公正、公平。第三，开展监督评估的结果分析。监督评估的根本目的是发现《标准》实施过程中存在的各种问题，从而有针对性地提出相应的改进措施。在分析《标准》实施工作评价指标结果的过程中，既要统筹兼顾又要突出重点，科学分析各评价指标结果，精准找出《标准》实施工作中存在的问题，对症下药。

（四）建立奖惩激励机制

建立《标准》奖惩激励制度，逐步形成岗责、奖惩分明工作机制，实现奖惩制度与机构责任的有机结合。制定奖惩机制。为保证《标准》的实施工作落实到位，必须制定相应的奖惩机制，奖励工作质量好、效率高的主体，激发其积极性和动力。对于工作效率较低或存在失范行为的主体，应该给予相应的惩罚，提高其对《标准》实施工作效率和职责履行的重视程度。各级体育行政主管部门对在《标准》落实工作中做出显著成绩的组织、个人和项目，可以依据有关规定给予

---

① 卢文云.改革开放40年我国群众体育发展回顾与前瞻［J］.上海体育学院学报，2018，42（5）：22-29.

② 樊炳有，王家宏.公共体育服务标准体系框架构建及运行模式［J］.体育学刊，2018，25（2）：39-44.

奖励和表彰，颁发等级证书、证章，让每一位运动参与者都可以享受到升段晋级的成功和喜悦。例如：江苏探索推行业余锻炼等级与健身卡优惠等激励机制，每年的体育春晚推出十个模范家庭，四年一度重点表彰全民健身的先进集体、先进个人[①]。

（五）建立信息平台交互机制

国家体育总局鼓励开展实施和推广《标准》实施工作，提供标准化信息咨询、技术指导、宣传培训等服务，培训发展标准化服务[②]。宣传是推动业余锻炼等级标准化建设效果的重要力量，充分利用报纸、电视、广播、网络、微博、微信等媒介推广有关业余锻炼等级标准化的知识，增进社会公众对业余锻炼等级标准的了解，提高全社会的标准化意识[③]。而人们对《标准》实施工作意义认知的深浅，在一定程度上影响人们对其付诸实践的多寡。为了加深人们的认识，可以从以下三点出发：首先，在政府体育部门内部方面，可以通过动员会、研讨会、知识竞赛等形式对员工进行宣传教育，使他们在这些体育活动中了解《标准》，深刻理解实施《标准》的重要意义；其次，构建和完善《标准》宣传的省、市、县、直到乡镇的网络体系，借助宣传栏、广播、报纸、新闻媒介等渠道向公众重点宣传《标准》实施的个人价值和社会价值，在公共体育服务中，使老百姓真正感受到参与《标准》的好处；最后，依托信息技术，构建标准化信息服务平台，进一步提升地方标准信息服务能力和水平[④]。信息平台包括：不同项目等级的测试公告、

① 史小强，戴健.新时代全民健身公共服务绩效结构模型的构建与实证研究——基于"以人民为中心"价值取向的量度［J］.体育科学，2018，38（3）：12-26.

② 国家体育总局.《体育标准化管理办法》［EB/OL］.（2022-02-21）［2022-03-26］.https://www.sport.gov.cn/jjs/n5032/c24032620/content.html.

③ 刘国永.对新时代群众体育发展的若干思考［J］.体育科学，2018，38（1）：4-8+17.

④ 朱惠平，马思远，李相如，等.体育项目业余锻炼等级标准化网络信息平台建设研究［J］.吉林体育学院学报，2019，35（5）：22-28.

组织实施流程、成绩查询、竞赛要求、等级申报，奖励措施等功能于一体的信息系统平台，对《标准》实施流程、组织管理、评估评价等重要信息公开，有效推动《标准》的落实与实施。

四、结束语

落实《标准》是发展体育项目人口的重要手段和方法，是实现全民健身国家战略顶层设计的重要内容，是完善全民健身公共服务体系的重要组成部分。《标准》的实施要紧紧围绕习近平总书记提出的"坚持以人民为中心"的指导思想，遵循重在普及、兼顾提高，以赛促评、评建结合，全民参与、共建共治共享等实施原则，积极动员体育社会组织力量，盘活体育协会资源，激发体育协会活力，完善群众体育制度建设；主动引入市场竞争机制，重视体育竞赛开展，以赛促练、促评、促建；理顺多元主体参与关系，协同治理群众体育，逐步实现《标准》法制化管理。当然，实现以上路径还需要强化专业人才培养，建立资金多元化筹集和奖惩激励，引入社会监督评估，发挥信息平台交互功能等机制，科学落实《标准》实行，并将落实成果惠及广大人民群众，不断满足人民日益增长的美好生活需要，切实服务于全民健康和体育强国等国家体育战略。

第十章　我国业余体育竞赛体系构建研究

　　体育竞赛是开展体育活动的基本形式和重要手段，对调动广大人民群众参与体育锻炼的积极性，促进体育运动普及与水平提高，推动群众体育发展具有杠杆作用和效应。长期以来，我国群众性体育赛事管理严格，审批程序复杂，政府重"统管"、轻"社会治理"，社会资本难以介入，社会组织活力得不到应有的激发和释放。为了激活业余体育竞赛市场的活力，国发〔2014〕46 号文件明确要求，"取消群众性体育赛事活动审批，通过市场机制积极引入社会资本承办赛事。[①]"以推动群众性体育赛事体系建设。2016 年 6 月，国务院颁发《全民健身计划（2016—2020 年）》提出要"'完善业余体育竞赛体系''推动各级各类体育赛事的成果惠及更多群众，促进竞技体育与群众体育全面协调发展'"[②]；2019 年 8 月，国务院办公厅印发《体育强国建设纲要》强调，要"建立群众性竞赛活动体系和激励机制，探索多元主体办赛机制。[③]"这对构建业余体育竞赛体系，服务于体育强国国家战略建设具有重要指导意义。那么，如何构建科学的业余体育竞赛体系呢？

---

① 国务院.关于加快发展体育产业促进体育消费的若干意见［EB/OL］.（2014-10-20）［2020-11-16］. http://www.gov.cn/xinwen/2014-10/20/content_2767791.htm.

② 国务院.全民健身计划（2016—2020 年）［EB/OL］.（2016-06-15）［2020-04-26］. http://www. gov.cn/zhengce/content/2016-06/23/content_5084564.htm.

③ 国务院办公厅.体育强国建设纲要［EB/OL］.（2019-08-10）［2020-04-15］. http://www.gov.cn/ zhengce/content/2019-09/02/content_5426485.htm.

一、业余体育竞赛内涵和体系构建的意义

（一）业余体育竞赛内涵

严格意义上讲，体育只有运动技能或体能水平高低之分，没有业余或专业之别。然而，在我国，把体育分为业余体育与专业（竞技）体育两类，已被体育组织、社会广泛认同和接受。根据参与体育竞赛的对象、目的和结果不同，将体育竞赛分为业余体育竞赛和专业体育竞赛两种。业余体育竞赛主要是以广大体育活动爱好者为参与对象，通过竞技体育的竞赛内容和组织形式、竞赛手段或方法组织业余体育竞赛，展现参与者良好的体育道德情操和精神风貌，以促进身心健康、享受休闲娱乐和缓解精神压力为主要目的，追求的是健康、快乐和身心和谐；专业体育竞赛主要是以专业运动员为参与对象，展现竞技者顽强拼搏、坚毅果敢和聪明智慧等，体现人在力量、速度、对抗、耐力、技术、战术和心理等方面的极限能力，以创造优异的运动成绩、夺取比赛优胜为主要目标，追求的是更高、更快、更强。

二者虽在价值理念、竞赛目的和发展目标等方面存在本质区别，但二者之间又彼此联系和相互促进。与专业体育竞赛相比，业余体育竞赛属于普及与提高相结合的竞赛，重在普及，广泛开展业余体育竞赛有利于专业体育竞赛水平的提升，高水平的专业体育竞赛对开展业余体育竞赛具有较强的示范和激励作用。打通二者之间的藩篱，切实加强二者之间的联系，能共同维护人类健康，促进人类社会和谐发展。

（二）业余体育竞赛体系构建的意义

构建业余体育竞赛体系是完善全民健身公共服务体系的重要组成部分，对推动群众体育与竞技体育全面协调发展，推行和落实业余体育锻炼等级标准，落实

全民健身、健康中国，加快体育强国建设具有重要战略意义。

1. 以赛促学，有效促进体育项目普及和推广

体育竞赛具有较强的示范和激励作用，是普及和推广体育项目的重要途径之一。以赛促学：通过体育竞赛，营造体育锻炼和相互学习的氛围，扩大相同和不同体育项目之间的学习与交流，改进体育锻炼参与者的锻炼方法、手段，规范体育锻炼行为，提高体育锻炼水平与效果，有效促进各类体育项目普及和快速发展。

2. 以赛促练，调动广大人民群众参与体育锻炼的积极性

体育竞赛是手段，具有杠杆作用。业余体育竞赛体系构建要充分重视发挥业余体育竞赛的杠杆作用，以赛促练，调动广大人民群众参与体育锻炼的积极性，激励更广泛的人民群众主动地参与体育竞赛。2017 年第十三届全运会增设 19 个大项 126 个小项的群众比赛项目，共有数百万群众参加了"我要上全运"基层选拔比赛[①]。2021 年十四届运动会将群众赛事项目设置为比赛类（15 个大项、142 个小项）和展演类（4 个大项、43 个小项），共 19 个大项，185 个小项，比上一届多了 59 个小项，预计仅参赛人数就超过万人[②]。这必将激发更广泛的人民群众参加体育竞赛。

3. 以赛促建，提升体育社会组织在国家体育治理中的作用

体育社会组织在落实全民健身国家战略和建设体育强国中的主体地位，决定了它在业余体育竞赛中的重要作用。业余体育竞赛体系能否发挥应有的经济效益和社会价值，关键在于体育竞赛社会组织效能是否可以有效发挥。以赛促建，业

---

①　解放军报.第十三届全运会首次增设群众比赛项目，让老百姓唱"大戏"、当"主角"——全民全运，翻开健康中国新篇章［EB/OL］.（2017-09-14）［2021-05-06］. http://health.china.com.cn/2017-09/14/content_40014904.html.

②　彭响，刘如，熊玮等.全运会视角下我国群众体育发展研究［J］.体育文化导刊，2018（8）：49-53.

余体育竞赛走向社会化、市场化是业余体育发展的规律，有利于为体育社会组织链接更多资源，推动体育社会组织与体育产业融合发展，促进自身"实体化"[①]。只有从体育治理体系建设的高度把体育社会组织纳入体育事业发展全局，对其发展进行顶层设计和规划，才能促进体育社会组织的持续健康发展[②]。如何科学促进体育社会组织建设、规范化管理和发展，提升体育社会组织在国家体育治理中的能力，对实现业余体育竞赛市场化具有重要作用。

4. 以赛促评，推动"业余锻炼等级标准"评定

"业余体育竞赛体系"与"业余锻炼等级标准"体系，二者互为促进、互为补充。构建科学的业余体育竞赛体系对推动业余锻炼等级标准体系建设，落实业余体育锻炼不同项目等级标准的评定具有重要意义。以赛促评：不同体育项目的竞赛，其竞赛水平、竞赛层次、竞赛规格等是评定不同体育项目业余锻炼等级的重要参考指标，特别是集体体育项目和较高业余锻炼等级的评定，主要依据不同层级体育竞赛（团体或个人）的成绩或名次。因此，体育竞赛，有利于实现体育项目业余锻炼等级评定的科学性。

二、业余体育竞赛体系构建目标和原则

（一）业余体育竞赛体系构建目标

1. 打通业余与专业体育竞赛通道，拓宽竞技体育后备人才培养途径

竞技体育后备人才培养关系体育事业的全面、协调、可持续发展，必须始终高度重视并不断创新，为建设体育强国、健康中国注入新的生机与活力[③]。构建业

---

① 广州日报.加快体育社会组织改革 去行政化已是大势所趋 [EB/OL].（2016-04-28）[2020-07-08].http://econ.cssn.cn/st/st_xhzc/st_whjytyl/201604/t20160428_2989083.shtml.

② 裴立新.新时代中国体育社会组织发展研究 [J].体育文化导刊，2019（3）：17-22.

③ 国家体育总局.关于加强竞技体育后备人才培养工作的指导意见 [EB/OL].（2017-12-06）[2020-09-12].http://www.sport.gov.cn/n10503/c838148/content.html.

余体育竞赛体系，一方面为了打通专业运动员技术等级标准与业余锻炼等级标准之间的制度藩篱，发挥体育竞赛的激励和杠杆作用，激发群众参与体育运动的热情，另一方面为了改变过去"三级训练网"体育后备人才的单一选拔机制。群众可以通过业余体育竞赛晋级，实现参加全运会、入选国家队，参加国际群体赛事的美好愿望。同时，国家体育总局和各级地方政府要鼓励和促进相关体育社会组织发育壮大，逐步夯实体育后备人才培养基础，拓宽体育后备人才培养途径，有效推动群众体育和竞技体育协调发展。

2. 扩大体育参赛人口基数，逐步实现体育人口向"体育项目人口"过渡

搭建系统、科学的赛事平台，构建业余体育竞赛体系，旨在满足广大人民群众对体育运动的需求，让更多的群众有机会参与体育赛事，感受体育运动的魅力。鉴于"体育人口"概念研究的不确定性、体育人口判定标准缺乏科学性依据和难以操作[1]，国家体育总局原副局长冯建中在 2014 年国家体育总局系统全民健身工作会议上就曾强调："各单项体育协会要结合本项目特点，制定业余锻炼标准，大力发展项目人口。[2]"通过组织分类、分群、分项、分层的业余体育赛事，大力推动各类体育项目发展，让每个人在赛事中都能找到自己的位置，有效促进大众整体运动技能和运动水平的提升，在实现体育人口向"体育项目人口"过渡的同时，扎实推动体育人口结构性、稳定和高质量发展，使体育人口真正具有统计学意义。

3. 推动各类体育协会改革，充分发挥体育协会的职能

推动各类体育协会改革，"加快推动体育行业协会与行政机关脱钩，充分发

---

[1]　张磊，夏成前.体育现代化指标体系中"体育人口"指标合理性论证［J］.体育与科学，2014，35（4）：74-79.

[2]　冯建中在 2014 年国家体育总局系统全民健身工作会议上的总结［EB/OL］.（2014-05-15）［2020-08-19］.http://www.sport.gov.cn/n4/n305/c319108/content.html.

挥单项协会的专业性、权威性"①。业余体育竞赛体系运行和功能的充分发挥，需要各类体育协会的积极参与和大力支持。体育协会因"内部自治能力不强、外部约束监管不足，使其在治理格局中作用不够明显，无论是参与国家体育事业发展还是服务社会的能力都十分有限，正面临在'脱钩'深化改革阶段。②"推动各类体育协会深化改革，并不是一脱了之，也不是简简单单的"脱管"，而是通过多元治理，去协会"空心化"，实现协会"实体化"，逐步完善体育项目协会职能、职责，优化体育协会岗位设置，盘活体育协会资源，调动体育协会的积极性，激发各类体育协会的活力，充分发挥体育协会的社会职能。

4. 培育业余体育竞赛市场，推动体育产业健康快速发展

国办发〔2018〕121号文件明确指出，我国体育竞赛表演产业快速发展，已经成为推动体育产业向纵深发展和建设健康中国的重要引擎。培育业余体育竞赛市场，对挖掘和释放消费潜力、保障和改善民生、打造经济增长新动能具有重要意义。构建业余体育竞赛体系有利于培育良好的业余体育竞赛市场，激发群众对体育消费的需求，带动体育用品、场馆、培训等业态的发展；促进其与体育旅游、体育金融等业态的融合发展，丰富体育竞赛本体产业，不断满足人民群众多样化、多层次的生活需求，提升人民群众的获得感和幸福感，有效推动体育产业健康、快速发展。

（二）业余体育竞赛体系构建原则

国家体育总局局长苟仲文在2017年全国群众体育工作电视电话会议上强调，"实现群众体育和竞技体育协调发展，必须打通群众体育和竞技体育之间的壁垒，

① 体育总局、教育部.关于深化体教融合 促进青少年健康发展的意见［EB/OL］.（2020-08-31）［2021-07-15］.http://www.gov.cn/zhengce/zhengceku/2020-09/21/content_5545112.htm.

② 黄亚玲，郎玥，郭静.深化改革背景下全国性单项体育协会治理机制研究［J］.北京体育大学学报，2020，43（2）：19-34.

构建上下贯通、结构完整的赛事体系，实现互融互促，全面发展。[①]"基于体育运动项目种类繁多，参与竞赛的目的、运动技能和水平各异等特点，通过专家访谈、专题研讨认为，业余体育竞赛体系构建应遵循分类、分层、互通和包容 4 项原则。

1. 分类原则

根据群众参与体育运动项目的目的不同，可将业余体育竞赛分为竞技挑战类、休闲娱乐类和运动健身类。竞技挑战类，以挑战人在速度、力量、耐力、对抗、技术、战术和心理等方面的能力，以夺取比赛优胜为主要目标，如全运会群众比赛、乒乓球全国业余联赛等；运动健身类，以追求强健体魄为主，将强身健体作为主要目的，如以全民健身为目的的各类体育运动项目的竞赛；休闲娱乐类，以追求舒缓精神、放松心情和娱乐休闲为主，将休闲娱乐身心作为目的，如以趣味娱乐为主的各类体育运动项目竞赛。

2. 分层原则

业余体育竞赛体系构建须遵循分层原则。根据体育竞赛的规模及其在不同区域的影响程度，竞技体育竞赛分为国际级的（如奥运会、亚运会和各项目的锦标赛等）、国家级的（如全运会、全国各类单项锦标赛和冠军赛等）以及省市地区级的体育竞赛。构建业余体育竞赛体系可根据竞技体育竞赛的分层方法，把业余体育竞赛层级分为国际级的业余体育竞赛，如广泛开展"我要上奥运""我要上亚运"等为主题的业余体育竞赛；国家级的业余体育竞赛，如"我要上全运"等为主题的业余体育竞赛；以及省市地区级的业余体育竞赛，以满足不同人群、不同运动水平的"运动员"，人人能参赛、人人有赛参的需要。

---

① 苟仲文局长在 2017 年全国群众体育工作电视电话会议上发表讲话［EB/OL］.（2017-04-20）
［2021-05-28］. http://www.sport.gov.cn/qts/n4985/c799239/content.html.

3. 互通原则

各类体育运动项目赛事都拥有各自的竞赛系统，赛事之间大多彼此割裂。如何打通各类赛事之间的壁垒，实现各类赛事之间的联系，形成一个完整的互通互联的业余体育赛事体系？赛事系统信息化共享建设和体育项目业余锻炼等级相对统一标准化是探讨解决赛事信息系统互通互联的重要途径。世界各国都致力于信息化建设，信息化已经成为推进国民经济和社会发展的助力器，信息化水平则成为衡量一个国家和地区现代化水平和综合实力的重要标志[①]。通过体育项目业余锻炼的技能指标要求、等级评价要求和协同管理要求等标准化手段，实现各类、各级业余体育赛事互通互联，降低业余体育竞赛成本，提高办赛效益，规范赛事发展。

4. 包容原则

构建业余体育竞赛体系需要遵循包容原则，包容原则一方面要按照分类和分层的原则，降低参赛者的准入门槛，最大限度地扩大参赛者的范围，让更多的民众参与到业余体育竞赛中来，享受体育比赛的快乐和运动健身的归属感，并在愉悦身心过程中提高运动技能；另一方面，进一步放宽各级各类群众性体育赛事活动的准入标准，完善社会力量参与办赛激励机制，充分调动社会办赛、市场办赛的积极性。同时，要尽可能能吸纳现有的民族民间各类赛事，把不同民族拥有不同体育文化的、具有民族特色的体育竞赛纳入业余体育竞赛体系中，丰富业余体育竞赛内容，并团结、吸纳各民族社会力量参与赛事组织管理，推动业余体育竞赛市场繁荣，实现民族团结。

---

① 李芳芳. 信息化标准体系建设发展趋势分析及经验借鉴［J］. 国土资源信息化，2012（6）：3-6.

三、业余体育竞赛体系构建内容

业余体育竞赛体系内容构建要以广大人民群众的利益为中心和首要，"大力发展多层次、多样化的各类体育赛事，丰富体育赛事活动，让老百姓天天能活动、周周有竞赛、月月有擂台……①"确保每个人都可以找到适合自己的赛事，实现体育赛事经常化、生活化，让人民群众享有更多获得感、满足感和荣誉感。根据业余体育竞赛体系的构建目标，业余体育竞赛的类型、层级和范围，遵循分类、分层、互通和包容构建原则，拟从国际级、国家级、省市级三阶和社会力量基本层面构建业余体育竞赛体系的内容，以期形成"三阶一面"业余体育竞赛格局（如图 10-1 所示）。

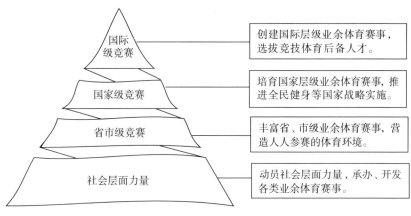

国际级竞赛 —— 创建国际层级业余体育赛事，选拔竞技体育后备人才。

国家级竞赛 —— 培育国家层级业余体育赛事，推进全民健身等国家战略实施。

省市级竞赛 —— 丰富省、市级业余体育赛事，营造人人参赛的体育环境。

社会层面力量 —— 动员社会层面力量，承办、开发各类业余体育赛事。

图 10-1　"三阶一面"业余体育竞赛体系构建内容

（一）动员社会层面力量，承办、开发各类业余体育赛事

积极动员和调动社会层面的力量参与公共体育服务，对满足人民日益增长的体育需求发挥着不可替代的作用。"创新社会力量举办业余体育赛事的组织方式，

---

① 苟仲文局长在全国体育局长会议上的讲话［EB/OL］.（2017-12-23）［2020-07-11］. http://www.olympic.cn/museum/zgtynj/2018/2020/0103/308389.html.

增加赛事种类，合理扩大赛事规模。[①]"业余体育竞赛体系内容构建需要更多社会力量参与，有关政府部门要积极为各类赛事活动举办提供服务，通过市场化的公共服务外包模式，选取适宜的民间体育竞赛组织参与业余体育赛事的承办，避免了政府采取"自上而下"的垂直管理方式；取消商业性和群众性体育赛事活动审批，加快全国综合性和单项体育赛事管理制度改革，公开赛事举办目录，通过市场机制积极引入社会资本承办赛事[②]。"鼓励那些规范的、组织能力强的民间体育竞赛组织获得更多的财政支持；鼓励各地加强体育赛事品牌创新，培育一批社会影响力大、知名度高的业余精品赛事。[③]"

国家要出台《支持社会力量参与业余体育竞赛办法》，如《支持社会力量举办马拉松、自行车等大型群众性体育赛事行动方案（2017年）》，通过以赛促练、促建、促评，积极探索利用社会资源和力量、组织丰富多彩的业余体育竞赛与活动的新机制，激活广大群众参加体育锻炼的主动性和积极性[④]。开发各类业余体育赛事是社会层面力量参与公共体育服务的一种重要形式，是构建业余体育竞赛体系内容的重要组成部分，是实现"三阶"赛事的基础。政府和体育部门要放开业余体育竞赛管制措施，鼓励社会力量积极开发群众喜闻乐见的赛事，鼓励企业通过合作、冠名、广告、赞助、特许经营等形式，参与业余体育竞赛、品牌赛事等无形资产开发。各级政府通过委托授权、购买服务等方式予以支持。

---

① 国务院办公厅. 关于加快发展体育竞赛表演产业的指导意见［EB/OL］.（2020-12-21）［2020-11-14］. http://www.gov.cn/zhengce/content/2018-12/21/content_5350734.htm.

② 国务院. 关于加快发展体育产业促进体育消费的若干意见［EB/OL］.（2014-10-20）［2020-11-16］. http://www.gov.cn/xinwen/2014-10/20/content_2767791.htm.

③ 杨升平，丛湖平. 体育竞赛组织形成机制的认识逻辑——兼论民间体育竞赛组织的培育发展机制［J］. 上海体育学院学报，2018，42（4）：44-49.

④ 杨树安在2016年国家体育总局系统全民健身工作会议上的讲话［EB/OL］.（2016-11-10）［2020-7-17］. http://www.sport.gov.cn/n316/n340/c775062/content.html.

（二）丰富省市级业余体育赛事，营造人人参赛的体育环境

在动员社会层面力量，积极开发、承办业余体育竞赛的基础上，各省市要结合"我要上全运"、项目群运动会、单项业余联赛、家庭运动会等业余体育赛事活动，开展全社会参与、多层级联动的"全民健身运动会"。同时结合本地区的实际情况，大力发展群众喜闻乐见的、具有地方特色的赛事活动。如成都彭州举行的龙门山国际山地户外挑战赛，就是基于彭州户外运动方面拥有得天独厚的地理和文化资源，打破了传统的项目局限，将越野跑、皮划艇、山地车、公开水域游泳、速降、溜索等项目融为一体，这种独一无二的"定制赛事"，独具地域特色[1]。鼓励开发适合不同人群、不同地域特点的特色运动项目，注意品牌培育，逐渐形成"一城一品"的群众性体育赛事活动新格局[2]。支持各地利用自身资源优势培育全民健身赛事活动品牌，鼓励京津冀、长三角、粤港澳大湾区、成渝地区双城经济圈等区域联合打造全民健身赛事活动品牌，促进区域间全民健身协同发展[3]。省市等地方体育协会要深入到城市社区和农村等最基层，以各类体育项目业余锻炼等级标准达标赛为抓手，把业余锻炼等级标准贯彻始终，明确以健康为导向的宣传目标、策略和推广途径，开展各类、各级体育项目赛事，最终在全社会营造出人人参赛的体育环境，让运动促健康理念深入民心。丰富省市级业余体育赛事旨在体育运动普及，激发群众参与体育运动活力，最大限度地撬动十四亿中国人参与到业余竞赛中，实现人人能参赛，人人有赛参。

---

[1] 人民日报.地方特色激发赛事活力（体坛观澜）[EB/OL].（2016-06-24）[2020-07-19].http://sports.people.com.cn/n1/2016/0624/c22172-28475529.html.

[2] 史小强，戴健."十四五"时期我国全民健身发展的形势要求、现实基础与目标举措[J].体育科学，2021，41（4）：3-13.

[3] 国务院.全民健身计划（2021-2025年）[EB/OL].（2021-08-03）[2021-08-05].http://www.gov.cn/zhengce/content/2021/08/03/content_5629218.htm.

（三）培育国家级业余体育赛事，推进全民健身等国家体育战略实施

国家级业余体育竞赛旨在体育运动普及的基础上提高，实现国家体育战略。对健身大众而言，体育竞赛只是手段，目的是重在参与、强健体魄和休闲娱乐。第十三届全运会开启了更加贴近、惠及百姓的"全民全运、全运惠民"的运动会，让广大群众共享全运会带来的快乐、健康、激情和成果，真正做到办好全运为全民，办好全运靠全民，办好全运惠全民[①]。在此基础上，第十四届全运会以群众参与、人民满意为导向，提出"全民全运、同心同行"主题口号，让举办全运会成为推动健康中国建设、实施全民健身战略和体育强国建设的重要窗口和舞台，成为竞技体育与群众体育协调发展的平台。为了实现其战略目标，业余竞赛体系内容构建要大力培育国家级的单项业余体育赛事和综合性业余体育赛事。单项业余体育赛事，如国家体育总局各项目运动管理中心，国家级体育项目协会要积极开展单项业余联赛，如乒乓球、羽毛球、游泳等全国联赛；综合性业余体育赛事，如开展"我要上全运"为主题的业余体育赛事，以各项目业余联赛，通过积分制等选拔出最优秀的群众选手，登上全运会的舞台；也可设立全民皆可参与的健身运动会、山地户外运动会、以家庭为单位的运动会、水上运动会等。各类赛事要紧跟体育项目业余锻炼等级标准的评价体系结合起来，扎实推进全民健身、健康中国国家战略实施。

（四）创建国际级业余体育赛事，选拔竞技体育后备人才

国际级业余体育竞赛，旨在实现打通业余体育与专业（竞技）体育通道，拓宽竞技体育后备人才选拔渠道。我国竞技体育后备人才主要通过较为封闭式的"三级训练网"进行培养和选拔，即主要实行"举国体制"下竞技体育后备人才

---

① 冯加付，郭修金.全运会改革"热"背后的"冷"思考：以增设群众组赛事为视角［J］.武汉体育学院学报，2019，53（12）：11-16.

培养模式，政府采用"包办形式"，成立了各级少体校，省、市体工队，直至国家队，走的是一条"专业化"的培养路径①。这在一定程度上限制了体育竞技人才的选拔渠道，特别"在政府财力有限的情况下，过分强调竞技体育优先发展，会挤压群众体育的发展空间，导致竞技体育与群众体育相互脱节，难以形成有效的互补互促。②"创建国际级业余体育赛事，首先要以奥运会、亚运会和各项目世界锦标赛等顶级竞技体育赛事为载体，精心打造国际层级业余体育赛事，通过广泛开展以"我要上奥运""我要上亚运"等为主题的业余赛事，拓宽竞技体育后备人才选拔途径，弥补竞技体育后备人才选拔短板；其次，国家体育总局要牵头，地方政府负责选拔、组织优秀群众选手组团参加"世界运动会""世界群众体育运动会"等全民健身类的顶级业余赛事；国家体育总局要主导设立"一带一路"、金砖国家全民健身赛事、中日韩全民健身赛事等，要主动发挥中国全民健身赛事在全球的影响力。对表现突出的、有潜在发展实力的选手，在打通业余体育与专业体育竞赛通道的基础上，推荐他们到相关竞技体育项目专业队去发展，为国家输送竞技体育后备人才。

综上认为，通过吸引社会资本和政府购买服务等方式，动员和鼓励社会层面力量，承办、开发各类体育赛事，能有效激活体育竞赛市场，对营造人人参赛的体育氛围，推进国家体育战略实施和选拔竞技体育后备人才起到重要的联动作用。所以，构建业余体育竞赛"三阶一面"之间并不是孤立的，而是上下贯通、多层级整体联动的。动员社会层面力量是实现"三阶"体育赛事的基础，从省市级到国家级，再到国际级"三阶"体育赛事之间紧密相连、层层推进，并相互促进，以体育竞赛为杠杆和手段，共同推进全民健身、健康中国和体育

---

① 孙克诚，李赞.结构优化：竞技体育后备人才培养的生态化转变［J］.北京体育大学学报，2018，41（9）：22-29.

② 马德浩.新中国成立以来我国竞技体育发展方式演进历程与展望［J］.中国体育科技，2021，57（1）：4-11.

强国国家战略建设，拓宽竞技体育后备人才选拔途径，夯实群众体育与竞技体育协调发展基础。

四、业余体育竞赛体系运行保障措施

采取系列措施，是保障业余体育竞赛体系依法、有序、稳定、安全、高效和良性运行的重要手段（如图 10-2 所示）。

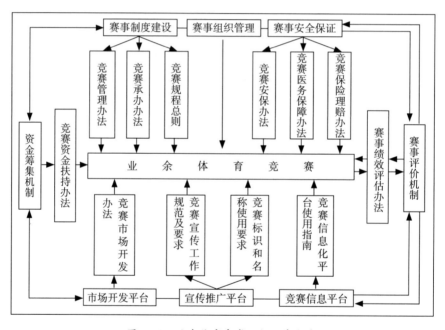

图 10-2 业余体育竞赛运行保障体系

（一）建立健全法规制度，保障业余体育竞赛体系依法运行

我国政府在推进群众体育建设的过程中，始终高度重视相关制度建设，逐步构建与完善管理群众体育发展的制度体系，为其发展夯实了基础[1]。如湖南省体育

---

[1] 王学彬，郑家鲲.新中国成立 70 周年我国群众体育发展：成就、经验、问题与展望［J］.体育科学，2019，39（9）：31-40+88.

局印发《关于加强群众性体育赛事活动管理的实施意见》，厦门市体育局、财政局关于印发《厦门市社会办群众性体育赛事活动奖励实施办法》。做好业余体育竞赛体系构建顶层设计，需要出台《业余体育竞赛规程总则》《业余体育竞赛承办办法》《业余体育竞赛管理办法》和《各单项业余体育竞赛系列管理办法》等法规制度，为业余体育竞赛体系依法运行提供制度支持与保障；制定业余体育竞赛标准，建立业余体育竞赛等级制度，提升办赛水平、层次和赛事的系统性，及时跟进业余体育竞赛的裁判员、教练员和各类服务人员等培训工作，建立业余体育竞赛的裁判员、教练员等培养、培训制度，保证业余体育赛事依规、依法运行。

（二）理顺四级组织管理，推动业余体育竞赛体系有序运行

理顺政府领导、协会管理、竞赛组织、社会参与和业余体育俱乐部四级组织管理之间的关系（如图10-3所示），对推动业余体育竞赛体系有序运行起到领导管理、组织协调和监督执行等作用。

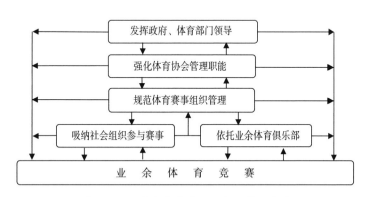

图 10-3　业余体育竞赛四级组织管理体系

发挥政府、体育主管等部门的领导作用。从中央政府到地方各级政府的体育管理部门及相关部门，对各级业余体育赛事分别负有领导管理的责任和职责。各级主管部门要通过制定相应的政策、规章和制度引导赛事有序开展和运营。作为

赛事的主办或承办方的各级政府部门、体育管理部门及相关部门，应当承担赛事活动的人员、物资、场地、安全、设施等保障职责。

强化体育协会管理职能。体育协会包括国家体育总局各运动项目管理中心、各单项全国和地方协会，企业体协、行业体协以及下设单项协会。它们对加强赛事活动赛前协调安排，赛中、赛后指导、监管具有重要作用。国家体育总局各运动项目管理中心和全国性各单项体育协会，应当制定本项目赛事活动组织的"办赛指南、参赛指引"①、培训办法和奖惩措施等制度，以规范赛事有序运行。

规范业余体育赛事组织管理。各级政府体育部门要逐步组建各单项全国性业余体育赛事联盟和地方分支机构，完善业余体育赛事组织体系。通过整合地方业余体育赛事资源，制定和认证各类、各级业余体育赛事组织的统一标准，规范业余体育赛事组织管理。

吸纳社会组织参与赛事。要充分吸纳社会组织、社会评估、社会监管等社会资源，拓展社会参与体系与业余体育赛事合作空间，开展社会参与体系与业余体育赛事共建模式，有效发挥社会参与体系在业余体育竞赛中的技术支持、赛事评估和社会监督等作用，推动业余体育竞赛健康发展。同时，针对参与赛事组织的社会企业（或单位）要制定一套管理、监督、奖惩和退出等制度，确保社会参与体系积极、规范参与其中。

依托业余体育俱乐部。充分发挥业余竞赛的市场效应，鼓励积极建立业余体育俱乐部，使松散的业余运动队逐步过渡到业余体育俱乐部。业余体育俱乐部建设类型包括但不限于企、事业单位职工俱乐部、校园俱乐部、社区百姓俱乐部，也包括乡镇居民、农民和残疾人等俱乐部。业余体育俱乐部经营的体育项目既可以是单项的，也可以是综合的。与业余运动队相比，业余体育俱乐部有训练、竞

---

① 国务院.全民健身计划（2021—2025 年）［EB/OL］.（2021-08-03）［2021-08-05］. http://www.gov.cn/zhengce/content/2021/08/03/content_5629218.htm.

赛宗旨、章程、制度和管理体系，其在组织管理、运动训练和竞赛等方面更加规范。这对稳定业余体育竞赛的运营大有裨益。

（三）建立资金多元化筹集机制，保障业余体育竞赛体系稳定运行

拓宽市场开发、融资渠道，建立资金多元化筹集机制，是保障业余体育竞赛体系正常运行的基本条件。要充分发挥政府引导资金的导向作用，调动市场的积极性，优化投融资引导政策，推动落实财税等各项优惠政策，稳定、持续的资金投入，惠及全民参赛。为满足业余体育竞赛体系建设的需求，政府需要多样化开发，制定《业余体育竞赛市场开发办法》，建立可持续发展的业余体育赛事商业保障渠道；为业余体育赛事与赞助企业搭建供需双方桥梁和沟通平台，拓宽业余赛事融资渠道，制定《业余体育竞赛资金扶持办法》，提高业余赛事的招商效率。在赛事活动招商引资，税后缴纳资金，项目审批等方面，向体育社会组织倾斜。政府部门如何通过更加科学的赛事资助提升赛事运营主体的赛事运作水平，充分发挥市场在赛事资源配置中的决定性作用，对于赛事运作机制创新及城市赛事产业持续发展尤为重要[①]。各级政府要通过购买公共服务等形式，推进办赛主体社会化、多元化，有效调动体育社会组织的积极性，提高办赛水平和赛事服务质量，对优质业余体育赛事要给予资金奖励或扶持，如建立政府扶持基金等。

（四）建立竞赛安全风险管理系统，保障业余体育竞赛体系安全运行

大型体育赛事活动涉及面广、参与人数多、外部影响因素复杂、社会关注度高，如对安全问题疏于监管，极易引发安全事故[②]。建立一整套竞赛安全风险管理

---

① 孟令刚，李颖川，王家宏.北京市国际单项体育赛事政府资助的探索及实践［J］.中国体育科技，2014，50（5）：133-145.

② 体育总局，工业和信息化部，公安部等.关于进一步加强体育赛事活动安全监管服务的意见［EB/OL］.（2021-06-25），［2021-06-05］.http://www.gov.cn/zhengce/zhengceku/2021-07/06/content_5622726.htm.

体系，包括赛场治安、伤病救助、伤残保障和赛事应急预案等，是满足全民竞赛体系建设的需求，是业余体育竞赛体系安全运行的重要保障。2021 年 5 月 22 日发生在甘肃省白银山地越野马拉松比赛中，21 人遇难的惨剧[①]，为业余赛事安全举办再次敲响了警钟。为了实现竞赛安全风险管理，承办方要积极配合主办方制定一套完整的安全保障和应急处理措施，包括制定医疗救援方案和突发事件应急预案等，规范所有的业余体育竞赛。参与者必须遵守相关规范，最大限度地规避安全风险。主办方要与公安部门合作，利用业余运动员注册信息系统，邀公安部门协助进行治安管理；主办方要加强安保服务管理，完善体育赛事和活动安保服务标准，积极推进安保服务社会化，制定《业余体育竞赛安保办法》。与医疗机构、保险公司合作，制定《业余体育竞赛保险理赔办法》和《业余体育竞赛医务保障办法》，针对业余体育赛事的伤病救助和伤残保障，建立一套完善的安全风险服务方案等。

（五）搭建宣传推广和竞赛信息平台，保障业余体育竞赛体系高效运行

整合主流媒体资源，制定《业余体育竞赛宣传工作规范及要求》，搭建业余体育赛事推广平台，为业余体育赛事摇鼓呐喊、站脚助威，以提高业余赛事的影响力和品牌价值；建立业余体育竞赛体系信息平台，制定《业余体育竞赛信息化平台使用指南》，为群众体育比赛的资格审查、数据采集、等级分层、成绩互查等提供有效途径，为更好地管理业余体育竞赛提供有效手段；针对当前业余体育竞赛标准不统一、形象不突出、水平参差不齐等现象，构建业余体育竞赛形象体系，制定《业余体育竞赛标识和名称使用要求》，明确业余体育竞赛的标识、宣

① 浙江日报.新华社评白银山地马拉松事故：一场惨剧，声声警钟！［EB/OL］.（2021-05-23），［2021-06-05］.https://baijiahao.baidu.com/s?id=1700548548082786313&wfr=spider&for=pc.

传用语等，形成既有全国形象标识，又有各省、市、县特点的地方形象标识。利用各种新闻媒体，采取多种形式进行宣传，调动大众参与业余体育竞赛的热情，营造体育运动的良好氛围，积极扩大业余体育竞赛的社会影响，实现业余体育竞赛体系高效运行。

（六）开展赛事绩效评估工作，保障业余体育竞赛体系良性运行

评估是对开展的活动进行严格的观察、衡量和监控，以便准确评定其成果。为了防止赛事过程中决策失误，及时调整赛事出现的偏差，赛事绩效的评估要注重过程绩效和结果绩效并重的整体性评价，推动多元主体持续不断地向市场提供高效优质的赛事产品与服务[①]。对业余体育赛事绩效评估，即采用多种评价指标，对业余体育竞赛的各种效益进行估算，以衡量业余体育竞赛的成效。建立完善的监测和绩效考核评估机制，如制定《业余体育赛事绩效评估办法》，对赛事的实施效果进行及时跟踪与评价，通过开展评估工作，总结办赛经验，优化业余体育竞赛体系管理，保障业余体育竞赛体系的良性运行。业余体育竞赛绩效评估内容主要包括业余体育竞赛组织管理水平、业余体育竞赛的社会效益和业余体育竞赛的经济效益等方面。

综上研究，提出建立健全业余体育竞赛法规制度，理顺政府领导、协会管理、竞赛组织、社会参与和业余体育俱乐部四级组织管理之间的关系，拓宽市场开发和融资渠道，建立资金多元化筹集机制和竞赛安全风险管理系统，搭建竞赛信息平台和宣传推广平台，开展赛事绩效评估工作等六大措施，保障业余体育竞赛体系依法、有序、稳定、安全、高效和良性运行。

---

① 朱洪军，梁婷婷．审批权取消背景下体育赛事运营绩效评估研究［J］．北京体育大学学报，2021，44（5）：102-112.

五、结束语

我国群众体育制度经历了 70 多年的历史变迁和改革创新，从内容到形式日臻完善，但在理论与实践上还面临着理论困境、路径依赖困境及参与困境[①]。广泛开展业余体育竞赛能有效调动广大人民群众参与体育锻炼的主动性和积极性，提高国民体育运动和体质健康水平。构建业余体育竞赛体系，旨在有效地发挥体育竞赛的杠杆作用，激发群众参与体育锻炼的活力，最大限度地撬动十四亿中国人参与到业余竞赛中，实现人人参与、人人快乐、人人健康、人人幸福；打通业余体育与专业体育之间壁垒，推动群众体育与竞技体育全面协调发展，推进业余锻炼等级标准体系建设，形成竞技体育后备人才培养良性机制；推动体育项目协会改革，盘活其资源，激活其活力，提升其在国家体育治理中的效能；有效培育业余体育竞赛市场，大力促进体育产业的发展。

① 仇军.群众体育发展的困境与出路［J］.体育科学，2016，36（7）：3-9.

第十一章　国家战略决策下全民健身
与健康养老融合研究

人口老龄化是世界各国面临的重大问题①。我国人口老龄化速度的加快和老年人口规模的日益扩大，从 2000 年我国已经进入并将长期处于人口老龄化社会②。2019 年政府工作报告：到 2018 年底，我国 60 周岁及以上人口 2.5 亿人，占总人口比重 17.9%。我国人口老龄化带来的问题有很多，其中，寿而不康的问题尤为突出③。2016 年 5 月 27 日，习近平总书记在中共中央政治局第三十二次集体学习中就我国人口老龄化的形势和对策举行商讨时强调指出，"我国是世界上人口老龄化程度比较高的国家之一，老年人口数量最多，老龄化速度最快，应对人口老龄化任务最重……妥善解决人口老龄化带来的社会问题，事关国家发展全局，事关百姓福祉，需要我们下大气力来应对。④" 国发〔2014〕46 号文件明确把 "'全民健身上升为国家战略'，要求'创造发展条件，营造重视体育、支持体育、参与体育的社会氛围''加强体育运动指导，推广运动处方，发挥体育锻炼在疾病

① 汪毅，郭娴，周宇颖．我国人口老龄化背景下 "体护融合" 保障机制研究［J］．北京体育大学学报，2019，42（8）：110-119.

② 苏永刚，吕艾芹，陈晓阳．中国人口老龄化问题和健康养老模式分析［J］．山东社会科学，2013（4）：42-47.

③ 智研咨询集团．2016—2022 年中国养老产业市场深度调研及投资前景分析报告［R］．2016-09-20.

④ 习近平．推动老龄事业全面协调可持续发展［N］．人民日报，2016-05-28（01）.

防治以及健康促进等方面的积极作用，促进康体结合''推动体育与养老融合发展'[①]"。因此，研究全民健身与健康养老的融合对提高老年人体质健康水平、生活和生命质量，解决养老的健康问题具有重要的现实意义。

一、研究对象与方法

（一）研究对象

全民健身实施近 24 年来，取得了令世人瞩目的成就，其"健身运动促健康理念"是否渗透到老年人健康养老意识中，特别是全民健身上升为国家战略后，促进全民健身与健康养老融合的相关政策陆续出台，对老年人融入全民健身的成效如何？本研究把全民健身与健康养老融合作为研究对象，调查全民健身对健康养老的影响，研究二者融合的逻辑、意义，探讨二者融合的动力、路径和保障。

（二）研究方法

1. 文献资料法

本研究以全民健康、健康养老、体医融合、全民健身（并含健康促进）、运动是良医等主题、关键词，主要通过中国知网（包括硕博论文），查阅文献起止年限 2010—2020 年，文献量 686 篇，参考文献 64 篇；通过中共中央、国务院网站、国家体育总局等网站查阅关于全民健身、养老、旅游、健康、休闲、体育产业等政策法规 37 件，参考 15 件；另外还参阅国家图书馆，北京体育大学、首都体育学院等图书馆相关文献资料，为全民健身与健康养老融合研究提供了重要的理论参考。

---

① 国务院关于加快发展体育产业促进体育消费的若干意见［S］. 国发〔2014〕46 号，2014-10-20.

2.问卷调查法

为深入了解全民健身对老年人参与健身的影响，本研究通过社会体育专业本科二年级 38 名不同地域（分布如表 11-1 所示）的学生，每位学生 50 份问卷利用假期对当地老年人参与健身实际情况进行封闭式问卷调查。为了保证问卷的信度，提前对参与问卷调查的学生进行两次统一培训。问卷涉及全国 12 个省市的17 个城镇和 21 个乡村，问卷发放 1 900 份，回收 1 821 份，回收率为 95.8%，有效问卷为 100%。考虑到我国乡村与城镇老年人在物质条件、健身理念等方面存在较大差别，为了便于研究，故把问卷分为城镇和乡村两类调查问卷。

表 11-1　问卷调查涉及省市及其城镇、乡村（数量）分布情况

省市名称	安徽	海南	甘肃	内蒙古	江西	北京	湖南	河南	山西	云南	河北	浙江
城镇（17 个）	1	1	1	1		6	1	1	1	1	1	1
乡村（21 个）	1	2	1	1	1	7	2	1	2	1	2	0

二、全民健身与健康养老融合的逻辑和意义

（一）全民健身与健康养老融合的逻辑

从学理上讲，全民健身与健康养老融合有广泛的社会认同和逻辑关系。首先，学界对运动促进健康理念早已达成共识。2007 年美国运动医学会和美国医学会正式把"运动是良医"作为一种学术理念和健康促进提出来。2010 年在"全世界的健康处方"大会上，"运动是良医""运动促进健康"理念得到与会的专家、学者广泛认同。2014 年在深圳召开的第三届全民健身科学大会上，中国工程院院士陈君石做"运动是良医 科学是关键"主题发言认为，科学证据有力地说明，适当的体育活动与群众性健身运动对健康和慢性病预防的重要作用。其次，全民健身与健康养老要实现的目标是一致的，都是为了健康。再次，全民健身服务于健

康养老。全民健身的服务对象是全体国民，其中，以青少年和儿童为重点，老年人则应该是关照服务的主体。最后，全民健身与健康养老实现健康的手段和途径大部分是相同的，即通过健康教育，提高国民对健康观念的认知，通过体育运动干预，逐步形成国民体育锻炼生活化、运动自觉化，实现健康，奠定幸福生活的基础。

二者融合的逻辑是，全民健身把"健身运动促健康"理念融入老年人健康养老思想意识中，建立运动促健康养老观，形成体育锻炼生活化，有效实现健康养老。老年人树立运动促健康养老观越牢固，其参与体育锻炼越常态化、生活化，表明二者融合的程度越高，融合的成效越明显。参与体育锻炼常态化、生活化，表现为体育锻炼的频次高（每周三次以上）、持续时间长（每次 30 分钟以上）和运动强度（中等以上强度）。对老年群体而言，运动强度因个人健康状况、体能、运动习惯等不同而有别，不鼓励老年人大负荷、大强度、大运动量健身运动。正如陈君石院士所言，运动虽是良医，科学才是关键。

（二）全民健身与健康养老融合的意义

体育运动能有效提高老年人的体质和心理健康。C.豪蒂尔（C.Hautier，2007）研究认为，60 岁以上的老年人参加体育运动对增强体质，改善身体健康，减少疾病的发生率和就医次数的效果是明显的，而拥有良好的健康状态，使得他们更愿意与家人、朋友分享快乐，通过对社会关系的改变和对社会环境认识的变化，从而获得更好的生活满意度和幸福感，生活质量的主观感觉变化明显[1]。积极参加体育锻炼能够促进大脑产生新的脑细胞，减缓老年人的认知老化，有效提高老年人的身体健康和生命质量。

---

[1] 马春林，刘志民.体育运动与生活质量关系研究的进展与趋势［J］.广州体育学院学报，2011，1（31）：28-33.

全民健身与健康养老融合有利于强化老年人参与健身运动的意识，形成体育锻炼生活化。意识是人的心理发生、发展的根源，是人的行动的指南。开展全民健身的首要任务是树立运动有益于身心健康的观念，特别是对未形成健身运动习惯的老年人而言，尤为重要。全民健身从"计划"上升为"国家战略"，表明了国民体质健康和健康养老的重要战略意义。这种意义，必然会通过多种形式和渠道强化老年人参与健身运动的意识，指导他（她）们参与健身运动，形成体育锻炼生活化。这对增强老年人体质健康，缓解老年人晚年生活的孤独感具有实际意义。同时，老年人也要积极响应全民健身国家战略的号召，积极参与体育锻炼，融入全民健身大潮中，通过力所能及的有效健身，必将活出健康、活出品质、活得精彩。所以，二者融合是全民健身国家战略的需要，同样也是健康养老的需要。

三、老年人参与全民健身现状调查

（一）老年人参与体育健身人数及性别比例

根据 17 个城镇和 21 个乡村老年人参与体育健身统计情况为，城镇老年人经常参与体育健身的比例为 36.7%，其中男性占比为 17.3%，女性占比为 82.7%；乡村老年人经常参与体育健身的比例为 19.3%，其中男性占比为 35.4%，女性占比为 64.6%。在参与体育健身的老年人中，城镇参与健身人数比例是乡村的 1.90 倍，明显高于乡村；参与健身的女性人数比例明显高于男性，城镇女性是男性的 4.78 倍，乡村女性是男性的 1.83 倍。这说明城镇老年人经常参与体育健身情况明显好于乡村，女性参与体育健身的积极性显著高于男性。

通过 2018 年调查数据与"2014 年全民健身活动状况调查公报"[①] 数据相比

---

① 国家体育总局 .2014 年全民健身活动状况调查公报［R］.2015-11-16.

（如表 11-2 所示），"参加过体育锻炼"的人数（60～69 岁）高出 0.2%，（70 岁及以上）高出 0.1%；"经常参加体育锻炼"的人数（60～69 岁）高出 0.1%，（70岁及以上）高出 0.3%。这表明：经历四年时间，在全民健身国家战略及相关政策的影响下，老年人融入全民健身程度虽略有提高，但效果并不明显。

表 11-2　2018 年与 2014 年老年人参与体育健身人数对比

参加锻炼程度	参加过体育锻炼		经常参加体育锻炼	
年龄	（60～69 岁）	（70 岁及以上）	（60～69 岁）	（70 岁及以上）
2014 年	36.2%	26.0%	18.2%	10.8%
2018 年	36.4%	26.1%	18.3%	11.1%

（二）老年人对体育健身场地满意度情况调查

环境通过对人的心理影响从而影响人的行为，体育环境同样会影响人参与体育健身的行为。所以调查老年人对体育场地的满意度对了解他们参与体育健身行为具有一定的意义。表 11-3 表明，城镇老年人对体育场地的"非常满意"与"满意"的和为 35%，高于乡村的 19.6%；对体育场地不满意的，乡村为 56.8%，远高于城镇 22.3%；认为体育场地一般的，城镇又明显高于农村；总体而言，无论是城镇还是乡村，老年人对体育健身场地都不尽满意，必将影响老年人融入体育健身的情感和效果。

表 11-3　城镇、乡村老年人对体育健身场地满意度调查情况

满意度	非常满意	满意	一般	不满意
城镇	8.7%	26.3%	42.7%	22.3%
乡村	3.4%	16.2%	23.6%	56.8%

（三）老年人参与体育健身与不参与体育健身原因调查

参与体育健身的原因，即参与体育健身的动机。心理学认为动机涉及行为的发端、方向、强度和持续性，组织行为学认为动机主要是指激发人的动机的心理过程，即通过激发和鼓励，使人们产生一种内在驱动力，使之朝着所期望的目标前进的过程①。从表11-4调查结果来看，为了身体健康健身是老年人参与体育健身的主要原因。乡村的老年人为身体健康健身的目的性要比城镇的老年人强一些，城镇为67.4%，乡村为86.7%；为了愉悦身心和兴趣爱好参与健身，城镇老年人比乡村老年人的意愿要更强，城镇老年人因为"愉悦身心"和"兴趣爱好"健身分别为38.2%和36.1%，而乡村分别为22.1%和13.5%；城镇、乡村老年人因为害怕孤独选择健身的比例分别为22.7%和27.2%，两者比例较为接近，乡村的老年人略高于城镇；参与健身成为老年人打发时间的一种消极消遣形式，乡村老年人所占的比例为25.3%，高于城镇的17.3%；至于老年人参与健身的其他原因，城镇的老年人比乡村的老年人更为复杂，不再赘述。

表 11-4　城镇、乡村老年人参与体育健身原因调查结果

原因	身体健康	愉悦身心	兴趣爱好	害怕孤独	打发时间	其他原因
城镇	67.4%	38.2%	36.1%	22.7%	17.3%	11.4%
乡村	86.7%	22.1%	13.5%	27.2%	25.3%	6.7%

表11-5的调查数据表明，无人组织是老年人不参加健身的主要原因，城镇、乡村老年人的比例分别为39.2%和64.8%，乡村老年人的比例比城镇要高出25.6%；其次是体育场地导致城乡老年人不参与体育健身，城乡比例分别为27.6%和39.3%；不爱运动和觉得运动太累，虽是老年人不参与健身的次要原因，但说明老年人对健身的认识存在很多问题；因为身体不适不参加健身的，城乡比例相

① 阳家鹏，向春玉，徐佶.促进青少年有氧体能和体育锻炼行为的路径：动机理论的观点［J］.体育与科学，2015，7（36）：115-120.

当，分别为 17.3% 和 12.5%，但也有一部分对自己不参加健身的原因是说不清的。此分析认为，老年人参与健身的观念相对薄弱，健身的主观意愿也不强。

表 11-5　城镇、乡村老年人不参与体育健身原因调查结果

原因	无人组织	没有场地	不爱运动	运动太累	身体不适	说不清
城镇	39.2%	27.6%	16.7%	20.7%	17.3%	8.9%
乡村	64.8%	39.3%	23.7%	36.1%	12.5%	11.7%

（四）老年人参加体育健身每周频次调查情况

参与体育健身的频次能很好地说明参与者对体育健身的喜好、依赖程度，频次越高，其喜好或依赖程度越强。表 11-6 表明，城镇老年人参与健身的频次明显高于乡村；城镇老年人参与频次最多的是每周 1 次，其次是每周 2 次，再其次是每周 3 次和 3 次以上。有意义的是每周参与健身 3 次以上的老年人人数比每周 3 次的老年人数要高出 3.2%；而乡村老年人参与健身，随着健身频次的增加，参与比例逐渐减少。如此低的参与频次，说明乡村老年人参与健身的氛围还没有形成，相比之下，城镇老年人参与健身的氛围要浓厚得多，尤其是那些每周参与健身 3 次或 3 次以上的老年人，他们对待生活的态度一定是积极向上的。

表 11-6　城镇、乡村老年人参与体育健身的频次情况

频次	1 次 / 周	2 次 / 周	3 次 / 周	3 以上次 / 周
城镇	27.8%	19.2%	12.4%	15.6%
乡村	9.6%	7.8%	4.3%	2.7%

（五）老年人每次参加体育健身的时间调查

运动量是衡量健身效果的重要指标，而运动量大小主要由运动时间和运动强

度决定，运动时间越长，运动强度越大，那么运动量就越大。运动量不是越大越好，运动量过小达不到健身效果，运动量过大有害身体健康，所以，要取得良好的健身效果，不同年龄、不同身体状况的人，运动量要因人而异。对老年人而言，一般认为，运动强度要在中等偏下，运动时间30～60分钟为宜，当然，老年人的身体状况不同，运动量大小也有所差异。表11-7表明，城镇老年人每次参与健身的时间主要集中在20～60分钟之间，而乡村老年人参与健身时间主要集中在20～30分钟之间，城镇老年人每次健身时间明显长于乡村老年人的健身时间。由健身时间长短可以看出，城镇老年人参与健身时间较为适宜，而乡村老年人参与健身时间偏短，如果运动强度再没有一定的保证，其健身效果就难以保证了。

表 11-7　城镇、乡村老年人参与体育健身的时间情况

时间	10～20分钟/次	20～30分钟/次	30～60分钟/次	60分钟以上/次
城镇	13.1%	29.4%	32.5%	16.7%
乡村	15.1%	37.9%	13.6%	6.3%

综上调查分析认为，老年人参与健身的主要目的是身体健康；老年人健身观念淡薄、健身意愿不强，健身场地设施不足和缺乏体育社会组织管理等因素严重制约老年人融入全民健身进程；老年人的健身方法不科学、体育健身周频次低、每次健身持续的时间短，表明老年人融入全民健身的程度还不够。加强老年人健身、健康常识教育势在必行；加强和完善体育社会组织与体育健身环境建设，营造全民健身体育文化氛围有利于调动老年人参与体育健身的积极性，有利于强化老年人参与体育健身的意识；与2014年相比，老年人融入全民健身的程度虽略有提高，但效果并不明显；老年人融入全民健身还有很大的提升空间，特别是乡村老年人融入全民健身的程度还远远不够，需要国家和地方政府出台更多的具体政策、制度和保障措施落实全民健身与健康养老进一步融合。

四、全民健身与健康养老融合的动力、路径和保障

（一）全民健身与健康养老融合的动力

国民体质健康水平是一个国家综合国力和国家竞争力的重要组成部分，是国家可持续发展的根本①。全民健身上升为国家战略后，国家围绕体育健身与健康养老之间的融合连续出台了应对策略，有针对性地助推健康与养老之间的融合。仅2016年国务院办公厅就下发了三个（国办发〔2016〕77号、国办发〔2016〕85号、国办发〔2016〕91号）指导全民健身与健康养老融合的《意见》和一个国家战略层面的《"健康中国2030"规划纲要》。"把健康摆在优先发展的战略地位，立足国情，将促进健康的理念融入公共政策制定实施的全过程。②"

外部动力：全民健身国家战略的需要。全民健身要把健康养老问题纳入进来，这是全民健身国家战略任务之一。全民健身必须渗透到老年人生活中，实现老年人体育锻炼生活化，为老年人的身体健康服务，这是实现全民健身与养老融合的外部动力。

内部动力：老年人健康养老的诉求。老年人随着年龄的增长，其机体活性和免疫力不断下降，接踵而至的就是各种疾病，尤其是慢性病对老年人的侵扰，严重影响到他们的生活质量和健康。老年人对健康的诉求比其生命周期任何阶段都要强烈。同时，随着生活水平和生活质量的提高，老年人对身体健康的要求越来越高，逐渐地认识到健康是幸福的基础，唯有健康，晚年才能活得精彩。所以，老年人参与到体育健身中，是老年人实现健康幸福生活的福音。这是养老主体诉求健康的内部动力。

---

① 池健.国民体质健康研究的思考［J］.北京体育大学学报，2009，12（32）：1-4.

② 中共中央、国务院印发"健康中国2030"规划纲要［S］.国务院公报〔2016〕32号，2016-10-25.

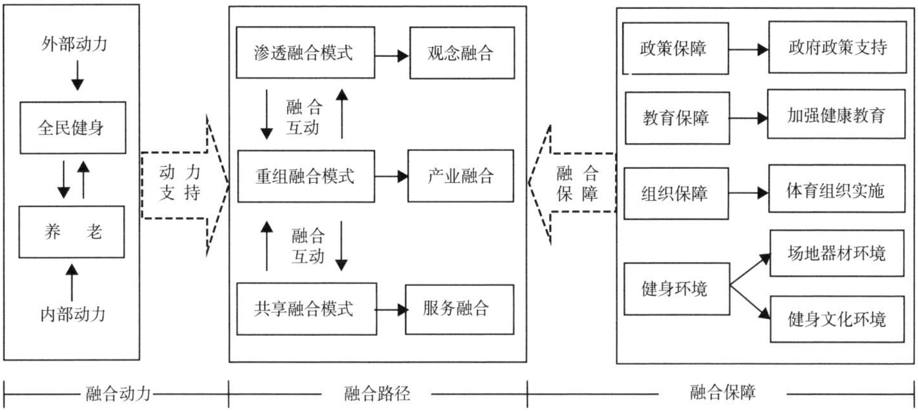

图 11-1　全民健身与养老融合的模式

（二）全民健身与健康养老融合的路径

老年人要顺应形势的变化，特别是在国家对全民健身与健康养老相关政策的支持和内、外部动力驱动下必然呈现多元的养老取向和多元养老模式。全民健身与健康养老融合主要形成三种路径。

一是观念融合。思想观念是行动的先导，全民健身首先要把"运动促健康"观念渗透融入老年人的思想观念里，形成全民健身与养老健康观念上的融合。全民健身的"运动促健康"观念理应渗透到老年人的生活中，实现老年人的体育锻炼生活化，从而为健康养老服务，尤其对慢性病、"文明病"相对集中的老年人群，只有把全民健身真正地渗透到老年人的实际生活中，才能更好地实现全民健身对老年人的关照，缓解老年人晚年生活的孤独感，提高其存在感，增强其幸福感；通过力所能及的有效健身运动，提高其身体健康水平和生活质量。

二是产业融合，即体育旅游产业和健身休闲产业共同推动、促成全民健身与健康养老之间的融合。国办发〔2015〕62 号文件强调指出"积极发展老年旅游，加快制定实施全国老年旅游发展纲要，规范老年旅游服务，鼓励开发多层次、多样化老年旅游产品。[①]"国办发〔2016〕85号文件明确要求国家旅游局、体育总局按职责分工负责"出台促进体育与旅游融合发展的指导意见"。体育旅游的兴起和养老消费方式转变必然成为老年人养老的新取向。体育与旅游业的融合是双向的，既包括体育向旅游业的渗透，也包括旅游向体育产业的渗透，通过相互渗透形成"你中有我，我中有你"的格局，丰富了产业内涵[②]。有效推动体育旅游养老产业的发展，形成体育旅游养老路径，给老年人带来更多的健康和幸福。全民健身与休闲产业之间的纵深融合，形成体育休闲养老路径。国办发〔2016〕77号文件强调，"加快发展健身休闲产业是推动体育产业向纵深发展的强劲动力，是增强人民体质、实现全民健身和全民健康深度融合的必然要求。[③]"体育休闲养老是老年人顺应全民健身时代发展，追求高品位、高质量养老的新取向；是老年人主动养老、积极养老、快乐养老和健康养老观念的重要转变。全民健身的手段和方法是体育锻炼，通过长期的体育锻炼，实现体育生活化；全民健身的核心是休闲。休闲是建造人类美丽的精神家园，是人的一种崭新的生活方式[④]。体育休闲对提升人的生命质量，实现高品质的健康养老具有重要意义。所以，体育休闲养老是全民健身与休闲产业纵深融合的结果。

三是服务融合。全民健身和健康养老的健康目的性，决定二者服务目的、内容具有共性。协同推进全民健身公共服务体系和健康养老公共服务体系融合发展，发挥好服务共享融合的综合效益，是深化二者服务融合的重要内容。深化二者共享融合，首先要统筹二者公共服务设施建设管理，探索建设、改造全民健身和健康养老综合服务设施，推动全民健身和健康养老公共服务设施规划、建设和管理。结合贯彻落实全民健身计划，依托公园、广场、绿地等公共设施及旧

① 关于进一步促进旅游投资和消费的若干意见［S］.国办发〔2015〕62号，2015-08-11.

② 雷波.我国体育产业与旅游产业互动融合模式分析［J］.北京体育大学学报，2012，9（35）：40-44.

③ 关于加快发展健身休闲产业的指导意见［S］.国办发〔2016〕77号，2016-10-25.

④ 马惠娣.休闲：人类美丽的精神家园［M］.北京：中国经济出版社，2004，5：66.

厂房、仓库、老旧商业设施等城市空置场所，建设适合老年人体育健身的场地设施，广泛开展老年人康复健身体育活动①。其次，统筹全民健身和健康养老公共服务机构功能设置，在全民健身公共服务设施修建、改造中，融入老年人健身文化氛围，并利用全民健身公共文化机构平台，加强健康养老宣传力度。另外，要统筹全民健身与健康养老公共服务共享资源配置。各地方要高度重视加快推进健康与养老服务工程，根据国务院及有关部门已经出台的健康、养老、体育健身领域的指导意见，按照本通知提出的目标任务和政策措施，结合本地实际抓紧制定完善加快推进健康与养老服务工程的相关政策措施，积极做好项目组织实施、服务引导工作，促进社会资本愿意进、进得来、留得住、可流动②。同时，积极推动全民健身公共服务进社区、养老院，构建健身共建、服务共享的健身、养老文化空间。

三种养老路径并不是孤立存在的，三者在全民健身国家战略、养老政策鼓励的支持下，体育与养老、健康、旅游、休闲之间也产生融合互动、渗透，服务共享并形成产业，满足养老主体对多元养老取向的需求。

（三）全民健身与养老融合的保障

要真正实现全民健身与健康养老的融合，离不开必要的保障机制。通过以上研究分析认为，政策支持、组织实施、健康教育和健身环境等是实现全民健身与健康养老融合的重要保障，只有强化这些保障之间的联系，协调好这些保障之间的关系，才能更加有效地发挥保障机制的效用。

政策支持保障。各类政策是全民健身与健康养老融合的前提。《"健康中国2030"规划纲要》强调，要"把健康融入所有政策。"这为全民健身与养老的融

---

① "十三五"国家老龄事业发展和养老体系建设规划［S］.国发〔2017〕13 号，2017-02-28.

② 关于加快推进健康与养老服务工程建设的通知［S］.发改投资〔2014〕2091 号，2014-09-12.

合指明了方向。政策具有很强的指导性、目标性和可操作性，它以权威的形式规定在一定时期内，应该达到的目标、遵循的行动原则、完成的明确任务、实行的工作方式、采取的一般步骤和具体措施。中共中央、国务院高度重视全民健身和健康养老问题。近几年来，密集出台了一系列关于促进健康、养老的政策，鼓励"围绕旅游、文化、体育、健康、养老、教育培训等重点领域，引导社会资本加大投入力度。[①]"促进健身休闲与文化、养老、教育、健康等产业融合发展。这些为全民健身与养老的融合提供了政策保障。同时，实施全民健身国家战略和解决健康养老问题，还必须"转变政府职能，改进政府提供公共服务方式。国务院明确要求在公共服务领域更多利用社会力量，加大政府购买服务力度。[②]"当然也必须包括政府购买全民健身和健康养老等服务。

组织实施保障。组织实施是实现全民健身与健康养老融合的基础，没有组织实施，政策的目标难以达成，没有健全的组织，实现政策既定的目标就可能遥遥无期。"积极发挥全国性体育社会组织在开展全民健身活动、提供专业指导服务等方面的龙头示范作用。加强各级体育总会作为枢纽型体育社会组织的建设，带动各级各类单项、行业和人群体育组织开展全民健身活动。[③]"全民健身国家战略的落实与施行必须有具体的组织（主要是体育组织）来负责实施。落实全民健身国家战略、解决养老问题、实现全民健身与健康养老融合，特别是体育组织一定要起到极其重要的作用。只有各类组织参与其中，分工协作，才能实现既定的政策目标。为此国家大力提倡发展各类体育组织，特别是体育社会组织。国办发〔2016〕77号文件明确提出："壮大体育社会组织。推进体育类社会团体发展，支持其加强自身建设，健全内部治理结构，增强服务功能。鼓励各类社会组织

① 关于进一步扩大旅游文化体育健康养老教育培训等领域消费的意见［S］.国办发〔2016〕85号，2017-01-16.
② 关于政府向社会力量购买服务的指导意见［S］.国办发〔2013〕96号，2013-09-30.
③ 全民健身计划（2016—2020年）［S］.国发〔2016〕37号，2016-06-15.

承接政府公共体育服务职能。"体育社团，作为体育社会组织，在促进老年人参与全民健身过程中，也将起到非常重要的作用。

　　健康教育保障。健康教育成为全民健身与健康养老融合的关键。教育是转变健身和养老理念的原动力，教育是培养体育健身与养老服务人才的资源库。陈旧的思想观念不转变，全民健身与健康养老不可能融合到健康的层面；没有教育培养各类人才，什么目标、任务都难以实现。在转变理念方面，中共中央、国务院要求"建立健全健康教育体系，普及健康知识，引导群众建立正确健康观，加强早期干预，形成有利于健康的生活方式、生态环境和社会环境，延长健康寿命。[1]"要求"'加强健康教育，提高全民健康素养，加大学校健康教育力度，将健康教育纳入国民教育体系，把健康教育作为所有教育阶段素质教育的重要内容。'在人才培养方面，国家'培养健康教育师资，将健康教育纳入体育教师职前教育和职后培训内容。[2]'""推动普通高校和职业院校开发养老服务和老年教育课程，提升养老服务人才素质，为社区、老年教育机构及养老服务机构等提供教学资源及服务。[3]"

　　健身环境保障。健身环境是全民健身与健康养老融合的"健身场"。健身环境可分为硬件环境和软件环境，硬件环境主要包括体育场地、器材、场馆等，软件环境主要通过各种体育竞赛、健身培训和会议等形成的全民健身体育文化氛围。环境对人的行为影响毋庸置疑。健身的硬件环境和软件环境相互作用共同形成体育的"健身场"，健身场的强度由健身硬件环境和软件环境相互作用的效应决定，健身的硬件环境越完善，健身软件环境的体育文化氛围越浓郁，所形成的健身场就越强。健身场越强，其影响、吸引人们参与体育健身的积极性和热情就

---

[1]　国务院关于实施健康中国行动的意见［S］.国发〔2019〕13 号，2019-06-24.

[2]　中共中央、国务院印发"健康中国 2030"规划纲要［S］.国务院公报〔2016〕32 号，2016-10-25.

[3]　关于全面放开养老服务市场提升养老服务质量的若干意见［S］.国办发〔2016〕91 号，2016-12-23.

越高，反之则越低。为了完善体育设施和营造体育文化氛围，国办发〔2014〕46号文件明文规定，要求"各级政府要结合城镇化发展统筹规划体育设施建设，合理布点布局，……在城市社区建设15分钟健身圈，新建社区的体育设施覆盖率达到100%。推进实施农民体育健身工程，在乡镇、行政村实现公共体育健身设施100%全覆盖。"全民健身计划（2016—2020年）特别强调，要"将体育文化融入体育健身的全周期和全过程。"随着健身软、硬件环境的不断完善，形成越来越强的健身场必将为全民健身与健康养老的深度融合奠定坚实的基础。

五、结束语

我国人口快速老龄化和老龄化带来的养老问题，事关国家健康发展、社会稳定和老年人的幸福。全民健身从最初的"纲要"到长期实行的"计划"，再上升到"国家战略"的决策高度，旨在全面提高国民体质和健康水平，这为实现全民健身国家战略与健康养老之间的融合奠定了坚实的基础，是解决健康养老问题的重要途径和必由之路。基于目前全民健身与养老的融合还存在很多问题和不足，国家必须从战略的高度和长远的眼光谋划两者之间纵深融合的策略，强化两者之间融合的机制，为解决健康养老问题服务，真正实现老年人老有所乐、老有所为、老有所养、老有所依的快乐、健康、幸福的晚年。

第十二章 《体育项目业余锻炼等级标准》
体育权利保护研究

随着我国社会经济的快速发展和人民生活水平的不断提高，体育锻炼在社会生活中的地位和价值将越来越重要。体育锻炼关系到人们体质的增强、健康水平的提高和生活质量的改善。体育健身活动是公众自觉自愿参与的一种活动。然而，当它被赋予了以人为本的境界和法律调整的形式后，便成了一种权利，即公众享有参与运动的权利。实施《体育项目业余锻炼等级标准》(以下简称《标准》)制度，对激发广大群众参加健身的热情，吸引更多的群众参加健身活动，加快公民体育权利的实现起到了积极的作用。

一、体育权利的概念、内容和性质

(一)体育权利的概念

所谓"体育权利"，实际上属于学理范畴而不是规范范畴，是学者依据我国现行的宪法、体育法律法规的规定，结合法学理论所总结和概括出来的一个概念[①]。正如很难给"权利"下一个准确的定义一样，也很难给"体育权利"下一个准确的定义。即使目前对"体育"和"权利"等有一个大体一致的观点，关

---

① 田丰.论我国体育权利的宪法建构［D］.南宁：广西大学，2014.

于"体育权利"的理解也是差别较大。于善旭（1993）将体育权利界定为"生活权利"，认为"体育权利是公民在法律规定下进行有关体育社会生活所享有的权利，是法律保护公民实现体育行为的可能性"；王岩芳等（2006）将体育权利界定为"自由"，是"由宪法和法律所保障的，人们能够通过接受体育教育进行体育锻炼和参与体育竞赛的方式获取身体健康和精神满足之利益的意志和行动自由的可能性"；张振龙等（2008）将体育权利界定为"自由和利益"，认为体育权利就是"由法律确认的人在接受体育教育和从事体育运动过程中所应享有的自由和利益"。方燕（2010）将体育权利界定为"公民在社会生活中享有体育运动的自由、追求生命健康以及参与平等竞争的机会和资格"；董小龙等（2013）把体育权利归结为"法律上的许可和保障"，认为体育权利是"国家通过体育法律规定，对体育法律关系的主体可以自己决定做出某些行为的许可和保障"。当然，还有学者认为很多学者使用的"体育权利"（"Sports Right"）是对国际上这一术语的误译，这里的"体育权利"应该是"体育参与权"，是人权在体育活动领域的具体体现[①]。

研究认为，虽然体育活动可能起源于古代的劳动、教育或军事等领域，但权利的概念是人类社会发展到一定程度的产物，并非历来有之。只有到了近现代社会，社会生产力水平大幅提高，物质生活水平达到一定程度，人们的权利意识不断觉醒，意识到通过法律来保障权利实现的时候，才会有体育权利方面的需求和渴望。体育权利是一项基本人权，是个人可以享有的接受体育教育、进行身体活动和参与体育竞技的权利，是满足强健体魄、愉悦身心、提高运动水平的物质和精神需求的自由。

---

① 张鹏，戚俊娣."体育权利"研究反思与立法选择［J］.天津体育学院学报，2013，28（3）：234-238.

（二）体育权利的内容

因对"体育权利"概念的理解不同，对其的范围、内容和内涵学者们也是观点不一。关于体育权利的内容，于善旭（1998）认为体育权利应包含"体育结社权、体育劳动权、受体育教育权、体育活动权、体育创作权、体育社会保障权"等具体权利。时会佳（2005）认为体育权利属于宪法权利，兼有社会权与自由权两种权利特性，具体包括"开展群众性体育活动权、兴办和支持体育事业权、青少年体育活动受特别保障权、发展少数民族地区体育权"等实体性权利以及"体育纠纷的诉讼权"等程序性体育权利。王岩芳等（2006）将体育权利的内容概括为"体育劳动权、休息权、获得社会保障和物质帮助权等经济权利以及体育教育权和体育文化权"。宋亨国等（2015）对体育权利进行了详细的分类，认为体育权利包含各种体现体育法律关系的"平等权、自由权、财产权、受益权、教育权"等权利。

通过梳理相关文献发现，国内关于"体育权利"的讨论，早期见于政治学以及历史学方面的研究，随后才有法学视角的研究论文。20世纪80年代，随着体育理论研究的不断深入，一些之前很少涉及的领域，如"体育权利"也成为体育学术界的研究对象[1]。法学界研究"体育权利"问题，起于21世纪初法学院校硕士研究生的培养[2]。至于法学类学术期刊发表的首篇"体育权利"相关论文，更是到了2011年才姗姗来迟[3]。截至目前，体育权利依然是体育界关注较多的话题。可喜的是，已经有越来越多的法学专业学者参与其中，相信对其的研究也会越来越深入。

关于体育权利的内容，研究认为：从应然权利角度看，体育权利是一项普世

---

① 谭华.试论体育的权利和义务［J］.成都体院学报，1984（3）：13-17.

② 时会佳.我国公民体育权利的法律研究［D］.北京：中国政法大学，2005.

③ 汪习根，唐勇.论体育权利均等化——兼论《全民健身条例》配套制度设计的价值重心［J］.政治与法律，2011，（11）：56-62.

人权，是每个公民都应该享有的基本权利。从法定权利角度看，体育权利是一项法律权利，是一项被宪法和体育相关法律法规确立的权利。从实然权利角度看，体育权利也是一项需要被认真落实的权利。体育权利的主要内容应该包括体育活动参与权和体育教育权。体育活动参与权又可以包括参与体育锻炼的权利、参与体育娱乐的权利、参与体育比赛的权利等，体育教育权主要指享有学校体育教育的权利，也包括享有终身体育教育的权利等。

（三）体育权利的性质

围绕"权利是否法定化"问题，目前已发表了多篇学术论文，研究主要集中在教育、动物、环境、语言等方面的权利法定化问题。至于"体育权利"，当前学术界的主流观点也是认为体育权利是一项基本权利，体育权利也是一项需要法定化的权利。

当然也有学者不认可体育权利是一项基本权利的观点。黄鑫（2016）认为，对"体育权利是基本权利"的论证过于依赖国际条约和理论推演，缺乏具体的规范分析。杨腾（2014）认为，"体育权"仅是权利泛化语境下的一个虚构概念，并不承认体育权利的存在。

张健（2017）则是对体育权利法定化提出了反对意见，他认为一般研究者经常引用的几个国际宣言只是宣言性文件或者仅是各国相互妥协的结果，其规定比较抽象，仅具有号召和宣示意义，并不能对体育实践产生实际的法律效力。一些国家宪法和体育法中规定的体育权利保护条款更多地体现了国家体育权利保护的政策、政治宣言与施政理想，其法律效力存在争议。权利入宪不一定意味着权利必然能落实，有了宪法不见得有宪政。"立法中心主义"只关注了立法，却忽略了法律制定以后实施的条件，陷入了法律万能论的误区 [1]。

---

① 张健.体育权利研究的限度与转型［J］.成都体育学院学报，2017，43（1）：25-30.

在多数学者呼吁和鼓吹体育权利法定化的时候，极力反对体育权利法定化是需要勇气并需要做出大量深入论证的，其反对理由也可以拓宽我们研究体育权利法定化问题的思路。

1. 体育权利是一项普世人权

人权作为一个普遍的政治概念，最初是17、18世纪由欧洲新兴资产阶级为反对封建神权、君权和等级特权而提出来的。同时人权又是一个社会历史的范畴，不同社会、不同阶级有不同的人权观。世界上每个国家的历史、政治、经济、风俗习惯、文化传统等都存在着比较大的差异，各国对人权的理解也不尽相同，不可能有完全统一的人权观。一般认为，人权是指在一定的社会历史条件下每个人按其本质和尊严享有或应该享有的基本权利[①]。从起源上看，体育也是人类社会文明进步的产物，是社会生产力发展和物质生活条件提高后形成的一种社会文化现象，也是人的自然属性和社会属性的表现。体育既是人类生存、发展的重要成果，反过来也促进了人类的生存质量。人类在满足基本生存需要后，必然产生通过特定的社会活动形态强健体魄、愉悦身心的理想追求，必然要求社会为满足这一理想追求进行合理的物质、财富分配，社会成员个体也必然期望将对这一理想追求的实现转化为自身的实际享有。体育正是这一理想追求的一种重要实现形式。因此，不论从起源还是现实存在的角度分析，体育都应属于人权的重要范畴[②]。

国际社会的人权概念，一般是指"国际人权宪章"及其他国际人权文书所确立的人权概念。从内容上可以分为集体人权和个人人权两大部分。个人人权不仅包括公民权利和政治权利，还包括经济、社会和文化权利。而经济、社会和文化

---

① 什么是人权？［EB/OL］（2021-10-10）［2022-08-08］http://www.humanrights.cn/html/2014/rqzs_0612/491.html.

② 李雁军.体育与人权［J］.体育文史，2001（4）：11-12.

权利主要包括：工作和闲暇的权利，公正和良好的工作条件的权利，组织和加入工会的权利，社会保障的权利，家庭、母亲、儿童和少年受特殊保护的权利，相当生活水准的权利，身心健康的权利，受教育的权利及参加文化生活的权利等①。而"身心健康的权利""受教育的权利"和"参加文化生活的权利"等权利的实现都离不开体育的参与，让人们享有参与体育活动的权利就是保障人权实现的一项重要内容。

由此我们认为，体育权利属于"按其本质和尊严享有或应该享有的基本权利"，是一项普世权利。其实，已经有多位专家学者做过"体育是人权"的专门论证②。

2. 体育权利是一项基本权利

法治与人权有着密切的关系。首先，法治是保障人权的前提条件。没有法治，就不能充分尊重和保障民主、平等、自由等基本人权。在国际上，人权也必须通过公正的国际法律秩序来保护和促进。正因为如此，《世界人权宣言》将法治确立为一项重要原则。其次，权利是制定宪法和法律的根据。人权作为一个权利体系，会随着实践的发展而不断发展完善，这对创设和发展法律权利和义务关系有很大的影响。最后，人权作为一种"应然"的道德权利，可以为法律权利和相应的法律原则、制度提供道德基础，从而解决法的道德性问题，并在某种程度上弥补律形式的不足③。

对于什么是基本权利，我国理论界争论颇多。对基本权利的范围认定也有不同的意见，有的认为基本权利仅限于宪法基本权利文本中的权利，有的认为基本

---

① 姆巴伊，宋玉梅.体育与人权［J］.体育文史，1999（4）：45-47.

② 于善旭，吕伟，杨珍.保障和发展体育人权：全球化时代体育法治的价值依归［J］.北京体育大学学报,2014，37（5）：1-10.

③ 什么是人权？［EB/OL］（2021-10-10）［2022-08-08］http://www.humanrights.cn/html/2014/rqzs_0612/491.html.

权利是宪法文本中规定的权利，还有的认为基本权利不限于宪法规定的权利。主流观点认为基本权利必须是宪法权利，也即宪法文本中规定的权利。我国宪法并没有明确规定"体育权利"的具体内容，但是宪法在不同章节有关于"体育权利"内容的表述，实际上确认了"体育权利"的存在[①]。我国宪法第一章"总纲"第二十一条第二款规定："国家发展体育事业，开展群众性的体育活动，增强人民体质。"本款规定可以看作是对"体育活动参与权"的确定。第二章"公民的基本权利和义务"被认为是我国的"权利法案"，其规定了我国公民享有的基本权利。其中第四十六条规定："中华人民共和国公民有受教育的权利和义务。国家培养青年、少年、儿童在品德、智力、体质等方面全面发展。"本条规定的是公民的受教育权，体育教育当然是教育的一项重要内容，要保障我国公民尤其是青少年儿童全面发展的权利，就必须保证他们有机会接受有必要的体育教育权利。

体育权利由体育活动参与权和体育教育权两项子权利构成，前者因其兼有平等权、自由权等诸多权利的部分特征而难以确定，但无论是平等权或是自由权均为基本权利之一。再者体育权利整体上属于经济社会文化权利，而经济社会文化权利是《国际人权公约》确定的基本权利。至于后者，因其隶属于教育权，而教育权是公民的基本权利之一。因此，体育权利可以作为一项基本权利存在。

3. 体育权利是一项需要被落实的权利

我国宪法第二十一条第二款的规定，因其处于"总纲"部分被认为只是原则性的规定，没有实际的可操作性。张振龙等（2008）认为"总纲"中的原则规定与"基本权利"的宪法地位相去甚远。总纲的效力不同于宪法正文，它不具备严格意义上的法规属性[②]，其性质可以归为"基本国策或者国家政策"[③]。

---

① 黄明涛. 我国宪法"体育权利"的文本表述与制度实现［J］. 体育文化导刊，2017（4）：11-14+20.

② 张振龙，于善旭，郭锐. 体育权利的基本问题［J］. 体育学刊，2008（2）：20-23.

③ 郑贤君. 论国家政策入宪与总纲的法律属性［J］. 宪政与行政法治评论，2004（00）：206-224.

但我们不能过度夸大国家政策和法律法规的区别。一般认为，我国的国家政策是国家机关和中国共产党的领导机关，为建设、管理整个国家和处理国内外事务而确定的方针、路线、原则、制度和其他对策的总称，是有关建设、管理国家和处理国内外事务的一切行为的行为准则①。在我国，虽然政策和法律从表现形式上不尽相同，但两者都是领导阶级意志的体现，都是由国家制定或认可的有约束力的文件。法律法规的制定和实施必须以国家政策为指导，国家政策是法律法规的核心内容，法律法规也是国家政策实施的重要手段和保证。

宪法作为我国的根本大法，它规定的是国家政治生活和社会生活中最根本、最重要的问题。其规定的各种权利，不管是第一章"总纲"提及的权利还是第二章"公民的基本权利和义务"提及的权利，都需要通过具体的法律法规才能实现。

公民享有的体育教育权，主要体现在学校体育教育方面。作为一项基本权利的教育权，已经有多部法律法规来保障其权利实施。《中华人民共和国教育法》第五条和《中华人民共和国义务教育法》第三条等，都是关于学校体育教育方面的规定。还有多部行政法规、地方性法规以及规章等也对体育教育问题做了专门规定。至于公民享有的体育活动参与权，则更多地通过体育专门法——《体育法》体现出来。《体育法》不是体育单行法，而是从总体上对我国体育事业发展作出全面规范与保障的基本法，是我国发展体育事业、开展体育工作的基本纲领和总章程②。《体育法》中对公民的体育健身权利、体育教育权利、体育竞赛权利等做了专门规定。

虽然有多部法律法规规定了公民的体育教育权利和体育参与权利，遗憾的是，屡屡被曝出的学生体质不合格问题、体育场馆被闲置和挪用问题，都让公民

---

① 蔡守秋.国家政策与国家法律、党的政策的关系［J］.武汉大学学报（社会科学版），1986（5）：65-70.

② 国家体育总局普法办公室.体育法规知识读本［M］.北京：中国法律出版社，2003，46.

体育权利的实现打上了一个问号。不仅法律的实施遇到了问题，其实一些法律的规定也落后于现时代我国公民对体育的需求，比较典型的例子就是作为体育基本法的《体育法》。《体育法》自 1995 年颁布实施以来，内容现已明显滞后，主要表现在"体育权利及保障内容较少，体育领域的重要概念界定不清，重要制度内容严重缺失，部分内容滞后于改革实践"等方面[①]。保证人们体育权利的实现，不仅需要有完善的法规和制度，还需要相关规定能够不折不扣地得以贯彻执行。

二、《标准》是保护公民体育权利的重要组成部分

（一）《标准》是保障公民健身权利的一项重要措施

全民健身作为国家战略，对提升国民体质、促进全民健康战略实现具有不可替代的作用。"十三五"时期，在党中央、国务院的坚持领导下，我国的群众体育工作又取得了很大进步。全民健身国家战略深入实施，全民健身公共服务水平显著提升，全民健身场地设施逐步增多，人民群众通过健身促进健康的热情日益高涨，经常参加体育锻炼人数比例达到 37.2%，健康中国和体育强国建设迈出新步伐。但是，体育强国目标的实现对全民健身工作提出了更高的要求。为此，《全民健身计划（2021—2025 年）》又提出新的发展目标：到 2025 年人民的健身热情进一步提高，各运动项目参与人数持续提升，经常参加体育锻炼人数比例达到 38.5%。

《标准》的制定和施行，能进一步推进全体人民在各项运动上的参与热情，有助于各项运动的落实与发展，提高人们运动技能水平和体质健康，实现由体育人口向"体育项目人口"过渡。这对完善全民健身公共服务体系，营造全民健身

---

① 马宏俊.试论我国体育法律体系的建立与完善——以《中华人民共和国体育法》修改为视角［J］.体育科学，2021，41（1）：7-20.

社会氛围，提升科学健身指导服务水平，切实落实全民健身、健康中国和体育强国建设等国家战略具有重要意义。

（二）《标准》是满足学生享有体育教育权利的一项重要保证

青少年学生是国家的未来和民族的希望。学校教育，特别是学校体育教育直接肩负着"增强学生体质"和"促进学生健康"的使命。1999年，中共中央、国务院就颁布了《关于深化教育改革全面推进素质教育的决定》，其中就提到"健康体魄是青少年为祖国和人民服务的基本前提，是中华民族旺盛生命力的体现。学校教育要树立健康第一的指导思想，切实加强体育工作"，而《标准》的设计，打破唯"技能""体能"论"体质"，以认知—情感相符理论奠定运动参与动机、兴趣培养基础，充分考虑少年儿童精力充沛和较低的能力水平，对未知世界充满好奇，富有挑战精神，符合少年儿童心理发展特点[①]。是激励学生积极参加体育锻炼、促进学生体质健康发展的一种教育手段。对于引导广大青少年学生拥有健康体魄和健全人格，将"健康第一"的指导思想落到实处，发挥学校体育在素质教育中的作用。对深化学校体育教学改革、推进素质教育大有裨益。

《标准》是保障公民健身权利的一项重要保障，实施《标准》对于唤起学生的健康意识、增强身体素质、培养健康生活习惯、促进学生健康的成长等将起到非常积极的作用。《标准》能够帮助学生发现自身的不足或个体差异，并通过测评促进学生积极参加体育锻炼，改善体质健康状况，促进身体全面发展，成为具有正确的体育意识和健康的生活方式的高素质的建设者，使学校体育在促进国民健康素质方面起到应有的作用。

---

① 马思远，张振龙，李耀章，等. 我国体育项目业余锻炼等级标准的研制背景、体系构建与现实意义 [J]. 首都体育学院学报，2022，34（4）：424-434.

（三）《标准》是执行国家体育政策和法规的需要

我国的体育锻炼标准脱胎于 20 世纪 50 年代的《准备劳动与卫国体育制度》，1964 年，我国将《劳动卫国体育制度条例》改为《青少年体育锻炼标准》；1975 年改为《国家体育锻炼标准》；1990 年经国务院批准，原国家体委发布了再次修改的《国家体育锻炼标准施行办法》，使国家体育锻炼标准成为一项具有广泛群众基础的基本体育制度。《中华人民共和国体育法》第十一条关于"实施体育锻炼标准"的规定，进一步确立了这一制度的法律地位。2014 年，国务院颁布了《关于加快发展体育产业促进体育消费的若干意见》，把全民健身上升为国家战略，把增强人民体质、提高健康水平作为根本目标。2017 年，国家体育总局、教育部、中央文明办等七部门联合制定的《青少年体育活动促进计划》，其中也明确提出"研究建立青少年运动技能等级评价标准，并要求各教育部门应将运动技能等级纳入学生综合素质评价体系"。2019 年国务院办公厅颁布的《体育强国建设纲要》也提出，建立面向全民的体育运动水平等级标准和评定体系。所有这些规定为公民体育健身权利的实现提供了法律和政策保障。

构建更高水平的全民健身公共服务体系是加快体育强国建设的重要基石，是顺应人民对高品质生活期待的内在要求，是推动全体人民共同富裕取得更为明显的实质性进展的重要内容①。《标准》体系作为"构建更高水平的全民健身公共服务体系"的组成部分，对推动群众体育发展，促进和保障国民体质健康起到重要作用，也是落实全民健身、健康中国等国家体育战略和法律法规的需要。

---

① 中共中央办公厅、国务院办公厅《关于构建更高水平的全民健身公共服务体系的意见》［EB/OL］.（2022-03-23）［2022-03-26］. http://www.gov.cn/zhengce/2022-03/23/content_5680908.htm.

三、推进各类《标准》制定、完善与规划实施是落实公民体育权利的重要内容

我国《标准》并非近期才起步，早在 1998 年，田径项目便率先开启了《全国田径业余锻炼等级标准实施办法》的制定实施，《田径》期刊上仍能查询到有关田径业余锻炼等级标准的办法原文、制定说明、实施新措施以及标准达标赛的竞赛规程、竞赛实施细则和名次公布等具体信息。作为田径业余锻炼等级标准配套的实施新措施中阐述了对于积极参与锻炼者的激励方式，包括可以持有多项、多级证书的荣誉奖励，持等级证书人员可优先参加相应的田径比赛，可持证免费入场观摩由中国田径协会举办的比赛，持有四项（包必须含田赛、径赛）一级证书的人员在升学就业时享有同等条件下优先考虑等。其实施配套措施顺应对应时代全面健身的发展理念，具有较强的激励作用。之后，游泳、网球、武术、围棋、乒乓球、羽毛球等项目也颁布了自己的业余锻炼等级标准。但是，其后无论是关于锻炼等级标准的实施还是锻炼等级标准的研究都进入瓶颈期。

（一）指导各类《标准》制定与完善

由于我国竞技体育举国体制和"奥运争光计划"较长期的推行和实践，有关专业运动员技术等级评定已形成较为完整规范的标准体系。现行的《运动员技术等级标准》是 2019 年国家体育总局再次修订更新发布的版本，从 2010 年至今，该《标准》已完成了 6 次修订调整。因而对于具体项目业余锻炼等级标准的制定在极大程度上可以借鉴一些专业运动员技术等级标准，尤其是项目的分级分类和评价维度。

截至 2022 年 4 月，已有 39 个体育项目制定了"业余锻炼标准"，"标准"的等级大多不同、各具特色，有的分 3 级，有的分 5 级，有的与专业运动员技术等

级衔接分为 6 级，有的分为 3 等 9 级，有的分为 4 等 12 级 ①，不一而足；还有部分体育项目，如健身气功、武术、跆拳道、空手道等，多采用段位制，设置方式也不尽相同，这些必然导致等级序号孰大孰小、孰高孰低等混乱问题；在等级的称呼上，有用动物命名的，如"X 海豚""XX 鹰"的，还有称为"大师""精英""大家"的更为夸张，加之媒体捕风捉影的报道，容易混淆视听，对体育锻炼和体育项目发展造成不利影响。

在借鉴专业运动员技术等级标准的同时，要注意区分两类标准的不同目的，专业运动员技术等级标准是为评定和激励专业运动员奋力搏击更优异的运动成绩，获得竞技体育赛事中的奖牌，而业余锻炼等级标准则旨在于激发民众参与体育项目，增强人民体质，增加人民对体育项目消费的黏性，促进体育消费的转型升级，因而制定的标准应当较大程度低于专业运动员技术等级标准，但同时又要让参与锻炼群体的锻炼水平做出区分。基于此，已经制定的和未制定标准的体育项目要按《标准》的名称、测评评价维度和等级设计的要求进行完善和制定。名称统一为：XX 体育项目业余锻炼等级标准；测评评价维度：改变过去"唯技能"测评评价方式，依据"情感认知、运动技能和运动参与"三个维度进行测评评价；等级设置为 3 阶 6 级（其中 8 级和 9 级为初阶，6 级、7 级为中阶，4 级、5 级为高阶），4 级与专业运动员技术等级的 3 级衔接。形成国际级运动健将、运动健将、1 级运动员、2 级运动员、3 级运动员（5 个专业运动技术等级）4 级、5 级、6 级、7 级、8 级和 9 级（6 个业余锻炼等级）11 个等级，形成专业体育与业余体育衔接的一个完整体系。

---

① 唐炎.《青少年运动技能等级标准》的研制背景、体系架构和现实意义［J］.上海体育学院学报，2018，42（3）：2-7.

（二）《标准》"双轨制"配套规划实施

《标准》的有效推行需要制定一套完整的政策传递、指导和实施机制，该机制由政策文件作为主要传递介质，其中政策文件包括专项纲领性文件、产业总体规划指导性文件和具体实施性文件。根据所需要配套执行政策文件的内容将设定"双轨制"推行机制，如图 12-1 所示。针对《标准》本身推行主要执行轨道：由国家体育总局（或全国体育总会）顶层设计颁布《体育项目业余锻炼等级标准实施办法》，由全国单项体育协会负责制定本项目的具体标准，引导各省级体育总局结合实际情况发布各省市《XXX 省（市）、自治区、直辖市体育项目业余锻炼等级标准实施办法》，各省级体育总局（或省体育总会）下属市级单位制定发布《XXX 市业余锻炼等级评定具体方法》；同时将推行《标准》作为落实执行全民健身国家战略和引导体育消费的重要力点，在各类战略层面规划指导性文件中提及深化落实《标准》有关内容的条例，与主轨道并驾齐驱推进《标准》全面贯彻落实执行。

结合我国经济发展实际，借鉴国外产业发展经验，体育产业的发展与经济发展程度息息相关，鉴于此，在加紧推进文件出台的过程中，可以模拟中国经济制度发展的路径，采取经济水平发展较高或者相关全民健身项目发展较好的区域或省份率先进行标准试点，随后以"先动带后动"。

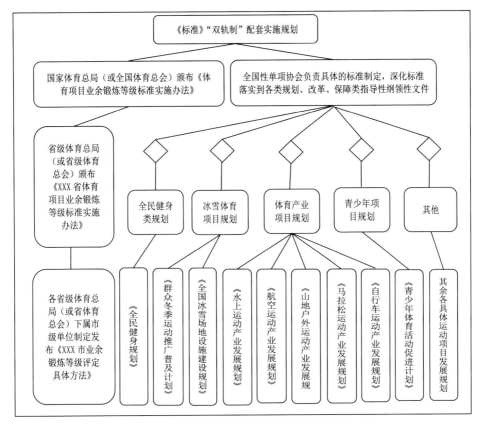

图 12-1 《标准》"双轨制"配套实施规划流程

四、建立健全《标准》相关制度是践行公民体育权利的重要保障

国家体育总局作为我国管理体育的专门机构，在我国体育运动事业发展中起着至关重要的作用。因此，在《标准》制定实施过程中国家体育总局更应统筹引导。首先，国家体育总局应出台相关的配套政策，涉及标准制定程序、申报审批程序、推广实施办法等，宏观指导《标准》，使各单项协会有制度可循、有规章可参考。

（一）建立健全《标准》考评机构

各运动管理中心、运动项目协会等应与各地区体育局联合建立各体育项目《标准》的考评机构。一个考评机构可同时负责该项目所属大类的所有运动项目的考评，也可负责单一体育项目的《标准》考评。群众参与所从事项目的《标准》等级考评需缴纳一定的考评费用。考评成绩达到相应等级的"运动员"，颁发等级证书，通过"体育项目业余锻炼等级标准化网络信息平台"[①]注册为相应等级的"运动员"，不同等级的"运动员"，国家体育总局出台《业余锻炼等级标准奖励办法》，激励群众参与运动锻炼的积极性与热情。

（二）建立健全《标准》审批监察专项小组

各运动管理中心的单项协会负责各体育项目的《标准》的制定与完善，而国家体育总局则负责对《标准》进行审批与监察。从开始进行标准的制定，到标准制定完成报送审批，再到《标准》落地、推广施行，都需要有专项小组进行监督与管理，对于推广落实情况好的进行表扬奖赏，对于推广落实情况不理想的进行通报批评及相应的惩罚，从而使各单项协会的标准实施形成良性的竞争，以促进群众体育发展。

（三）加强对测试人员的培训管理

按照斯皮尔曼（Spearman）分类的要求，对于组织测试相关人员的能力需要主要包括两个类别：通识能力素质和专业知识技能。以健美操为例，健美操达标通级活动需要有 3 ～ 5 名竞技等级裁判员或指导员为裁判，裁判不仅需要进行等级裁判，还需要负责组织、培训和管理竞赛工作，负责竞赛编排和后续成绩公布

[①] 朱惠平，马思远，李相如，等.体育项目业余锻炼等级标准化网络信息平台建设研究［J］.吉林体育学院学报.2019，35（5）：22-28.

备案等①，因此负责测试的裁判人员既需要体操专业知识，又需要具有赛事组织管理能力。此外，以业余锻炼等级标准推行时间较长的田径项目为例，除了上述项目专业知识和通级达标活动组织能力以外，其等级标准中对人员的能力需求还包括政治品德和政治素质，比如对玩忽职守、弄虚作假的工作人员要依法依规予以处罚②。

基于此分析，对于测试人员要进行全面系统的培训管理，一方面进行项目专业技术知识的基础能力培训，例如项目达标指标、衡量标准等；另一方面需要对通识能力素质进行定期培训，例如赛事活动组织能力、思想品德教育、应急事件处理能力等。

（四）加大《标准》社会指导员培训工作

在《标准》制定之后，如何落地生根是关键的一步，群众如何根据《标准》进行锻炼并考取等级更需要专业的社会体育指导员进行指导。国家体育总局应加大各类体育项目社会指导员培训工作，建设一支擅长不同体育项目的体育运动技能，善于体育锻炼指导，了解《标准》的体育社会指导员队伍。对体育社会指导员应定期组织培训考核，达不到考核要求的重新进行培训并暂停现有的指导工作安排；对于考核成绩出色的体育社会指导员，进行给予奖励表扬，并选取示范体育社会指导员，号召其他社会指导员向其学习，从而提高他们的业务水平，更好地促进群众进行科学锻炼。

---

① 国家体育总局体操运动管理中心.健美操业余运动员技术等级标准实施办法［EB/OL］.（2019-04-22）［2021-08-26］.https://www.sport.gov.cn/tczx/n5272/c904002/content.html.

② 国家体育总局.全国田径业余锻炼等级标准实施办法［EB/OL］.（1998-03-26）［2021-11-16］.http://www.sport.gov.cn/fagui/fg022.htm.

五、做好《标准》实施的保障服务

（一）加大对健身场地设施的投入

由于推行《标准》是新时代对全面健身活动的新举措，从项目管理的角度，对于相关健身场地、设施的投入应该分为两个方面：一方面是针对达标通级场地和器材的新投入，例如健美操项目要求场地平整、采取木质地板或软化保护措施，器材四周有宽、高为 2m × 3m 的安全区域，温度应该在 18 ～ 28℃之间，照明亮度不应小于 500Lx，要求器材需符合技术标准要求，并附有产品质量检验合格证明和产品使用说明书。原有供给运动技术评级的场地和设施虽然符合要求，但毕竟数量和占比有限，可能不足以匹配《标准》推行的需求量。另一方面是增加或维护供群众日常锻炼训练的场地和器材，对老化和不适应现行锻炼要求的场地和器材进行报废折旧，适时适地对折旧后的场地和器材进行更新重建，并根据锻炼需求，增加相关全面健身场地器材的有效供给。

（二）建立《标准》专项经费

为了使业余锻炼等级标准更好地推广应用，国家体育总局应建立等级标准实施推广专项经费[①]。由于我国大多数单项运动协会成立时间不长、缺乏有效的盈利能力，难以抽取大量资金进行等级标准的调查推广，因此国家体育总局应建立专项经费，对于缺乏资金的单项协会予以资金支持，以推动更多的运动项目建立业余标准。其次，专项经费也包括等级标准的审批和监管费用，等级标准不是只需要制定即可，而是要切实落实，并推广应用。因此需要资金支持对等级标准的推广应用进行监管。

---

① 马思远．李相如．体育项目业余锻炼等级标准制定与落实的现状与对策［J］.首都体育学院院报，2016，28（6）：503-507.

（三）完善《标准》激励机制

马思远（2016）在其实践调研中得到业余锻炼标准的推行既需要精神奖励（荣誉、等级），也需要物质奖励，鉴于其调研年度为 2016 年，因而本书认同并借用该项调研结果，认为业余锻炼等级标准的推行需要完善业余锻炼等级标准实施激励机制。完善精神激励机制，合理制定等级评定标准，对于等级升级和荣誉称号的获得应该有层次有要求。完善物质激励机制，制定与推广全面健身，盘活场馆利用率等增强人员获得感和幸福感的物质奖励体系，不同地区不同项目的奖励有所不同，例如对参与网球项目的业余运动员而言，参与网球运动技术等级评定标准虽然是网球运动水平分级的全民性评价体系，但同时打破了业余与专业的壁垒，甚至可以与国际接轨，可以作为打通国家之间网球等级换算的通行证[①]；而在率先开展业余锻炼等级标准实施推行的江苏省常州市，该市体育局副局长魏继斌表示："凡是已经获得常州市业余运动一级、二级和三级的市民，除了可以享受评定办法当中规定的优惠措施之外，这些市民在市属国有场馆参加健身，分别可以享受场馆门市价的七折、八折和九折优惠"，即获得等级标准评定的市民可以享受场馆门市价打折优惠使用。

（四）加大《标准》推广宣传力度

《标准》制定完成之后，应广泛利用网络等新媒体进行推广宣传。根据已有的业余锻炼等级标准现状，大多数标准在制定完成之后都是挂于各协会主页，鲜有人点击下载，也没有相应的等级考核机构，失去了业余锻炼等级标准制定的价值与意义。因此，标准制定之后，应使用网络媒体，特别是国家媒体进行公告，在推广中可以借由该运动的大型赛事或是该运动的知名专业运动员进行推广普及。

---

① 中国体育报.中国网球运动技术等级标准推动网球普及（03）.2019-05-29.

六、结束语

体育权利是公民应该享有的体育活动参与权以及体育教育权。满足公民的体育权利需求是体育强国建设的应有之义。而推广《标准》及其赛事，对增强体育消费黏性，促进体育消费转型升级，激发群众参与体育锻炼的获得感和成就感等具有非常重要的意义。制定落实和配套完善《标准》是完善全民健身公共服务体系的重要组成部分，也是提高全民身体素质、改善全民健康水平、实现全民健身国家战略顶层目标的重要内容。制定落实和配套完善《标准》主要包含五个举措：加紧出台在全民健身活动中推行《标准》的文件，通过"双轨制"机制全面促进配套文件的制定出台；以《标准》作为参考依据，加速制定具体项目业余锻炼的等级标准，就标准的分类分级和名称结合中国特色实践和传统文化内涵做相应的融合；加强对测试人员的培训管理，包括项目专业知识技能培训和通识素质能力（包括政治素质和职业道德等）的定期培训；加大对健身场地、设施的投入，不仅增加达标赛事活动场地和设施的新投入，对于居民日常使用的项目场地和设施还要进行及时的更新维护和有规划的新增新建；完善《标准》实施激励机制，包括完善等级证书和荣誉证书等精神奖励机制和对相应获得证书等级的参与者提供物质奖励机制等。

第十三章　体育项目业余锻炼等级标准化
网络信息平台建设研究

2014 年 11 月 20 日,《国务院关于加快发展体育产业促进体育消费的若干意见》颁布, 将全民健身上升为国家战略, 把增强人民体质, 提高健康水平作为根本目标。2015 年 10 月 26 日, 党的十八届五中全会审议通过的《中共中央关于制定国民经济和社会发展第十三个五年规划的建议》提出了健康中国建设的战略构想[1], 并将体育作为健康治理的跨界工程纳入到这一宏大的战略体系中[2]。2016 年 8 月, 习近平总书记在全国卫生与健康大会上, 作出了"把人民健康放在优先发展的战略地位"的重要指示, 以"没有全民健康, 就没有全面小康"[3] 的重要论断, 指出了人民健康在国家发展中的重要地位。体育作为"健康中国"战略的重要组成部分, 在推进"健康中国"建设中必将起到举足轻重的作用[4]。

鉴于此, 本研究以"全民健身上升为国家战略"为引导, 以全面推进"健康

---

① 新华网.中共中央关于制定国民经济和社会发展第十三个五年规划的建议 [EB/OL].（2015-11-03）[2017-07-20].http://news.xinhuanet.com/fortune/2015-11/03/c_1117027676.htm.

② 万炳军, 史岩, 曾肖肖."健康中国"视域下体育的价值定位、历史使命及其实现路径——基于习近平治国理政的思想与战略 [J].北京体育大学学报, 2017, 40（11）: 1-9.

③ 张樵苏.习近平: 把人民健康放在优先发展战略地位 [EB/OL]（2016-08-20）[2017-07-20]. http://news.xinhuanet.com/ politics/2016-08/20/c_1119425802.htm.

④ 马思远, 李相如.体育项目业余锻炼等级标准制定与落实的现状及对策 [J].首都体育学院学报, 2016, 28（6）: 503-507.

中国"建设的总体要求为依据，将互联网的创新成果与全民健身深度融合，充分利用我国互联网的规模优势和应用优势，搭建了体育项目业余锻炼等级标准化网络信息平台。建设体育项目业余锻炼等级标准化网络信息平台，是落实《全民健身条例》和《全民健身计划》的重要途径，是促进全民健身运动开展和提升国民身体素质的有力抓手，更是实现全民健身国家战略顶层设计和健康中国的重要举措。

一、体育项目业余锻炼等级标准化网络信息平台建设的背景

（一）构建体育项目业余锻炼等级标准化网络信息平台，是全面落实全民健身国家战略的有力抓手

为了更加广泛地开展群众性体育活动，增强人民体质，推动我国社会主义现代化建设事业的发展，1995 年 6 月 20 日国务院发布了《全民健身计划纲要》。全民健身计划以全国人民为实施对象，以青少年和儿童为重点，计划到 2010 年实现"全面提高中华民族的体质与健康水平"这一奋斗目标。然而，2011 年 9 月国家体育总局、教育部发布的 2010 年国民体质监测结果显示：我国学生体质总体状况依然令人担忧，中小学生超重与肥胖率继续增加；视力不良检出率持续增高并出现低龄化倾向；大学生的速度、力量、耐力等身体素质进一步下降。2013 年 8 月，国家体育总局公布的全国 10 省（自治区、直辖市）2013 年 20 ～ 69 岁人群体育健身情况和体质状况抽测结果显示："从体质综合评价的合格率下降可以预见，国民体质已呈下降趋势。①" 2014 年 6 月，《北京市人大常委会关于检查全民健身相关法规实施情况的报告》揭示，青少年体质状况不容乐观，征兵体检合格

---

① 十省抽测显示国民体质呈下降趋势［N］.中国青年报，2013-08-07.

率持续下滑，如果任其发展下去，后果不堪设想[1]。国民体质状况已经成为影响中国社会健康持续发展，关乎中国梦能否实现的重大问题[2]。为此，2014 年 11 月 20 日，《国务院关于加快发展体育产业促进体育消费的若干意见》颁布，将全民健身由一项常规性的社会事业上升为国家战略。构建体育项目业余锻炼等级标准化网络信息平台，是全面落实全民健身计划的重要途径，是全面提高中华民族的体质与健康水平的重要举措，更是实现全民健身国家战略顶层设计的有力抓手[3]。

（二）构建体育项目业余锻炼等级标准化网络信息平台，是加快推进健康中国的助推器

2015 年 10 月 26 日至 29 日，党的十八届五中全会审议通过的《中共中央关于制定国民经济和社会发展第十三个五年规划的建议》提出了健康中国建设的战略构想，国民经济和社会发展"十三五"规划纲要对推进健康中国建设做出了全面部署和安排，并提出"发展体育事业，推广全民健身，增强人民体质"的十八字方针。健康中国建设是实现小康社会的重要内容，是实现"两个一百年"奋斗目标的必然要求，更是实现中华民族伟大复兴中国梦的重要保障。2016 年 8 月 20 日，在全国卫生与健康大会上，习近平总书记全面阐述了推进健康中国建设的重大意义，并提出"要倡导健康文明的生活方式，树立大卫生、大健康的观念，把以治病为中心转变为以人民健康为中心，建立健全健康教育体系，提升全民健康

---

① 北京市人民代表大会常务委员会执法检查组关于检查全民健身相关法规实施情况的报告［EB/OL］.http://www.bjrd.gov.cn/zdgz/zyfb/bg/201406/t20140605_133060.html.

② 万炳军，曾肖肖，史岩等．"健康中国"视域下青少年体育使命及其研究维度的诠释［J］.体育科学，2017，37（10）：3-12.

③ 马思远，李相如，张洋.关于体育项目业余锻炼开展情况的调查研究［J］.中国学校体育,2015,2（10）：7-11.

素养，推动全民健身和全民健康深度融合。①" 2016 年 8 月 26 日，习近平总书记主持中共中央政治局会议，审议通过"健康中国 2030"规划纲要，会议认为健康是促进人的全面发展的必然要求，是经济社会发展的基础条件，也是广大人民群众的共同追求②。2017 年 10 月 18 日，习近平总书记在党的十九大报告提出了实施健康中国的战略，指出了"人民健康是民族昌盛和国家富强的重要标志"，党和国家领导人对人民健康的认识达到了前所未有的新高度。面临推动健康中国建设的历史机遇与挑战，构建体育项目业余锻炼等级标准化网络信息平台，完善全民健身公共服务体系，对全面提升全民健康水平、促进全民健身运动的发展，助力健康中国宏伟蓝图的实现具有重要的意义。

（三）构建体育项目业余锻炼等级标准化网络信息平台，是"互联网+"时代的必然选择

人类跨入 21 世纪，信息社会已经来临，随着计算机技术和网络技术的日益发展，计算机和网络已遍及社会生活的各个角落，网络信息正在给人类的生产方式、工作方式乃至生活方式带来巨大的变革③。移动互联网、社会网络服务、云计算、大数据、物联网、下一代互联网、高端集成电路、新型平板显示、新兴软件等信息产业正以日新月异的速度蓬勃发展。现阶段任何行业或产业的发展都离不开互联网，中国已经迎来了"互联网+"时代。因此，充分发挥我国互联网的规模优势和应用优势，利用网络信息平台，以网络为依托，服务为导向，面向多类别业余体育项目锻炼用户，建设一个兼顾一般性信息需求和个性化信息需求相结

---

① 新华社.习近平在全国卫生与健康大会上强调：把人民健康放在优先发展战略地位努力全方位全周期保障人民健康［N］.人民日报，2016-08-21.

② 人民日报.中共中央 国务院印发《"健康中国 2030"规划纲要》［N］.人民日报，2016-10-26.

③ 王松岩.基于 Internet 的足球战术教学与训练信息交互平台的开发研究［J］.武汉体育学院学报，2005，39（9）：102-105.

合的网络信息平台，是"互联网+"时代的必然选择，同时也是构筑体育公共服务发展的新动能。

二、体育项目业余锻炼等级标准化网络信息平台的基本特点与功能构想

（一）基本特点

1. 垂直性

在网络信息平台的起步阶段诞生了许多水平性的网站，它们提供的产品包罗万象，但服务模式却千篇一律。众所周知，每个行业都有自身的特点与规律，即使同一行业里面不同的产品也都有自己的属性和服务人群。体育项目业余锻炼等级标准化网络信息平台，根据体育公共服务的属性结合业余体育锻炼用户的特点，通过深度挖掘和纵向延伸朝着细化与深度的方向进行了垂直化的构建，试图向用户提供有关这个领域的全部信息和相关服务，力争通过一个站点解决体育项目业余锻炼等级价标准化服务中遇到的所有问题。

2. 针对性

体育项目业余锻炼等级标准化网络信息平台是一个针对性极强的专业化网络平台，其服务对象主要是体育项目业余锻炼者，服务内容主要围绕着体育项目业余锻炼等级标准化而展开。由于体育项目业余锻炼等级标准化网络信息平台是在大众体育领域进行深化挖掘的个性化服务，所以它在该领域具有更强的权威性，可以更加准确地积累自己的目标用户，增强用户黏性①。

---

① 为什么综合性平台会被垂直性专业平台取代？（2017-02-09）［2019-06-18］［EB/OL］. https://www.sohu.com/a/125835559_528222.html.

3. 公益性

体育项目业余锻炼等级标准化网络信息平台是由政府、企业和社会三方共同出资建立的，以推动体育项目业余锻炼等级标准化为出发点，以向群众体育管理的政府部门、参与群众体育经营的企事业单位以及体育项目业余锻炼者提供服务为宗旨的网络信息平台，具有公共服务产品的属性，因此平台提供的各类服务均不收取任何费用，在很大程度上带有公益性的色彩。

4. 便利性

体育项目业余锻炼等级标准化网络信息平台作为服务全社会的公共平台，其便利性是用户享有信息的基本保障。通常用户借助计算机终端进行简单操作，就可以登录网络信息平台轻松查阅体育项目业余锻炼标准、了解体育锻炼资讯、在线学习锻炼方法、开具运动处方、交流锻炼心得等，极大地提高了业余锻炼人群参与体育项目的积极性。

5. 创新性

互联网时代的到来，彻底改变了人们的学习、工作和生活方式，同时也为推进体育项目业余锻炼等级标准化提供了新的载体。体育项目业余锻炼等级标准化网络信息服务平台的构建，既是顺应时代发展潮流的创举，也是群众体育工作与时俱进、不断开拓创新精神的体现。其创新性主要体现在三个方面：一是网络信息平台内容的创新；二是利用最新的理论和技术在网络信息平台设计和建设上的创新；三是从专业化、人性化和个性化出发在网络信息平台服务方式和手段上的创新。

（二）功能构想

1. 用户注册与登录

新用户在登录体育项目业余锻炼等级标准化网络信息平台前首先需要注册。

在注册时，新用户要向系统提供名称、密码、性别、年龄、健康状况、手机号码等基本信息。这些数据首先会在系统中进行合法性检查，然后将合格的信息上传到后台控制器中进行处理，最终完成注册。在登录时，用户需要填写登录的账号、密码以及短信验证码，当用户准确填写完登录信息后才能登录成功[①]。

2. 网络信息自动抓取与更新

在体育项目业余锻炼等级标准化网络信息平台的内部管理系统中制作信息采集器，利用网络漫游装置或者网络爬行软件，在互联网上定时定期地进行以预先设定的关键词集合为目标的搜索，并自动抓取信息源网站上的信息[②]，实现网络信息平台部分栏目信息的自动更新，提高平台信息的丰富性和更新的及时性。

3. 信息资源的加工与整合

在信息资源的加工方面，体育项目业余锻炼等级标准化网络信息平台支持多人协同采编，信息发布之前实施编审控制措施，防止不真实或虚假的信息未经甄别就直接出现在平台，完成职责明确的信息加工。在信息资源的整合方面，网络信息平台主要是利用资源加工软件创建资源数据库，首先将尚未进行数字化处理的资源实现数字化转换，然后将已经数字化处理过的资源转换为统一格式，并且能将统一格式的数字资源批量保存入库，从而不断完善数据库资源。

4. 智能化分类和相似性检索

体育项目业余锻炼等级标准化网络信息平台在智能化自动分类和相似性检索方面主要是利用统计学理论来实现。基于统计学理论实现的信息智能化自动分类和相似性检索具有较高的准确性，分类和检索的准确率可以满足大多数应用的要

---

① 朱毅. 基于 Android 的医院预约挂号系统设计与实现［D］. 长春：吉林大学，2017.

② 孔军，易勤. 面向用户的竞技体育信息集成服务平台建设研究［J］. 武汉体育学院学报，2009，43（8）：55-58.

求和信息粗加工的需要[①]。这种信息智能化分类和相似性检索还具有与语言无关的特性，可以实现中文、英文、中英文混合以及其他语种的分类和相似性检索[②]。

5. 相关信息源和数据库的链接

体育项目业余锻炼等级标准化网络信息平台在提供相关信息源和数据库的链接时主要采用集成化服务。集成化服务的优势在于以不同用户需求为导向，对信息资源和数据库进行全方位的整合与集成，通过知识因子的有序化和知识关联的网状化，使之成为相互渗透、相互作用的有机体，形成具有新的组织结构和功能的资源系统。这种资源的整合与集成不是简单的集合和链接，而是剔除冗余和重复信息，形成一个全新信息资源体系的过程，其最终目的是要把各种信息科学合理地连接在一起，让用户便捷地使用这些资源[③]。

6. 用户兴趣建模与聚类

平台利用多种数据分析技术，根据用户兴趣信息向用户主动推荐需要的相关知识资源，并能根据用户的反馈进一步调整推荐内容。在个性化推荐服务中涉及的技术广泛而复杂，其中用户兴趣建模主要是指通过各种方式收集用户兴趣从而建立用户个性描述的模型，而用户兴趣聚类是通过比较体育项目业余锻炼者之间的兴趣差异，计算并划分具有相似的资源偏好的兴趣小组，进行协同推荐[④]。通过用户兴趣建模与聚类功能，用户需要的信息将被连续不断地实时推送到用户面前，而无须用户访问相关网站和其他网络资源，避免浪费时间和精力，有效提高了信息服务的及时性、主动性和针对性[⑤]。

---

① 赵奇钊，董坚峰，周彤．信息贫困视野下的偏远山区农业信息平台搭建研究［J］．图书情报工作，2009，53（23）：81-85.

② 孔军，易勤．面向用户的竞技体育信息集成服务平台建设研究［J］．武汉体育学院学报，2009，43（8）：55-58.

③ 周永红．信息集成服务的含义、发展与主要类型［J］．情报理论与实践，2007，5（30）：601-603.

④ 袁媛，杜小勇，马文峰．数字图书馆信息服务平台的建设［J］．现代图书情报技术，2003（5）：8-10.

⑤ 李志杰．搜索引擎和RSS在体育信息检索中的应用与比较［J］．科技创新导报，2008（12）：22.

三、体育项目业余锻炼等级标准化网络信息平台的设计理念与设计原则

（一）设计理念

1. 拓展网络在体育公共服务领域的功能

在任何时代，技术革新都会给社会带来三个明显的变化。第一是技术革新使我们的工作比过去做得更好；第二是技术革新使我们的工作任务发生根本性变化；第三是技术革新给我们社会带来的变化[①]。21世纪，随着数字化信息技术的高速发展和"互联网＋"时代的到来，网络信息化已经渗透到了我们工作、学习和社会生活的各个角落。体育项目业余锻炼等级标准化网络信息平台就是一个架构在现有网络信息系统之中，通过网络信息技术建立的一条内部信息通道，实现网络信息的互联、互通和互用的相对统一，进一步拓展了网络在体育公共服务领域的功能[②]。

2. 展现信息化建设成果，服务体育项目业余锻炼人群

体育项目业余锻炼等级标准化网络信息平台以服务体育项目业余锻炼人群为核心，以展现"互联网＋"时代体育公共服务信息化建设成果为重点，以借鉴和融合各领域网络信息化服务手段为实现途径，注重网络信息平台的创新性、专业性和时效性，力求体育项目业余锻炼等级标准化信息服务多视角和全方位，充分发挥网络优势，为体育项目业余锻炼用户提供方便快捷、优质高效的信息服务。

---

① 张溪. 工学结合模式下高职体育教学信息平台的构建研究［J］. 北京体育大学学报，2010，11（2）：97-98+110.

② 曲英涛，杜军. 一体化校园信息服务平台的研究与设计［J］. 中国教育信息化，2017（9）：87-90.

3. 紧跟移动互联网时代脉搏，融合移动信息技术

随着移动互联网时代的到来，移动网络服务的需求量越来越大，不久的将来移动互联网就会成为网络消费的主体。体育项目业余锻炼等级标准化网络信息平台的建设紧跟移动互联网发展的时代脉搏，融合了大量的移动信息服务技术，为体育项目业余锻炼人群提供了移动化的网络信息支撑，并推出移动信息服务结合PC 版的一站式服务大厅，为体育项目业余锻炼用户提供更为快捷、更为先进的信息化服务。

4. 以人为本，注重用户体验

体育项目业余锻炼等级标准化网络信息平台，根据网络信息服务的规律和特点，创建了专业、独特且全新的一站式网络应用体系，增强了网络信息系统的黏性，提高了网络信息服务平台的运营水平，并依托统一的平台持续探索信息转化模式，在为体育项目业余锻炼用户提供基本信息服务的同时，利用大数据预测用户潜在的行为特征，真正做到以人为本，服务社会的目的。

（二）设计原则

1. 政府主导性原则

在体育项目业余锻炼等级标准化网络信息平台的构建过程中，政府层面应切实发挥好主导和引导作用，进一步搞好顶层设计和环境建设，制定出相关的法规和政策，进一步加大财政投入，不断强化基础设施建设。

2. 系统性原则

根据体育项目业余锻炼等级标准化网络信息平台的特征进行系统规划，使不同的板块系统能够集成到信息服务平台上，然后对各板块系统进行优化组合，形成一个完整而全新的系统，使业余体育锻炼用户能够快速获取所需的信息[1]。

---

[1]　邱竞.体育公共信息服务平台建设的现状、方法及前景分析［D］.成都体育学院，2016.

3. 实用性原则

根据业余体育锻炼用户的不同需求，将体育资源按照项目进行梳理、整合，为不同项目的业余体育锻炼用户提供综合、全面的信息服务，达到供需双方无缝对接的目的，凸显网络信息平台的实用性[①]。

4. 可扩展性原则

要充分考虑平台系统的可扩展性，以适应用户需求的不断变化和信息技术的不断升级换代。为此，在信息平台设计之初，就要提前规划和预留可拓展的系统接口，保证日后新功能的扩展方便和对接顺畅。

5. 安全性原则

要从安全技术、安全策略、安全制度等多种维度，保障网络信息平台的安全运行。体育项目业余锻炼等级标准化网络信息平台包含大量的数据，在安全运行的维护过程中如果按照常规办法进行解决，可能会导致服务器崩溃，需要采用高性能，高扩展的传输、交换及控制设备[②]。

6. 整体优化性原则

体育项目业余锻炼等级标准化网络信息平台是各种不同的子系统集合起来的复杂系统，这些子系统相互联系、相互作用，因此应在保证整体效能最大化的前提下，追求各子系统的最大利益。

---

① 马焱，何超，贾前生等."互联网+"战略下全民健身信息资源服务平台建设研究［J］.中国管理信息化，2017，20（24）：149-150.

② 杨辉，吴潮培.武汉公共体育信息化平台建设研究［J］.搏击（体育论坛），2014，6（8）：32-34.

四、体育项目业余锻炼等级标准化网络信息平台的组织架构与模块

(一)组织架构

1. 前台的 Browser/Server 模式架构

体育项目业余锻炼等级标准化网络信息平台分为前台和后台两个部分。前台主要面向业余体育锻炼用户,采用 Browser/Server 模式架构(如图 13-1 所示),即浏览器 / 服务器模式,简称 B/S 模式。B/S 模式分为三层,分别是表现层(Performance Layer)、业务逻辑层(Logic Working Layer)和数据层(Data Layer)。其中表现层是数据的逻辑接口,它负责实现显示和交互;业务逻辑层主要是为表现层和数据层之间传输数据提供纽带,它的任务是接受用户的请求,执行相应的扩展应用程序与数据库进行连接;数据层主要是对数据进行存储,实现表现层对数据库信息的查询、修改和更新等[①]。

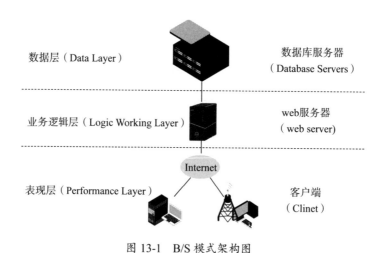

图 13-1　B/S 模式架构图

---

① 史亚庆 . 基于 B/S 架构的网络学习平台研究与实现[D]. 西安:西安理工大学,2018.

B/S 模式的工作原理是：首先用户通过客户端应用程序向 Web 服务器提出请求；其次，Web 服务器响应用户的请求，将数据指令交给数据库服务器来解释执行[1]；再次，数据库服务器将数据处理的结果（用户需要的文本、数据、图像、视频和音频等信息）返回给 Web 服务器；最后，Web 服务器再将数据传送到客户端[2]。B/S 模式具有维护工作量小，系统的可扩展性好，更新方便，互动性强，易于管理和维护等优点。

2. 后台的 Client/server system 模式架构

体育项目业余锻炼等级标准化网络信息平台的后台主要面向数据更新人员和内部管理人员，采用 Client/server system 模式架构，即客户机/服务器系统，简称 C/S 模式（如图 13-2 所示）。C/S 模式分为两层，分别是客户机层（Clinet Layer）和服务器层（Servers Layer）。其中客户机层安装客户端软件，负责处理用户的前端界面和交互操作；服务器层运行服务端程序，负责处理后台业务逻辑、请求数据以及维护工作[3]。其工作原理是：首先用户通过客户端软件向客户机发出数据请求，紧接着客户机将用户的数据请求提交给服务器，然后服务器的数据库管理系统执行数据处理任务，把经过处理后的用户需要的那部分数据传输到客户机上，由客户机完成对其所需数据的加工[4]。在 C/S 模式架构中，客户端和服务器端分别完成不同的任务，可以充分利用两端硬件环境的优势，将任务合理分配到 Client 端和 Server 端来实现，降低了系统的通信开销。尤其是能充分发挥客户端 PC 的处理能力，节省了服务器端的资源，这使得两端的通讯

① 孙奕，何申杰，封文平，袁新华.基于 B／S 结构的场地自行车视频管理系统的建立，中国体育科技，2014，50（2）：52-55.

② 周长城.国家帆船帆板队信息平台的构建及应用［D］.武汉体育学院，2007.

③ 史亚庆.基于 B/S 架构的网络学习平台研究与实现［D］.西安：西安理工大学，2018.

④ 周长城.国家帆船帆板队信息平台的构建及应用［D］.武汉体育学院，2007.

速度和效率大大提高[①]。 此外，C/S 模式具有开发费用低，开发周期短，安全可靠，便于集中管理重要信息等优点。

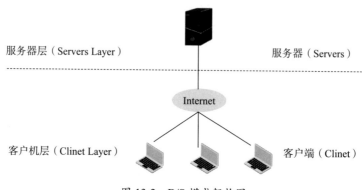

服务器层（Servers Layer）   服务器（Servers）

Internet

客户机层（Clinet Layer）   客户端（Clinet）

图 13-2   B/S 模式架构图

体育项目业余锻炼等级标准化网络信息平台采用 C/S 与 B/S 相结合的混合模式，是根据目前的技术背景和操作的实际需要而设计的最佳方案，通过这样的设计可以达到 C/S 与 B/S 两种结构优势互补的效果[②]，即系统前台采用 B/S 模式，便于不同操作系统的用户从不同的地点以不同的接入方式（比如 LAN、WAN、Internet/Intranet 等）访问和操作共同的数据库；系统后台采用 C/S 模式，速度快、效率高、安全性好，便于管理[③]。

（二）模块

1. 前台服务模块

体育项目业余锻炼等级标准化网络信息平台，是一个针对性极强的专业化垂

① 田廷刚，万嵩，王基生. 基于 B/S 模式三层架构的探游式教学平台构建研究 [J]. 中国教育信息化，2012（19）：46-49.

② 葛方振，饶运涛，何斌等. 基于三层 B/S 和 C/S 结构考勤管理系统的设计与实现 [J]. 计算机与现代化，2005，113（1）：88-89.

③ 徐赟，张辉. 国家乒乓球队训练比赛知识交互平台的构建与应用 [J]. 中国体育科技,2014,50(4)：21-24.

直平台。为了便于给业余体育锻炼用户提供一站式的快捷服务，前台的模块涵盖了新闻资讯、等级标准查阅、达标赛事公告、在线学习、场馆预定、体质测评、营养膳食、政策法规以及专家问卷等九个方面的内容（如图 13-3 所示）。

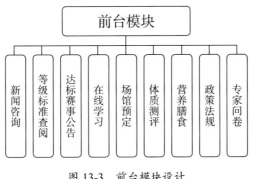

图 13-3　前台模块设计

新闻资讯模块，以报道业余体育锻炼活动为主，要求主题鲜明、形式灵活多样，旨在宣传业余体育锻炼活动，激发群众参与业余体育锻炼的热情和兴趣；等级标准查阅模块，主要是及时收录和实时更新国家体育总局或体育行业协会颁布的各个体育项目业余锻炼的等级标准，为业余体育锻炼用户提供最权威、最快捷、最全面的标准化信息服务；业余体育达标赛事公告模块，主要是发布有关业余体育达标赛事和活动的通知，信息来源主要依托于各级体育局和体育协会等，以便于业余体育锻炼用户及时了解赛事动态；在线学习模块，根据体育项目业余锻炼标准，邀请各项目的专家录制网络学习视频资料，按照项目等级以实践课教学为主，融合微课程，以满足业余体育锻炼用户的学习需求；场馆预定模块，提供体育场馆查找和预定功能，场馆查询涉及位置搜索、联系方式、健身项目、收费标准等多项内容，场馆预定可以通过网络、电话等多种途径实现；体质测评模块，向业余体育锻炼用户提供体质测评内容、测评方法等服务，并能根据测评结果开具运动处方，帮助业余体育锻炼人群完成体质健康状况诊断，并针对可能存在的问题给予相应的运动建议[①]；营养膳食模块，根据运动项目和业余体育锻炼用户的年龄、性别等生理特点，制定合理的营养膳食搭配方案，保证运动负荷的顺利完成，提高体育锻炼的效果；政策法规模块，汇集国家出台的各级各类有关业余体育锻炼的政策法规，全面提供和解读业余体育锻炼的政策法规细则，保护人民群众的体育权利，维护业余体育锻炼的健康发展；专家问卷模块，是根据业余体育锻炼用户实际需要开展的业界专家与广大用户的互动活动，受邀专家做客平台论坛，为广大业余体育锻炼者提供一对一的在线服务，权威解答用户在业余体育锻炼过程中遇到的各种问题。

2.后台管理系统

后台是体育项目业余锻炼等级标准化网络信息平台的管理系统，是平台的重要组成部分，主要包括用户管理、菜单管理、新闻管理、模块管理以及上传信息管理五部分内容（如图13-4所示）。

图 13-4　后台管理系统组织结构

用户管理，是指网络信息平台管理员通过对业余体育锻炼用户的管理，实现用户查询、用户新增、用户资料修改、用户冻结解冻、用户删除、用户等级管理等功能；菜单管理，是指网络信息平台的管理员从后台管理系统直接对菜单的名

---

① 毛俐亚，鞠国梁，毛思程，社区居民科学健身信息服务平台的构建与实践［J］．成都工业学院学报，2016，19（1）：101-104．

称、排序、添加、链接等进行修改或删除，而不需要通过数据库插入数据或者走开发、发布、上线的流程；新闻管理，是指网络信息平台的信息员可以对平台的新闻来源、标题、字号、内容、所属栏目进行修改、推荐、置顶或删除等操作，以保证网站内容的及时更新；模块管理，是指根据网络信息平台运行中发现的问题并结合用户的需求，管理员从后台对栏目进行修改、增加、合并或删除的操作，从而达到优化模块设置的目的；上传信息管理，是网络信息平台的重要工作内容，包括信息采集、信息审核、信息分类、信息上传四个部分，上传的信息一定要准确、规范，符合国家保密和安全管理的规定。总之，后台就是通过对体育项目业余锻炼等级标准化网络信息平台的用户、数据库和文件的快速操作和管理，以使得前台内容能够得到及时更新和调整[①]。

五、结束语

在全世界新一轮的科技革命和产业变革中，互联网与各行业的融合发展已成为不可阻挡的时代潮流，建设体育项目业余锻炼等级标准化网络信息平台是社会发展的必然趋势，更是历史发展的必然选择。它充分利用互联网高效、便捷的优势，打破了体育项目业余锻炼等级标准化服务的时空限制，实现了体育公共服务的网络化、信息化和移动化。通过网络信息平台，体育项目业余锻炼用户可以快速浏览新闻资讯、查询体育项目业余锻炼标准化信息、了解达标赛事公告、学习体育项目锻炼方法、预选和预定场馆、在线测评体质状况等，根据用户体质测评的结果，系统还会给出相应的运动处方，以达到科学健身的目的。体育项目业余锻炼等级标准化网络信息平台的构建，必将会给我国体育项目业余锻炼等级标准化发展带来质的飞跃。

---

① 杨华玉，王平.安徽省全民健身信息化平台建设研究［J］.安徽体育科技，2014，35（6）：79-82.

第十四章　研究结论与对策

围绕我国体育锻炼标准制度的问题、发展和建设等方面展开一系列探讨，综上研究得出如下主要结论。

一、主要结论

（一）厘清发展规律：梳理我国体育锻炼标准制度发展脉络和规律

体育锻炼标准作为我国群众体育一项重要制度，经历了学习借鉴期、停滞期、探索实践期、科学规划期和战略机遇期五个阶段。在不同发展时期，体育锻炼标准制度受我国的军事防御、政治外交、经济生产、科学技术、文化教育和生活方式，特别受人民体质健康的影响，体育锻炼标准制度从中华人民共和国成立初期的《劳卫制》重视体能，为国防安全、经济生产服务，到《国家体育锻炼标准》强调体质，为国民体质健康、经济建设服务，再到《国家学生体质健康标准》关注多维健康，为学生身心健康服务的功能嬗变过程。制度当随时代变化，全民健身、健康中国国家战略和体育强国建设赋予体育锻炼标准制度新时代历史使命，制定和完善各类体育运动项目业余锻炼等级标准，构建体育项目业余锻炼等级标准体系是国家体育治理重要课题之一，对提升体育治理水平和治理成效具有重要现实意义。

（二）溯清问题根源：我国体育锻炼标准制度落实成效不明显追因

由于三类标准（《国家体育锻炼标准》《国家学生体质健康标准》和全国性体育协会制定实施的部分体育项目业余锻炼标准）的管辖部门、隶属关系不同，逐步形成标准制度条块分割管理的局面，因此在落实施行过程中，政出多头、部分管理制度交叉和权责不清，必然导致部门之间的管理难以协调和统一、治理碎片化、管理成本与社会资源巨大浪费、最终造成制度执行乏力和难以落实的困局；又囿于三类标准的名称、评定指标和等级设计各异，必然引发公众对标准制度理解和认识上的混乱，造成社会认同程度不高，评价效果的失信和失效，导致实施效果越来越难见成效，最终制约了群众体育健康发展。

（三）国外经验启示：借鉴发达国家健康促进体育政策经验与启示

研究发达国家健康促进体育政策认为，在国家决策层面上，注重健康促进体育政策的顶层设计，整体、连贯推进国民健康战略计划施行；在法律层面上，加强立法，依法治体，保障健康促进体育政策的法律地位；在具体措施和绩效评估方面，兼顾公平与效率，通过社区、学校和健身俱乐部落实国家体育战略，重点加强青少年和老年人健康促进体育政策具体施行，重视健康促进体育政策的绩效评估等。

启示：把发展体育作为强国之路，把持续推进健康促进体育政策作为兴国战略；依法治体，积极推进健康促进体育政策法制化；注重学校、家庭、社区的协调发展，共同促进青少年体质健康；全社会关注老年人健康，加强老年人健康促进体育政策研究，以体育运动干预老年人健康；引入第三方政策绩效评估机构，介入健康促进体育政策绩效评估，提高健康促进体育政策效率和效果，有效提升我国体育治理水平。

（四）革新认知理念：从"离身"到"具身"认知转向，奠定健康促进体育理论基础

基于健康的促进模式和认知—情感相符理论两种认知理论都是主体通过主观认知学习、理解和思考，逐步建立起来的认知方式，形成了"心智认知—情感认同—行为参与—目标达成"的认知模式。在实际应用中，又往往从"目标"出发，采取各类手段和方法以实现目标的结果。这种认知方式具有一定的局限性，忽视了人的身体在认知过程中的作用和地位。以身体现象学和具身认知观为理论基础的身体素养理论强调身心一元，将参与身体活动的动力源内置于活动者自身，探究身体活动的意义，确立了身体在认知活动中的重要地位，这对革新我们元认知的观念具有非常重要的意义。该理念改变健康促进的体育认知模式，实现从"离身"到"具身"认知转向，奠定健康促进体育理论基础，服务人类体质健康目标。

（五）科学顶层设计：构建《体育项目业余锻炼等级标准》体系

依据身体素养理论，遵循统合贯通、协调发展、综合促进 3 项原则构建《体育项目业余锻炼等级标准》体系。该体系包含 5 个阶段年龄划分、3 阶 6 级等级设计和确立三个维度评定指标及其在不同年龄阶段的权重。其中 5 个阶段年龄划分为：6 ～ 12 岁、13 ～ 18 岁、19 ～ 35 岁、36 ～ 59 岁和 60 岁及以上；3 阶 6 级分别是：4 ～ 5 级为高阶，6 ～ 7 级为中阶，8 ～ 9 级为初阶，9 级为综合身体素养最低一级，4 级为综合身体素养最高一级；4 级与《运动员技术等级标准》的 3 级进行衔接，构成"专业等级"（5 个）与"业余等级"（6 个）共 11 个等级，形成业余与专业体育运动等级一体化；三个维度指标评定为情感认知、运动技能、运动参与。三个维度评定指标在不同年龄阶段的权重占比分别为：6 ～ 12 岁情感认知、运动技能和运动参与三项评定指标的权重分别为：25%、50%、25%；

13～18岁情感认知、运动技能和运动参与三项评定指标的权重分别为：15%、60%、25%；19～35岁情感认知、运动技能和运动参与三项评定指标的权重分别为：10%、65%、30%；36～59岁情感认知、运动技能和运动参与三项评定指标的权重分别为：5%、40%、55%；60岁及以上情感认知、运动技能和运动参与三项评定指标的权重分别为：5%、25%、70%。《体育项目业余锻炼等级标准》构建从长计议、战略谋划、科学设计，统一评定指标，贯通体育锻炼的"业余等级"与运动员的"专业等级"，实现群众体育与竞技体育双轮驱动"一盘棋"的发展格局。

（六）"赛""评"机制创新：形成"业余体育竞赛"与"业余锻炼等级标准"互补互促机制

业余体育竞赛能有效调动广大人民群众参与体育锻炼的积极性，对促进体育运动普及与水平提高，推动群众体育发展具有杠杆作用。本研究创新构建科学的业余体育竞赛体系，以赛促学，有效促进体育项目普及和推广；以赛促练，调动广大人民群众参与体育锻炼的积极性；以赛促建，提升体育社会组织在国家体育治理中的作用；以赛促评，推动"业余锻炼等级标准"评定。评建结合，形成"业余体育竞赛"与"业余锻炼等级标准"互补互促机制，以推动业余锻炼等级标准体系建设，扎实落实不同项目业余锻炼等级标准的评定。

（七）实施机制策略：实施《体育项目业余锻炼等级标准》的路径和机制

落实《标准》是发展体育项目人口的重要手段和方法，是实现全民健身国家战略顶层设计的重要内容，是完善全民健身公共服务体系的重要组成部分。《标准》的实施要紧紧围绕习近平总书记提出的"坚持以人民为中心"的指导思想，遵循重在普及、兼顾提高，以赛促评、评建结合，全民参与、共建共治共享等实施原则，积极动员体育社会组织力量，盘活体育协会资源，激发体育协会活力，完善群众体育制度建设；主动引入市场竞争机制，重视体育竞赛开展，以赛促练、促评、促建；理顺多元主体参与关系，协同治理群众体育，逐步实现《标准》法制化管理。实现以上路径还需要强化专业人才培养，建立资金多元化筹集和奖惩激励，引入社会监督评估，发挥信息平台交互功能等机制，精准施策，科学落实，并将落实成果惠及广大人民群众，不断满足人民日益增长的美好生活需要，切实服务于全民健康和体育强国等国家体育战略。

（八）保障体育权利：保障公民参与《体育项目业余锻炼等级标准》锻炼的权利

切实落实《体育项目业余锻炼等级标准》制度，是满足公民享有的体育活动参与权，获得身体健康和体育教育权的需求，是全民健身、全民健康和体育强国建设的应有之义。研究认为，积极推进各类体育项目业余锻炼等级标准制定与完善，推行其"双轨制"配套实施规划是落实公民体育权利的重要内容；建立体育项目业余锻炼等级标准考评机构、审批监察专项小组，加强对测试人员的培训管理，加大《标准》社会指导员培训工作等相关制度是践行公民体育权利的重要保障。同时，不断加大对健身场地设施的投入和各类体育项目业余锻炼等级标准推广宣传力度，建立体育项目业余锻炼等级标准专项经费，完善业余锻炼等级标准实施激励机制，做好各类体育项目业余锻炼等级标准实施的保障服务，切实保障公民体育权利。

二、研究对策

制度应随时代的需要而变，新时代背景下的全民健身、健康中国和体育强国建设等国家体育战略赋予体育锻炼标准制度新的历史使命。借此，对《体育项目业余锻炼等级标准》的建设提出如下对策。

（一）加快推进《体育项目业余锻炼等级标准》研究成果落地

《体育项目业余锻炼等级标准》拟作为各类体育项目业余锻炼等级标准的指导性标准，加强顶层设计，改革创新《标准》体系评定指标和进阶等级设计等关键环节，激活其激励评价机制，形成群众体育治理新模式，促进国民体质健康发展。这一体系符合中共中央办公厅、国务院办公厅《关于构建更高水平的全民健身公共服务体系的意见》和国家体育总局《"十四五"体育发展规划》提出的"建立健全统一规范、面向全体公民的体育运动水平等级标准体系"的要求。因此，建议相关部门尽快组织业类专家对《体育项目业余锻炼等级标准》科研成果的科学性、有效性和实用价值等方面要进行再次充分论证，研制《体育项目业余锻炼等级标准实施办法》，探讨科研成果转化和《体育项目业余锻炼等级标准》落地、落实等问题。

（二）切实推动全国性单项体育协会"实体化"改革

长期以来，单项体育协会"虚置"和"空心化"，导致内部自治能力不强、外部约束监管不足，使其在治理格局中的作用不够明显，无论是参与国家体育事业发展还是服务社会的能力都十分有限。单项体育协会要在"放管服"政策背景下，依据"政社分开、权责明确、依法自治"的原则，推动单项体育协会与国家体育总局脱钩和协会内部改革，尽快实现单项体育协会从"虚置"到成为独立社团法人单位，从"空心化"到实现协会"实体化"，逐步完善体育项目协会职能、职责，优化体育协会岗位设置，盘活体育协会资源，调动体育协会的积极性，激发各类体育协会的活力，充分发挥单项体育协会的专业性、权威性，推动各体育项目业余锻炼等级标准的制定与完善，管理和引导体育项目行业科学发展，向社会供给更多的公共体育服务，充分发挥体育协会的社会职能。

（三）尽快落实"三阶一面"业余体育竞赛体系

按照"加强政府引导，充分发挥市场主体作用，推动办赛模式多元化，逐步形成管理科学、协同高效、规范有序、充满活力的竞赛体系"的要求，充分发挥竞赛的杠杆和引领作用，促进和完善《体育项目业余锻炼等级标准》等级评定。具体要动员社会层面的力量，承办、开发各类业余体育赛事；丰富省市级业余体育赛事，营造人人参赛的体育环境；培育国家级业余体育赛事，推进全民健身等国家体育战略实施；创建国际级业余体育赛事，选拔竞技体育后备人才。动员社会层面力量是实现"三阶"体育赛事的基础，从省市级到国家级，再到国际级"三阶"体育赛事之间紧密相连、层层推进，并相互促进，共同推进全民健身、健康中国和体育强国国家战略建设，拓宽竞技体育后备人才选拔途径，夯实群众体育与竞技体育协调发展基础。

（四）重视各类体育项目业余锻炼等级标准的社会体育指导员培训工作

社会体育指导员作为践行各类体育项目业余锻炼等级标准落实的重要力量，对实现全民健身和健康中国战略具有重要意义。重视社会体育指导员培训工作：各类单项体育项目协会要根据该项目自身的特点，把掌握各类体育项目业余锻炼等级标准体育锻炼的相关知识、技能和方法，以及其相关项目的活动组织、竞赛评比、监测评价等内容充实到社会体育指导员培训课程中，设立各类体育项目社会体育指导员的等级、标准，完善培训模式和课程设置，切实落实好各类体育项目社会体育指导员的培训工作，提高各类体育项目社会体育指导员综合指导和管理能力，更好地为体育项目的普及和发展服务；积极开展体育项目群体活动，以体育竞赛为手段，促进业余锻炼等级标准的制定与落实。

（五）建立《体育项目业余锻炼等级标准》施行专项基金

资金是各类体育项目业余锻炼等级标准制定与完善，开展与落实的重要保障。要充分发挥政府引导资金的导向作用，积极调动市场的积极性，推动落实财税等各项优惠政策，建立资金多元化筹集机制，将稳定、持续的资金投入到各类体育项目业余锻炼等级标准的制定与完善，开展与落实等方面。为满足建立《体育项目业余锻炼等级标准》专项基金的需求，制定"体育项目业余锻炼等级标准专项资金扶持办法"，拓宽业余赛事融资渠道，优化投融资引导政策向体育社会组织倾斜。各级政府完善公共财政体育投入机制，形成财政综合支持体系，同时，通过购买公共服务等形式，推进各类体育项目业余锻炼等级标准施行主体社会化、多元化，有效调动体育社会组织的积极性，提高落实各类体育项目业余锻炼等级标准落实效果，对推行落实效果好的体育项目，政府要给予资金奖励或扶持。

（六）加强《体育项目业余锻炼等级标准》宣传力度和奖惩机制

体育部门要投入经费，借助网络媒体的优势，特别是国家媒体的优势，通过各种赛事、体育项目群体活动，大力宣传、推介《体育项目业余锻炼等级标准》，提高大众的关注度；全国性各单项体育协会应当根据项目自身发展的实际情况，自行制定符合国家及总局现行政策的激励措施，给达到不同体育项目业余锻炼等级的参与者颁发荣誉称号、等级证书（或徽章），并享受相应权益；各级体育行政主管部门对在《体育项目业余锻炼等级标准》落实工作中做出显著成绩的组织、个人和项目，可以依据有关规定给予奖励和表彰。对于工作效率较低或存在失范行为的主体，应该给予相应的惩罚，提高其对《体育项目业余锻炼等级标准》实施工作效率和职责履行的重视程度。

（七）加快《体育项目业余锻炼等级标准》等级认定的大数据平台建设

充分发挥"互联网+"的强大功能，利用网上注册、远程测试、在线评定、手机咨询等新科技手段，制作所有本项目参与者的专属电子档案，并将身份信息、运动成绩、业余锻炼等级标准、信用状况等与之关联，建立大数据库，由国家体育总局体育信息中心牵头负责平台日常管理，各全国性单项体育协会提供基础数据和维护。全国性单项体育协会应当依据大数据及时了解、全面掌握项目发展情况、人员参与情况，并制定有针对性的发展策略和管理办法。

三、研究的重点、难点与创新点

（一）研究的重点与难点

重点：在梳理我国体育锻炼标准制度历史变迁、功能价值和借鉴国外发达国家健康促进体育政策经验与启示的基础上，运用现代科学理论，科学构建《体育项目业余锻炼等级标准》体系，切实解决多项制度并行、管理权责不清和制度交叉导致的管理效率不高，以及评定标准不统一引发的认识上的混淆，造成评价效果的失效和失信等重要问题。

难点：《体育项目业余锻炼等级标准》体系构建的科学性、实用性，主要包括三个方面：评定等级设计，即解决与竞技体育衔接与一体化发展问题；确立评定维度，要兼顾不同年龄阶段人群对体育参与情感、认知和运动技能等方面；不同评定维度在不同年龄阶段的评定权重比例，对不同年龄阶段人群真正起到行为导向、评价和激励作用。

（二）研究的创新点

1. 深刻剖析我国体育锻炼标准制度实施效果不佳的根源

综合研究了我国体育锻炼标准制度，即对"体育锻炼标准"制度进行定义、分类，梳理了它的历史沿革和主要功能嬗变过程，探寻我国体育锻炼标准制度执行不力和实施效果不佳的深层次制度和社会根源。

2. 确立了体育促健康身体素养认知理念

以往关于体质健康的研究皆基于"基于健康的促进模式（health promotion model）"，最终形成"心智认知—情感认同—行为参与—目标达成"的认知模式。在实际应用中，又往往从"目标"出发，采取各类手段和方法以实现目标的结果。这种认知方式具有一定的局限性，忽视了人的身体在认知过程中的作用和地位。本研究确立了身体素养理念，并把该理念作为《体育项目业余锻炼等级标准》体系构建的理论基础。强调了我们研究的着眼点由关注身体活动促进健康的实际效用，转向人们在身体活动时的体验，改变我们的认知模式，实现从"离身"到"具身"促健康认知的转变，切实实现人类体质健康的目标任务。

3. 构建了《体育项目业余锻炼等级标准》体系

依据身体素养理论，构建了《体育项目业余锻炼等级标准》体系，该体系包含5个阶段年龄划分（6～12岁、13～18岁、19～35岁、36～59岁和60岁及以上）、3阶6级等级（4～5级为高阶，6～7级为中阶，8～9级为初阶）设计和三个维度（情感认知、运动技能、运动参与）评定指标及其在不同年龄阶段的权重。该体系通过科学设计，统一评定指标，贯通了体育锻炼的"业余等级"与运动员的"专业等级"，实现群众体育与竞技体育双轮驱动"一体化"的发展格局。

4. 构建"三阶一面"业余体育竞赛内容体系

根据业余体育竞赛体系的构建目标，业余体育竞赛的类型、层级和范围，遵循分类、分层、互通和包容构建原则，从国际级、国家级、省市级三阶和社会力量基本层面构建业余体育竞赛体系的内容，形成"三阶一面"业余体育竞赛格局。业余体育竞赛"三阶一面"之间是上下贯通、多层级整体联动的。动员社会层面力量是实现"三阶"体育赛事的基础，从省市级到国家级，再到国际级"三阶"体育赛事之间紧密相连、层层推进，并相互促进，以体育竞赛为杠杆和手段，共同推进全民健身、健康中国和体育强国国家战略建设，拓宽竞技体育后备人才选拔途径，夯实群众体育与竞技体育协调发展基础。

5.形成"赛""评"互补互促群众体育发展机制

体育竞赛对开展各类体育活动具有杠杆作用和激励效应。通过以赛促学，有效促进体育项目普及和推广；以赛促练，调动广大人民群众参与体育锻炼的积极性；以赛促建，提升体育社会组织在国家体育治理中的作用；以赛促评，推动"业余锻炼等级标准"评定，评建结合，形成"业余体育竞赛"与"业余锻炼等级标准"的"赛""评"互补互促群众体育发展机制，以推动业余锻炼等级标准体系建设，扎实落实业余体育锻炼不同项目等级标准的评定。

四、研究不足方面

（一）本人与课题团队成员的科研能力和水平具有一定局限性

局限于本人与科研团队的科研能力和水平，对课题研究的整体把握不够，导致部分研究内容之间关联性不够强；对课题研究的某些领域的专业知识认识不足，造成对一些问题研究得不够深入，如对情感认知方面的学理研究。

（二）疫情影响了部分调查深度和课题研究进度

突如其来的疫情打乱了课题研究进展，给很多访谈调查工作增加了难度，很多问题只能通过邮件、微信和电话等形式访谈调查，导致收集信息周期长，质量差，影响部分调查问题的研究深度，也影响了课题研究进展和进度。

（三）对《体育项目业余锻炼等级标准》等级的评定维度和权重未进行实证研究

对《体育项目业余锻炼等级标准》等级的评定维度和权重仅通过德尔菲法和层次分析法进行间接的理论层面研究，限于疫情影响和研究团队的能力，未对这部分内容进行实证研究。

五、研究未来展望

（一）组织专家研制《体育项目业余锻炼等级标准实施办法》

《体育项目业余锻炼等级标准》拟作为各类体育项目业余锻炼等级标准的指导性标准，具体如何实施，需要相关部门组织业类专家对《体育项目业余锻炼等级标准》的具体实施办法进行更为具体、深入的研究，考虑实施办法总则、标准具体实施内容、如何组织管理、不同体育项目的等级测定办法，以及相关的鼓励措施等。

（二）研究《体育项目业余锻炼等级标准》在学校如何具体施行

青少年学生作为体质监测的重点人群，在学校如何落实好《体育项目业余锻炼等级标准》是值得研究的重要课题，也具有重要意义。

（三）对《体育项目业余锻炼等级标准》进行时证研究

《体育项目业余锻炼等级标准》拟作为行业性的指导标准，在成为国家标准之前，需要经过一定周期的实践总结、实证研究和大量的实证数据支撑。这是完善《体育项目业余锻炼等级标准》不可或缺的过程。

参考文献

中文著作

［1］陈明达，于道中，于葆，等．实用体质学［M］．北京：北京医科大学、中国协和医科大学联合出版社，1993．

［2］陈玉琨．教育评价学［M］．北京：人民教育出版社，2019：80．

［3］符国群．消费者行为学［M］．武汉：武汉大学出版社，2007：135-136．

［4］高书国．教育指标体系：大数据时代的战略工具［M］．北京：北京师范大学出版社，2015：44．

［5］顾明远．教育大辞典（下卷）［M］．上海：上海教育出版社，1998：183．

［6］国家体育总局普法办公室．体育法规知识读本［M］．北京：中国法律出版社，2003，46．

［7］黄光扬．教育测量与评价（第二版）［M］．上海：华东师范大学出版社，2012：29．

［8］经济合作与发展组织．为了更好地学习：教育评价的国际新视野［M］．窦卫霖，张璐，杜海紫等，译．上海：上海教育出版社，2019：110．

［9］林崇德．发展心理学［M］．北京：人民教育出版社，2009：43．

［10］［美］理查德·H·考克斯．运动心理学（第七版）［M］．王树明，译．上海：上海人民出版社，2015：66．

［11］刘国永，杨桦，任海.中国群众体育发展报告（2015）［M］.北京：社会科学文献出版社，2015：11.

［12］马惠娣.休闲:人类美丽的精神家园［M］.北京:中国经济出版社，2004，5:66.

［13］梅洛·庞蒂.知觉现象学［M］.姜志辉，译.北京：商务印书馆，2001：256.

［14］全国青少年运动技能等级标准研制组.青少年篮球运动技能等级标准与测试方法［M］.北京：解放出版社，2018：1.

［15］王树明.运动技能学习与控制［M］.北京：高等教育出版社，2018：2-3.

［16］郑晓云.民族文化认同论［M］.北京：中国社会科学出版社，2014：154.

［17］中国学生体质与健康调研组.1985年中国学生体质与健康研究［M］.北京：人民教育出版社，1987：185.

中文期刊

［18］毕世明.论50年代学习苏联体育经验［J］.体育科学，1992（3）9-12+92.

［19］蔡守秋.国家政策与国家法律、党的政策的关系［J］.武汉大学学报（社会科学版），1986（5）：65-70.

［20］曹振波，陈佩杰，庄洁等.发达国家体育健康政策发展及对健康中国的启示［J］.体育科学，2017，37（5）：11-23+31.

［21］陈波，陈巍，丁峻.具身认知观：认知科学研究的身体主题回归［J］.心理研究，2010，3（4）：3-12.

［22］陈丛刊，王思贝.习近平关于全民健身重要论述的逻辑旨归、时代意蕴与实践引领［J］.体育科学，2021，41（12）：39-47.

［23］陈玉萍，郭修金.我国竞技体育与群众体育和谐共生研究［J］.体育文化导

刊，2019（9）：20-25.

［24］陈正．德国发布《中小学体育发展行动指南：2017-2022年》［J］.环球零距
离，2017，41（10）：177.

［25］程华，戴健，赵蕊．发达国家大众体育政策评估的特点及启示——以美国、
法国和日本为例［J］.沈阳体育学院学报，2016，35（3）：36-41.

［26］池健．国民体质健康研究的思考［J］.北京体育大学学报，2009，12（32）：1-4.

［27］代晓彤，李红娟．不同国家学生体质监测体系的发展［J］.中国学校卫生，
2022，43（1）：151-155.

［28］戴晶斌，邓锡平．儿童运动社会化中的社会学习机制［J］.上海大学学报
（社会科学版），1998（3）：107-112.

［29］樊炳有，王家宏．公共体育服务标准体系框架构建及运行模式［J］.体育学
刊，2018，25（2）：39-44.

［30］范威，宋剑英．日本2011《体育基本法》解析［J］.武汉体育学院学报，
2012，46（3）：38-42.

［31］冯加付，郭修金．全运会改革"热"背后的"冷"思考：以增设群众组赛事
为视角［J］.武汉体育学院学报，2019，53（12）：11-16.

［32］付冰，王家宏．基于CAF的政府公共体育服务标准运行管理研究［J］.体
育科学，2017，37（9）：16-27.

［33］高刚，季浏．试述美国青少年体质健康测试发展及对我国的启示［J］.成都
体育学院学报，2013，39（6）：22-26.

［34］高刚，刘晓明．美国青少年体质健康测试与发展探析［J］.沈阳体育学院学
报，2015，34（4）：130-134.

［35］高正乐．王阳明"知行合一"命题的内涵与局限［J］.中国哲学史，2020（6）：
89-97.

［36］葛方振，饶运涛，何斌，等．基于三层 B/S 和 C/S 结构考勤管理系统的设计与实现［J］．计算机与现代化，2005，113（1）：88-89.

［37］葛向煜，丁红．护理研究［J］．中华行为医学科学，2004，13（5）：587-588.

［38］郭伟，滝瀬定文．日本青少年体育振兴政策对我国青少年体质健康促进的启示［J］．西安体育学院学报，2016（6）：690-693.

［39］何强．近 20 年我国身体素质研究进展及未来趋向［J］．体育文化导刊.2017（2）：201-206.

［40］何仲恺．体质的概念及其与健康的关系［J］．体育科学，2002，22（2）：37-38.

［41］侯雪婷，曹可强，李凌，等．全国单项体育协会治理的困境与路径——基于资源依赖理论的视角［J］．体育学刊，2022，29（1）：45-52.

［42］胡浩，王彤．美、日、英、俄学生体质健康测试的比较研究［J］．体育研究与教育，2017，32（2）：103-109.

［43］胡庆山，王健．农村业余锻炼等级标准实施的价值审视与现实困境［J］．上海体育学院学报，2014，38（4）：20-24，30.

［44］郇昌店．我国青少年体质健康政策扩散：模式、效应与改进策略［J］．山东体育学院学报，2020，36（6）：1-7.

［45］黄明涛．我国宪法"体育权利"的文本表述与制度实现［J］．体育文化导刊，2017（4）：11-14+20.

［46］黄世席．德国体育运动中的法律问题［J］．德国研究，2007，83（3）：48-54+79.

［47］黄亚玲，郎玥，郭静．深化改革背景下全国性单项体育协会治理机制研究［J］．北京体育大学学报，2020，43（2）：19-34.

［48］黄勇前.《学生体质健康标准》出台背景及实施意义［J］.体育文化导刊，2006（5）：70-72.

［49］季浏，马德浩.新时代我国学校体育改革与发展［J］.体育科学，2019，39（3）：4-11.

［50］季晓峰.论梅洛·庞蒂的身体现象学对身心二元论的突破［J］.东南学术，2010（2）：154-162.

［51］季晓峰.论梅洛·庞蒂的身体现象学对身心二元论的突破［J］.东南学术，2010（2）：154.

［52］季永光，虞锡芳，韩霜.以评促学：学习性评价理论对体育学习评价的启示［J］.体育研究与教育，2019，34（6）：69-74.

［53］贾绪计，王庆瑾，李雅倩，等.健康素养的内涵与评价［J］.北京师范大学学报，2019（2）：66-70.

［54］姜世波.论体育权作为一种新型人权［J］.武汉体育学院学报，2018，52（4）：44-50.

［55］姜熙.日本《体育基本法》研究——兼议对我国《体育法》修改的启示［J］.西安体育学院学报，2021，38（1）：32-38.

［56］景俊杰，黑田勇.日本2012《体育基本计划》解析［J］.西安体育学院学报，2013（4）：419-423.

［57］孔军，易勤.面向用户的竞技体育信息集成服务平台建设研究［J］.武汉体育学院学报，2009，43（8）：55-58.

［58］雷波.我国体育产业与旅游产业互动融合模式分析［J］.北京体育大学学报，2012，9（35）：40-44.

［59］雷厉，蔡有志，安枫等.我国体育标准体系架构初探［J］.武汉体育学院学报，2009，11（43）：13-17.

［60］李芳芳.信息化标准体系建设发展趋势分析及经验借鉴［J］.国土资源信息化，2012（6）：3-6.

［61］李桂华，侯海波，陈琳等.世界体育发达国家体育发展指标研究［J］.沈阳体育学院学报，2014，33（6）：12-19.

［62］李琳，崔洁，项琪，等.俄罗斯2013版劳卫制及其启示［J］.体育文化导刊，2016（8）：71-75+132.

［63］李贤华，徐丽华.健康促进模式及应用［J］.解放军护理杂志，2007,24（4）：89-91.

［64］李相如."经常参加体育锻炼的人数"取代"体育人口"的科学意义［J］.体育文化导刊，2009（9）：18-19.

［65］李晓晨，陈佩.21世纪以来中日青少年体力促进政策比较分析及启示［J］.河北体育学院学报，2020，34（4）：39-44.

［66］李晓红.大众传媒在体育传播过程中的偏颇分析与反思［J］.中国报业，2011（16）：19-20.

［67］李雁军.体育与人权［J］.体育文史，2001（4）：11-12.

［68］李瑛，郇昌店，刘远祥.我国青少年体育技能培训市场现存问题、致因与治理对策［J］.山东体育学院学报，2020，36（1）：30-35.

［69］李志杰.搜索引擎和RSS在体育信息检索中的应用与比较［J］.科技创新导报，2008（12）：22.

［70］李宗浩.体育学元概念开发及其辨析［J］.天津体育学院学报,2012,27（5）：369-371.

［71］梁恒，李静波.新中国成立以来我国体育锻炼标准的变迁［J］.体育学刊，2011，18（5）：66-70.

［72］林秉贤.认知学派的社会心理学观点及其理论新趋向［J］.天津商学院学报，

1997（3）：64-67+72.

［73］刘海燕，于秀.关于运动参与概念的研究［J］.沈阳体育学院学报，2005，
24（1）：79-80.

［74］刘小静，钟秉枢，蒋宏宇.协同治理视角下我国竞技体育与全民健身发展中
的问题与思考［J］.北京体育大学学报，2022，45（2）：84-95.

［75］刘新华.日本体力监测系统的建立与实施［J］.体育科学，2005（10）：
47-52.

［76］卢文云，改革开放40年我国群众体育发展回顾与前瞻［J］.上海体育学院
学报，2018，42（5）：22-29.

［77］卢元镇.当今学校体育中的几个理论与实践问题［J］.吉林体育学院学报，
2009，25（5）：1-6.

［78］罗淳.关于人口年龄组的重新划分及其蕴意［J］.人口研究，2017，41（5）：
16-25.

［79］马春林，刘志民.体育运动与生活质量关系研究的进展与趋势［J］.广州体
育学院学报，2011，1（31）：28-33.

［80］马德浩.国外体育人口结构研究述评［J］.成都体育学院学报，2020，46（1）：
34-35.

［81］马德浩.新中国成立70年我国竞技体育发展方式演进历程与展望［J］.中
国体育科技，2021，57（1）：4-11.

［82］马宏俊.试论我国体育法律体系的建立与完善——以《中华人民共和国体育
法》修改为视角［J］.体育科学，2021，41（1）：7-20.

［83］马蕊，贾必成，贾志强.社区全民健身公共服务供给治理研究［J］.体育学
研究，2019，2（3）：83-89.

［84］马思远，李相如.体育项目业余锻炼等级标准制定与落实的现状及对策

［J］.首都体育学院学报，2016，28（6）：503-507.

［85］马思远，张振龙，李耀章，等.我国体育项目业余锻炼等级标准的研制背景、体系构建与现实意义［J］.首都体育学院学报，2022，34（4）：424-434.

［86］马思远.我国体育锻炼标准的制度化历程与功能嬗变［J］.首都体育学院学报，2021，33（5）：481-487.

［87］马思远.我国业余体育竞赛体系构建研究［J］.北京体育大学学报，2021，44（10）：22-32.

［88］马焱，何超，贾前生等."互联网＋"战略下全民健身信息资源服务平台建设研究［J］.中国管理信息化，2017，20（24）：149-150.

［89］马忠利，李永彬.新时期俄罗斯《劳卫制》与中国《国家体育锻炼标准施行办法》对比研究［J］.成都体育学院学报，2015，41（5）：12-16.

［90］毛俐亚，鞠国梁，毛思程，社区居民科学健身信息服务平台的构建与实践［J］.成都工业学院学报，2016，19（1）：101-104.

［91］毛振明，杨多多，李海燕.《"健康中国2030"规划纲要》与学校体育改革施策［J］.武汉体育学院学报，2018，52（4）：75-80.

［92］毛振明，叶玲，丁天翠等."三精准"视域下新时代学校体育大面积大幅度提升学生体质干预策略研究［J］.天津体育学院学报.2022，37（2）：125-130.

［93］孟令刚，李颖川，王家宏.北京市国际单项体育赛事政府资助的探索及实践［J］.中国体育科技，2014，50（5）：133-145.

［94］姆巴伊，宋玉梅.体育与人权［J］.体育文史，1999（4）：45-47.

［95］南尚杰，李松洋，左晓东等.日本《提高体育实施率的行动计划》分析及启示［J］.体育学刊，2021，28（5）：43-49.

［96］倪灵子，于可红.美国、日本学生体质测试的演进与发展［J］.浙江体育科学，2015，37（1）：56-60.

［97］牛瑞雪.教学评价研究40年回顾、反思与展望［J］.课程·教材·教法，2018，38（11）：60-66.

［98］裴立新.新时代中国体育社会组织发展研究［J］.体育文化导刊，2019（3）：17-22.

［99］彭大松，许玮.体育人口研究：近三十年研究回顾及相关问题探讨［J］.天津体育学院学报，2009，24（4）：348-352.

［100］彭国强，高庆勇.美国大众体育制度治理的特征及启示［J］.西安体育学院学报，2020，37（1）：1-9.

［101］彭国强，舒盛芳.美国大众体育战略演进的历程、特征与启示［J］.中国体育科技，2018，54（2）：30-39.

［102］彭响，刘如，熊玮，等.全运会视角下我国群众体育发展研究［J］.体育文化导刊，2018（8）：49-53.

［103］彭贻海.中学生体育合格标准的研究［J］.湖北体育科技，1995（3）：83-85+53.

［104］齐善鸿，刘明，吕波.精神激励的内在逻辑及操作模式［J］.科技管理研究，2007（7）：137-139.

［105］曲英涛，杜军.一体化校园信息服务平台的研究与设计［J］.中国教育信息化，2017（9）：87-90.

［106］仇军.群众体育发展的困境与出路［J］.体育科学，2016，36（7）：3-9.

［107］任海.身体素养：一个统领当代体育改革与发展的理念［J］.体育科学，2018，38（3）：3-11.

［108］任海.身体素养与青少年体育改革［J］.体育文化与产业研究，2021（1）：

9-15.

［109］任海.以群众体育促进社会建设［J］.北京体育大学学报.2014,37（9）:1-9.

［110］任海.由单位体育到社会体育——对我国群众体育发展的思考［J］.体育科学，2018,38（7）:11-12.

［111］任海.中国体育治理逻辑的转型与创新［J］.体育科学,2020,40（7）:3-13.

［112］沈佳丽.法律和规章下的德国高校体育,体育学刊［J］.2012,19（4）:77-80.

［113］史小强,戴健.新时代全民健身公共服务绩效结构模型的构建与实证研究——基于"以人民为中心"价值取向的量度［J］.体育科学,2018,38（3）:12-26.

［114］宋庆宇,张树沁.身体的数据化:可穿戴设备与身体管理［J］.中国青年研究,2019（12）:13-20.

［115］宋昱.基于区块链的体育大数据集成与传播创新研究［J］.成都体育学院学报,2019,44（6）:61-66.

［116］苏永刚,吕艾芹,陈晓阳.中国人口老龄化问题和健康养老模式分析［J］.山东社会科学,2013（4）:42-47.

［117］孙克诚,李赞.结构优化:竞技体育后备人才培养的生态化转变［J］.北京体育大学学报,2018,41（9）:22-29.

［118］孙双明,叶茂盛.美、俄、日和欧盟学生体质健康测试概述［J］.北京体育大学学报,2017,40（3）:86-92.

［119］孙耀鹏.国内外体育锻炼测验制度中项目设置的比较［J］.北京体育学院学报,1992,15（3）:12-16.

［120］孙奕,何申杰,封文平,等.基于B/S结构的场地自行车视频管理系统的建立,中国体育科技,2014,50（2）:52-55.

［121］谭华.试论体育的权利和义务［J］.成都体院学报，1984（3）：13-17.

［122］唐平秋，蒋晓飞.论"信息孤岛"对政府组织发展的制约与对策——基于
学习型组织理论的视角［J］.中国行政管理，2015，359（5）：61-64.

［123］唐炎.《青少年运动技能等级标准》的研制背景、体系架构和现实意义［J］.
上海体育学院学报，2018，42（3）：2-7.

［124］陶然成，龚波，何志林，等.高校高水平运动员学训矛盾研究［J］.北京
体育大学学报，2010，33（10）：86-89.

［125］田廷刚，万嵩，王基生.基于 B/S 模式三层架构的探游式教学平台构建研
究［J］.中国教育信息化，2012（19）：46-49.

［126］田雨普.新中国 60 年体育发展战略重点的转移的回眸与思索［J］.体育科
学，2010，30（1）：3-9+50.

［127］万炳军，史岩，曾肖肖."健康中国"视域下体育的价值定位、历史使命
及其实现路径——基于习近平治国理政的思想与战略［J］.北京体育大学
学报，2017，40（11）：1-9.

［128］汪习根，唐勇.论体育权利均等化——兼论《全民健身条例》配套制度设
计的价值重心［J］.政治与法律，2011（11）：56-62.

［129］汪毅，郭娴，周宇颖.我国人口老龄化背景下"体护融合"保障机制研究
［J］.北京体育大学学报，2019，42（8）：110-119.

［130］王广义，李泽军，杨光.习近平关于体育健康重要论述的生成机理、理论
要旨及价值意蕴［J］.体育科学，2021，41（6）：3-9，20.

［131］王健，万义.我国青少年体质健康测评的历史演进与生态重建——我们需
要什么样的"体质"［J］.武汉体育学院学报，2016，50（2）：5-10.

［132］王雷，李平平，方千华.德国高等教育发展中心（CHE）体育学科评估解
析及启示——兼评德国体育学科发展现状［J］.武汉体育学院学报，2015，

49（11）：93-100.

[133] 王松岩.基于 Internet 的足球战术教学与训练信息交互平台的开发研究 [J].武汉体育学院学报，2005，39（9）：102-105.

[134] 王文杰，赵敏.中、美两国体育锻炼标准制度的沿革及其比较 [J].中国学校体育，1999（1）：47-49.

[135] 王晓刚.国际体育素养研究的前沿热点、主题聚类与拓展空间 [J].北京体育大学学报，2019，42（10）：112-114.

[136] 王学彬，郑家鲲.新中国成立 70 周年我国群众体育发展：成就、经验、问题与展望 [J].体育科学，2019，39（9）：31-40+88.

[137] 王则珊.体育理论基本概念的新阐释 [J].体育与科学，1990（3）：10-13.

[138] 王占坤，李款，曲广财，等.日本青少年体育公共服务体系建设特征及借鉴 [J].天津体育学院学报，2021，36（1）：20-28.

[139] 王占坤.发达国家体育公共服务体系建设经验及对我国的启示 [J].体育科学，2017，37（5）：32-47.

[140] 王志威.英国传统体育现代化及其启示 [J].体育与科学，2011，5（32）：79-83.

[141] 卫京伟.也论"体质论"与"技能论" [J].体育学刊，2010，17（6）：44-45.

[142] 吴开霖.美、日、德三国老年人体育政策历史演进对我国的启示 [J].体育大视野，2018，11（8）：177-178.

[143] 席玉宝.体育锻炼概念及其方法系统的研究 [J].北京体育大学学报，2004，27（1）：118-120.

[144] 席玉宝.体育教学体育锻炼运动训练运动竞赛的概念地位和关系 [J].天津体育学院学报，2001，16（1）：62- 65.

［145］胥万兵，金银日．日本大众休闲和体育的政策导向及其对中国的启示［J］.
体育学刊，2011，18（4）：63-66.

［146］徐赟，张辉．国家乒乓球队训练比赛知识交互平台的构建与应用［J］.中
国体育科技，2014，50（4）：21-24.

［147］许静，冯骏杰．欧盟公共体育政策对我国群众体育发展的借鉴意义［J］.
当代体育科技，2017，7（24）：211-212.

［148］许良．对我国体育锻炼标准制度的探析［J］.北京体育大学学报，1995，
18（4）：74-75.

［149］阳家鹏，向春玉，徐佶．促进青少年有氧体适能和体育锻炼行为的路径：
动机理论的观点［J］.体育与科学，2015，7（36）：115-120.

［150］杨华玉，王平．安徽省全民健身信息化平台建设研究［J］.安徽体育科技，
2014，35（6）：79-82.

［151］杨蒙蒙，吴贻刚．体教结合制度变迁的路径依赖与突破策略［J］.体育文
化导刊，2019（6）：58-63.

［152］杨升平，丛湖平．体育竞赛组织形成机制的认识逻辑——兼论民间体育竞
赛组织的培育发展机制［J］.上海体育学院学报，2018，42（4）：44-49.

［153］杨文轩．论中国当代学校体育改革价值取向的转换——从增强体质到全面
发展［J］.体育学刊，2016，23（6）：1-6.

［154］杨文运，林萍.《学生体质健康标准》与《学生体育合格标准》的比较［J］.
体育学刊，2003，10（5）：69-71.

［155］叶浩生．西方心理学中的具身认知研究思潮［J］.华中师范大学学报（人
文社会科学版），2011，50（4）：153-160.

［156］应一帆，张锋．美国与日本学生体质健康测试研究［J］.南京体育学院学
报（自然科学版），2017，16（2）：28-33.

［157］于红妍.中国学生体质测试的演进历程及阶段特征［J］.北京体育大学学报，2014，37（10）：113-118.

［158］于可红，母顺碧.中国、美国、日本体质研究比较［J］.体育科学，2004，24（7）：51-54.

［159］于善旭，吕伟，杨珍.保障和发展体育人权：全球化时代体育法治的价值依归［J］.北京体育大学学报，2014，37（5）：1-10.

［160］于涛，魏丕勇."健康"语境中的"体质"概念辨析［J］.天津体育学院学报，2008，23（2）：134-136.

［161］袁媛，杜小勇，马文峰.数字图书馆信息服务平台的建设［J］.现代图书情报技术，2003（5）：8-10.

［162］张虹.德国、英国、荷兰群众体育发展比较研究［J］.山东体育科技，2017，39（1）：85-88.

［163］张健.体育权利研究的限度与转型［J］.成都体育学院学报，2017，43（1）：25-30.

［164］张磊，夏成前.体育现代化指标体系中"体育人口"指标合理性论证［J］.体育与科学，2014，35（4）：74-79.

［165］张鹏，戚俊娣."体育权利"研究反思与立法选择［J］.天津体育学院学报，2013，28（3）：234-238.

［166］张强峰，颜亮，申宝磊，等.公平与质量：《国家学生体质健康标准》中的失衡与发展［J］.天津体育学院学报，2018，33（2）：110-114+138.

［167］张强锋，张一民.《国家学生体质健康标准》测试结果公示的困境与出路［J］.体育学刊，2021，28（1）：114-119.

［168］张琴，易剑东.体育治理结构的域外经验与中国镜鉴［J］.体育学刊，2017，24（5）：41-47.

［169］张溪.工学结合模式下高职体育教学信息平台的构建研究［J］.北京体育大学学报，2010，11（2）：97-98+110.

［170］张兴奇，刘学谦.美国青少年学生体质测试指标结构的变迁［J］.西南师范大学学报（自然科学版），2016，41（4）：156-161.

［171］张塱华，李红娟，张柳，等.身体素养：概念、测评与价值［J］.首都体育学院学报，2021，33（3）：337-347.

［172］张振龙，于善旭，郭锐.体育权利的基本问题［J］.体育学刊，2008（2）：20-23.

［173］张震.整体性与独特性:体育知识基本问题的具身哲学阐析［J］.体育科学，2021，41（6）：68-77.

［174］赵富学，吕钶，李林.澳大利亚青少年身体素养促进的问题聚焦与治理实践研究［J］.成都体育学院学报，2021，47（5）：24-30.

［175］赵奇钊，董坚峰，周彤.信息贫困视野下的偏远山区农业信息平台搭建研究［J］.图书情报工作，2009，53（23）：81-85.

［176］赵勇.教育评价的几大问题及发展方向［J］.华东师范大学学报（教育科学版），2021，39（4）：1-14.

［177］郑贤君.论国家政策入宪与总纲的法律属性［J］.宪政与行政法治评论，2004（00）：206-224.

［178］周爱光，陆作生.中日学生体质健康状况的比较及其启示［J］.体育学刊.2008（9）：1-7.

［179］周爱光.中国《体育法》修改的总体思路——基于国外体育立法修法经验的分析［J］.体育学刊，2019，6（3）：1-7.

［180］周良云，许良.我国学生体质与健康状况"趋势性变化"的解读与思考［J］.广州体育学院学报，2013，33（1）：23-27.

［181］周永红.信息集成服务的含义、发展与主要类型［J］.情报理论与实践，2007，5（30）：601-603.

［182］朱洪军，梁婷婷.审批权取消背景下体育赛事运营绩效评估研究［J］.北京体育大学学报，2021，44（5）：102-112.

［183］朱惠平，马思远，李相如，等.体育项目业余锻炼等级标准化网络信息平台建设研究［J］.吉林体育学院学报，2019，35（5）：22-28.

［184］曾桓辉.新中国成立后推行"劳卫制"的历史研究［J］.体育文化导刊，2005，2（2）：74-76.

［185］曾吉.新中国成立以来我国学生体质健康标准的演变与发展［J］.沈阳体育学院学报，2007，8（4）：16.

学位论文

［186］李吉桢.第四代教育评价理论的中国化研究［D］.天津：天津师范大学，2019.

［187］李建强.我国学生体质健康标准的演变历程及特征研究［D］.苏州：苏州大学，2009.

［188］马思远.我国中小学生体质下降及其社会成因研究［D］.北京：北京体育大学，2012.

［189］邱竞.体育公共信息服务平台建设的现状、方法及前景分析［D］.成都：成都体育学院，2016.

［190］时会佳.我国公民体育权利的法律研究［D］.北京：中国政法大学，2005.

［191］史亚庆.基于B/S架构的网络学习平台研究与实现［D］.西安：西安理工大学，2018.

［192］田丰.论我国体育权利的宪法建构［D］.南宁：广西大学，2014.

［193］王苏阳.普通高校公共艺术教育实施机制研究［D］.沈阳：沈阳师范大学，

2017.

［194］张正中.中小学体育课程疾病及其诊治研究［D］.长沙：湖南师范大学，

2015.

［195］周长城.国家帆船帆板队信息平台的构建及应用［D］.武汉：武汉体育学

院，2007.

［196］朱毅.基于Android的医院预约挂号系统设计与实现［D］.长春：吉林大学，

2017.

［197］邹志春.上海市青少年体质指标体系的初步建立与应用研究［D］.上海：

上海体育学院，2011.

中文报纸

［198］李贺普.国家体育总局公布《普通人群体育锻炼标准》［N］.人民日报，

2003-05-12（6）.

中文报告

［199］国家教委."中学生体育合格标准"必须认真执行——国家教委就部分高

校90级新生"体育合格标准"检查结果发布公报［R］.1991-02-23.

［200］潘华，崔莉，邱陵云等.德国大众体育研究［R］.成都：成都体育学院，

2009：22-24+62.

其他类型

［201］挂云帆.健康促进模式［EB/OL］.https://www.guayunfan.com/lilun/763661.

html.

［202］教育部，中共中央组织部，中央编办等.关于印发《义务教育质量评价指

南》的通知［EB/OL］.（2021-03-04）［2021-09-12］.http://www.moe.gov.

cn/srcsite/A06/s3321/202103/t20210317_520238.html.

［203］教育部、国家体育总局.《国家学生体质健康标准》［EB/OL］.（2007-04-04）
　　　［2022-07-18］.http://www.moe.gov.cn/srcsite/A17/moe_943/moe_947/200704/
　　　t20070404_80275.html.

［204］教育部体育卫生与艺术教育司.关于印发《教育部体育卫生与艺术教育司
　　　2021年工作要点》的通知［EB/OL］.（2021-04-21）［2021-09-12］.http://
　　　www.moe.gov.cn/s78/A17/tongzhi/202105/t20210513_531266.html.

［205］教育部.第八次全国学生体质与健康调研有关情况介绍［EB/OL］.（2021-
　　　09-03）［2022-08-07］.http://www.moe.gov.cn/fbh/live/2021/53685/sfcl/202109/
　　　t20210903_558262.html.

［206］刘鹏.改革创新 凝心聚力 真抓实干 谱写体育总会工作新篇章——在中
　　　华全国体育总会第九次全国代表大会上的报告［EB/OL］.（2014-06-27）
　　　［2016-08-26］.https://www.163.com/sports/article/9VNUQOJ80005227R.html.

［207］张旭光，曹彧.刘鹏在2015年全国群众体育工作会议上的讲话［EB/
　　　OL］.（2013-01-23）［2016-08-26］.https://www.sport.gov.cn/gdnps/content.
　　　jsp?id=572074.

［208］李鉴.释放体育强大而独特的育人力量［EB/OL］.（2021-11-22）［2022-
　　　07-10］.https://www.sus.edu.cn/info/1429/24632.htm.

［209］国家体育总局.李颖川在2016年国家体育总局系统全民健身工作会议上的
　　　总结讲话［EB/OL］.（2016-11-10）［2022-03-26］.https://www.sport.gov.
　　　cn/n10503/c775058/content.html.

［210］国家体育总局群众体育司.苟仲文局长在2017年全国群众体育工作电视
　　　电话会议上发表讲话［EB/OL］.（2017-04-20）［2021-11-18］.http://www.
　　　sport.gov.cn/qts/n4985/c799239/content.html.

［211］国家体育总局，教育部.国家体育总局、教育部《关于深化体教融合 促进青少年健康发展的实施意见》［EB/OL］.（2020-09-21）［2022-02-28］.http://www.gov.cn/xinwen/2020-09/21/content_5545376.htm.

［212］国家体育总局.《体育标准化管理办法》［EB/OL］.（2022-02-21）［2022-08-08］.https://www.sport.gov.cn/gdnps/content.jsp?id=24032812.

［213］国家体育总局.关于加强竞技体育后备人才培养工作的指导意见［EB/OL］.（2017-12-06）［2020-09-12］.http://www.sport.gov.cn/n10503/c838148/content.html.

［214］国家体育总局.全国田径业余锻炼等级标准实施办法［EB/OL］.（1998-03-26）［2021-11-16］.http://www.sport.gov.cn/fagui/fg022.htm.

［215］国家体育总局.国家体育总局《"十四五"体育发展规划》［EB/OL］.（2021-10-25）［2022-03-26］.https://www.sport.gov.cn/n315/n20001395/c23655706/content.html.

［216］国家体育总局.国家体育总局办公厅关于在全民健身活动中推行业余运动员技术等级标准的通知［EB/OL］.（1999-05-11）［2022-08-06］.https://law.lawtime.cn/d644087649181.html.

［217］国家体育总局.国家体育总局公布《普通人群体育锻炼标准》［EB/OL］.（2003-05-10）［2022-08-06］.http://www.gov.cn/test/2005-06/28/content_10723.htm.

［218］国家体育总局青少年体育司.开展青少年和学校体育须依法而行［EB/OL］.（2022-07-05）［2022-07-10］.https://www.sport.gov.cn/qss/n5021/c24448683/content.html.

［219］国家体育总局体操运动管理中心.健美操业余运动员技术等级标准实施办法［EB/OL］.（2019-04-22）［2021-08-26］.https://www.sport.gov.cn/tczx/

n5272/c904002/content.html.

［220］国家统计局.2020年国民经济和社会发展统计公报［EB/OL］.（2021-02-28）

［2022-03-26］.http://www.stats.gov.cn/tjsj/zxfb/202102/t20210227_1814154.

html.

［221］国家统计局.中华人民共和国2020年国民经济和社会发展统计公报［EB/

OL］.（2021-02-28）［2022-03-26］.http://www.stats.gov.cn/tjsj/zxfb/202102/

t20210227_1814154.html.

［222］国务院.《国家体育锻炼标准》修订完成将向社会发布［EB/OL］.（2013-

12-24）［2022-08-06］.http://news.sohu.com/20131224/n392313564.shtml.

［223］国务院.全民健身计划纲要［EB/OL］.（1995-06-20）［2020-08-18］.

http://www.scio.gov.cn/xwfbh/xwbfbh/wqfbh/2015/33862/xgzc33869/

Document/1458253/1458253.htm.

［224］国务院.《1995年政府工作报告》［EB/OL］.（2006-02-16）［2022-04-26］.

http://www.gov.cn/test/2006-02-16/content_201109.htm.

［225］国务院.关于加快发展体育产业促进体育消费的若干意见［EB/OL］.

（2014-10-20）［2020-11-16］.http://www.gov.cn/xinwen/2014-10/20/

content_2767791.htm.

［226］国务院.全民健身计划（2021-2025年）［EB/OL］.（2021-08-03）［2021-

08-05］.http://www.gov.cn/zhengce/content/2021-08/03/content_5629218.htm.

［227］国务院办公厅.关于加快发展体育竞赛表演产业的指导意见［EB/OL］.

（2020-12-21）［2020-11-14］.http://www.gov.cn/zhengce/content/2018-12/21/

content_5350734.htm.

［228］国家体育总局.普通人群体育锻炼标准试行办法（试行）（2008-05-

12）［2022-08-06］［EB/OL］.https://www.sport.gov.cn/gdnps/content.

jsp?id=572583.

［229］人民日报.地方特色激发赛事活力（体坛观澜）［EB/OL］.（2016-06-24）
［2020-07-19］. http://sports.people.com.cn/n1/2016/0624/c22172-28475529.
html.

［230］科普中国.认知 - 情感相符理论［EB/OL］.（2021-10-10）［2022-08-08］
https://baike.baidu.com/item/ 认知 - 感情相符理论 /22198770?fr=aladdin.

［231］浙江工商大学心理健康教育中心.认知相符理论和一致性理论［EB/OL］.
（2018-11-20）［2022-08-08］. https://xljk.zjgsu.edu.cn/2021/0430/c1501a51846/
page.htm.

［232］中国人权网.什么是人权？［EB/OL］.（2021-10-10）［2022-08-08］.http://
www.humanrights.cn/html/2014/rqzs_0612/491.html.

［233］国家体育总局，工业和信息化部，公安部等.关于进一步加强体育赛事活
动安全监管服务的意见［EB/OL］.（2021-06-25），［2021-06-05］.http://
www.gov.cn/zhengce/zhengceku/2021-07/06/content_5622726.htm.

［234］国家体育总局，工业和信息化部，公安部等.关于进一步加强体育赛事活
动安全监管服务的意见［EB/OL］.（2021-06-25），［2021-06-05］.http://
www.gov.cn/zhengce/zhengceku/2021-07/06/content_5622726.htm.

［235］体育总局办公厅 教育部办公厅 发展改革委办公厅.关于提升学校体育课后
服务水平 促进中小学生健康成长的通知［EB/OL］.（2022-07-06）［2022-
07-10］. https://www.sport.gov.cn/qss/n5015/c24453596/content.html.

［236］体育总局办公厅.《2019 年群众体育工作要点》［EB/OL］.（2019-02-21）
［2022-03-26］.https://www.sport.gov.cn/gdnps/content.jsp?id=892893.

［237］人民网.垂直电商的活路在哪里？ 为何斗不过综合电商？（2015-05-22）
［2019-06-18］［EB/OL］.http://media.people.com.cn/n/2015/0522/c40606-

27039089.html.

［238］人民日报.习近平在第十二届全国运动会开幕式上的讲话［EB/OL］.
（2013-08-31）［2016-08-26］.http://cpc.people.com.cn/n/2013/0901/c64094-
22763489.html.

［239］国家体育总局.杨树安在2016年国家体育总局系统全民健身工作会议上
的讲话［EB/OL］.（2016-11-10）［2022-03-26］.https://www.sport.gov.cn/
n10503/c775054/content.html.

［240］国家体育总局.赵勇同志在2017年全国省级群体干部培训班上的讲话
［EB/OL］.（2017-05-27）［2021-08-08］.https://www.sport.gov.cn/n10503/
c805065/content.html.

［241］浙江日报.新华社评白银山地马拉松事故：一场惨剧，声声警钟！［EB/
OL］.（2021-05-23），［2021-06-05］.https://baijiahao.baidu.com/s?id=17005
48548082786313&wfr=spider&for=pc.

［242］中共中央办公厅，国务院办公厅.中共中央办公厅、国务院办公厅《关于
全面加强和改进新时代学校体育工作的意见》［EB/OL］.（2020-10-15）
［202-02-28］.http://www.gov.cn/zhengce/2020-10/15/content_5551609.htm.

［243］新华社.中共中央关于制定国民经济和社会发展第十三个五年规划的建议
［EB/OL］.（2015-11-03）［2017-07-20］.http://www.gov.cn/xinwen/2015-12/11/
content_5022855.htm.

［244］中国体育报.中国网球运动技术等级标准推动网球普及（03）.2019-05-29.

［245］北京青年报.中国羽毛球人口达2.5亿，专家：最适合老百姓运动
［EB/OL］.（2014-04-01）［2022-08-08］.https://sports.huanqiu.com/
article/9CaKrnJEK1q.

［246］中国人大网.中华人民共和国标准化法［EB/OL］.（2017-11-04）［2022-

08-06〕.http://www.npc.gov.cn/zgrdw/npc/xinwen/2017-11/04/content_2031446. htm.

［247］周爱光.新时代我国学校体育改革发展的法治保障［EB/OL］.（2022-06-29） ［2022-07-10］.https://www.sport.gov.cn/n20001280/n20067626/n20067861/ c24416999/content.html.

［248］国务院.中共中央、国务院印发《"健康中国 2030"规划纲要》［EB/OL］. （2016-10-25）［2022-07-10］.https://www.sport.gov.cn/n10503/c772542/ content.html.

［249］中共中央办公厅，国务院.中共中央办公厅、国务院办公厅《关于构建更 高水平的全民健身公共服务体系的意见》［EB/OL］.（2022-03-23）［2022- 08-08］http://www.gov.cn/zhengce/2022-03-23/content_5680908.htm.

外文著作

［250］Biddle SJH, Mutrie N. Psychology of Physical Activity:Determinants, Well- being and Interventions［M］.New York:Routledge, 2008:55-56.

［251］SHAPE A. National standards & grade level outcomes for K-12 physical education［M］. Champaign: Human Kinetics, 2014:2.

［252］Vereinsgesetz.Bin Service des Bundesministeriums der Justiz in Zusammenarbeit mit der juris GmbH［M］. 2007:1.

外文期刊

［253］BEERLI A, MARTIN J.Fact or sinfluencing destination image［J］.An-nals of Tourism Research , 2004, 31:657-681.

［254］BLACK P, WILIAM D. Assessment and classroom learning［J］.Assessment in education:Principles, Policy and Practice, 1998, 5:7-74.

［255］BLAIS K, HAYES J S, KOZIER B, et al.（2002）. Professional nursing practice:concepts and perspectives（pp. 111-122）.New Jersey:Person Education.（4th ed.）.

［256］CAIRNEY J, KIEZ T, ROETERT E P, et al. A 20th-century narrative on the origins of the physical literacy construct［J］.Journal of Teaching Physical Education, 2019, 38（2）:79.

［257］CAIRNEYJ, KIEZ T, ROETERT E P, et al. A 20th-century narrative on the origins of the physical literacy construct［J］.Journal of Teaching Physical Education, 2019, 38（2）: 79.

［258］PARK C H. Assessing the impact of the national blueprint:in creasing physical CLARK J E, METCALFE J S, 2002. The mountain of motor development:A metaphor［J］. Motor Dev Res Rev, 2（163-190）:183-202.

［259］EDWARDS L C, BRYANT A S, KEEGAN R J, et al. Definitions, foundations and ssociations of physical literacy: a systematic review［J］.Sports Medicine, 2017, 47（1）: 113.

［260］SHARON, PLOWMAN, CHARLES, et al. The History of FITNESSGRAM[J]. Journal of Physical Activity and Health, 2006, (3):S5–S20.

［261］Rty S, Aromaa A, Koponen P. Measurement of physical functioning in comprehensive national health surveys -ICF as a framework[J]. 2003.

［262］PIAZZA J, CONRAD K, WILBUR J.Exercise behavior among female occupational health nurse. Influence of self efficacy, perceived health control, and age. Journal of AAOHN, 2001, 49（2）, 79-86.

［263］SCHULTZ A. What is health promotion? Journal of Canada Nursing, 1995, 91（7）:31-34.

[264] SHIN K R, KANG Y, PARK H J, et al. Testing and developing the health promotion model in low-income, Korean elderly women.[J]. Nursing Science Quarterly, 2008, 21（2）:173-178.

[265] SHEARER C, GOSS H R, EDWARDS L C, et al. How is physical literacy defined? a contemporary update［J］.Journal of Teaching Physical Education, 2018, 37（3）: 237.

[266] UNESCO. International charter of physical education and sport［J］. Journal of Physical Education and Recreation, 2015, 51（7）: 22.

[267] WHITEHEAD M. Physical literacy: philosophical considerations in relation to developing a sense of self, universality and propositional knowledge［J］. Sport, Ethics & Philosophy, 2007, 1（3）: 281.

[268] WHITEHEAD M. The concept of physical literacy［J］.European Journal of Physical Education, 2001, 6（2）:127.

[269] WU T Y, PENDER N. A panel study of physical activity in Taiw anese youtht:esting the revised health-promotion model［J］. Fam Commu nity H ealth, 2005, 28（2）:113-124.

外文报告

[270] VOCASPORT Research Group.Vocational education and training in the field of sport in the European Union :situation, trends and outlook［R］.2004.

其他类型

[271] Anon.Golden Plan［EB/OL］.（2018-01-12）［2022-07-10］.http://www.dog-bewegt.De/foerderverein/historie/ goldener_plan.html.

[272] Bull World Health Organ, 2013；91:390. http://dx.doi. org/10.2471/ BLT.13.120790.

[273] Canadian sport policy 2012［EB/OL］.（2012-06-27）［2020-08-18］.http:// publications.gc.ca/site/eng/9.821697/publica-tion.html.

[274] Canada' s Physical Literacy Consensus Statement.https://www.participaction. com/en-ca/thought-leadership/research/physical-literacy consensus-statement.

[275] Global action plan on physical activity 2018-2030:more active peoplefor a healthier world［EB/OL］.（2018-06-04）［2020-08-18］ https://www.who. int/ncds/prevention/physical-activity/global-action-plan-2018-2030/en/.

[276] Office of Disease Prevention and Health.What Healthy People Contributes［EB/ OL］.（2020-09-20）［2022-07-10］.https://www.healthypeople.gov/2020/ About-Healthy-People/Development-Healthy-People-2030/Framework.

[277] 日本文部科学省スポーツ庁.令和元年度「スポーツ の実施 状況等 に関 する世論調査」について［EB/OL］.（2021-01-01）［2022-07-10］.https:// www.mext.go.jp/sports/content/20200507-spt_kensport01-000007034_1.pdf.

[278] 毛诗倩.日本:出台成人运动标准［EB/OL］.（2006-02-07）［2022-07-10］. http://zqb.cyol.com/content/2006-02/07/content_1310448.htm.

附　件

附件 1：运动项目开展业余锻炼标准达标工作有关情况调查问卷

各运动项目管理中心：

请按照问卷要求认真，客观填写。答案没有对错之分，只许在认为可选项的字母上打"√"即可，如果所给的选项不是想选的，请在"其他"项后面横线上填写想填写的内容。

基本信息：

1.管理中心名称：　　　　　　　　2.运动项目名称：

3.填表人姓名：　　　　　　　　　4.填表人联系方式：

5.运动管理中心签章：　　　　　　6.填表时间：

（注：需将该中心所管辖的所有运动项目列出）

一、您所在运动项目管理中心是否制定有运动项目业余锻炼标准？

（一）（如果有，请将业余锻炼标准随问卷提交群体司）

A. 有　　　　　　B. 没有

二、有业余锻炼标准的运动项目管理中心填写

（一）落实锻炼标准的情况如何？

A. 非常好　　　　B. 比较好　　　　C. 一般　　　　D. 难以落实

（二）以何种形式实施业余锻炼标准的？（可多选）

A. 运动项目表演赛　　　　　　　B. 运动项目群体活动

C. 运动项目达标赛其他形式：_____

（三）在开展该运动项目业余锻炼标准过程中主要遇到什么困难？（可多选）

A. 经费不足　B. 组织力度不足　C. 群众积极性不高　D. 政策配套不够完善

E. 其他困难：_____

（四）以何种形式激励群众参与该运动项目业余锻炼标准的？（可多选）

A. 荣誉证书（或奖章）　B. 会员　　C. 物质奖励　　D. 其他奖励形式

E. 您对此建议：_____

三、目前没有制定业余锻炼标准的运动项目管理中心填写

（一）是以何种形式开展该运动项目的？（可多选）

A. 运动项目表演赛　　　　　　　B. 运动项目竞赛

C. 其他形式（填写具体形式）：_____

（二）在开展该运动项目过程中主要遇到了什么困难？（可多选）

A. 经费不足　B. 组织力度不足　C. 群众积极性不高　D. 政策配套不够完善

E. 其他困难：_____

（三）没有制定该运动项目业余锻炼标准的原因是什么？（可多选）

A. 群众积极性不高　　　B. 觉得没有必要　　　C. 制定标准难度较大

D. 该运动项目普及程度不高　　　E. 考虑到落实标准难度大

F. 其他原因：_____

四、如何统计该运动项目的项目人口？（可多选）

A. 以参加比赛的人数　B. 以经常参加活动的人数　C. 以达到锻炼标准的人数

D. 其他统计形式（填写具体统计形式）:＿＿＿＿＿＿＿＿＿＿＿＿＿

五、期待上级行政部门以何种途径（或形式）支持本运动项目管理中心推进业余锻炼标准的施行？

A. 专项经费支持　　　B. 建立业余锻炼标准基金　　　C. 配套政策支持

D. 其他形式（填写具体建议形式）:＿＿＿＿＿＿＿＿＿＿＿＿＿

六、对制定或完善运动项目业余锻炼标准的相关政策有何建议？（可附页）

＿＿＿＿＿＿＿＿＿＿＿＿＿＿＿＿＿＿＿＿＿＿＿＿＿＿＿＿＿＿＿＿

＿＿＿＿＿＿＿＿＿＿＿＿＿＿＿＿＿＿＿＿＿＿＿＿＿＿＿＿＿＿＿＿

＿＿＿＿＿＿＿＿＿＿＿＿＿＿＿＿＿＿＿＿＿＿＿＿＿＿＿＿＿＿＿＿

＿＿＿＿＿＿＿＿＿＿＿＿＿＿＿＿＿＿＿＿＿＿＿＿＿＿＿＿＿＿＿＿

＿＿＿＿＿＿＿＿＿＿＿＿＿＿＿＿＿＿＿＿＿＿＿＿＿＿＿＿＿＿＿＿

＿＿＿＿＿＿＿＿＿＿＿＿＿＿＿＿＿＿＿＿＿＿＿＿＿＿＿＿＿＿＿＿

＿＿＿＿＿＿＿＿＿＿＿＿＿＿＿＿＿＿＿＿＿＿＿＿＿＿＿＿＿＿＿＿

＿＿＿＿＿＿＿＿＿＿＿＿＿＿＿＿＿＿＿＿＿＿＿＿＿＿＿＿＿＿＿＿

＿＿＿＿＿＿＿＿＿＿＿＿＿＿＿＿＿＿＿＿＿＿＿＿＿＿＿＿＿＿＿＿

＿＿＿＿＿＿＿＿＿＿＿＿＿＿＿＿＿＿＿＿＿＿＿＿＿＿＿＿＿＿＿＿

＿＿＿＿＿＿＿＿＿＿＿＿＿＿＿＿＿＿＿＿＿＿＿＿＿＿＿＿＿＿＿＿

＿＿＿＿＿＿＿＿＿＿＿＿＿＿＿＿＿＿＿＿＿＿＿＿＿＿＿＿＿＿＿＿

附件2：老年人参与体育锻炼情况调查问卷（乡村卷）

您好！为了了解老年人参与体育锻炼情况，设计该调查问卷。您选择的答案没有对错之分，请您放心作答。感谢您的配合！谢谢！

一、老年人基本情况

（一）性别

A. 男　　　　　　　　B. 女

（二）年龄

A.60～69岁　　　　　　　B.70岁及以上

二、城镇、乡村老年人对体育锻炼场地满意度情况

A. 非常满意　　　B. 满意　　　C. 一般　　　D. 不满意

三、城镇、乡村老年人参与体育锻炼的原因情况

A. 身体健康　　　B. 愉悦身心　　　C. 兴趣爱好　　　D. 害怕孤独

E. 打发时间　　　F. 其他原因

四、城镇、乡村老年人不参加体育锻炼的原因情况

A. 无人组织　　　B. 没有场地　　　C. 不爱运动　　　D. 运动太累

E. 身体不适　　　F. 说不清

五、城镇、乡村老年人参与体育锻炼的频次（次数/周）情况

A.1次　　　　B.2次　　　　C.3次　　　　D.4次级以上

六、城镇、乡村老年人每次参加体育锻炼时长情况

A.10～20分钟　　　B.20～30分钟　　　C.30～60分钟　　　D.60分钟以上

附件 3：老年人参与体育锻炼情况调查问卷（城镇卷）

您好！为了了解老年人参与体育锻炼的情况，设计该调查问卷。您选择的答案没有对错之分，请您放心作答。感谢您的配合！谢谢！

一、老年人基本情况

（一）性别

A. 男　　　　　　B. 女

（二）年龄

A.60 ～ 69 岁　　　B.70 岁及以上

二、城镇、乡村老年人对体育锻炼场地满意度情况

A. 非常满意　　B. 满意　　　　C. 一般　　　　D. 不满意

三、城镇、乡村老年人参与体育锻炼的原因情况

A. 身体健康　　B. 愉悦身心　　C. 兴趣爱好　　D. 害怕孤独

E. 打发时间　　F. 其他原因

四、城镇、乡村老年人不参加体育锻炼的原因情况

A. 无人组织　　B. 没有场地　　C. 不爱运动　　D. 运动太累

E. 身体不适　　F. 说不清

五、城镇、乡村老年人参与体育锻炼的频次（次数／周）情况

A.1 次　　　　B.2 次　　　　C.3 次　　　　D.4 次及以上

六、城镇、乡村老年人每次参加体育锻炼时长情况

A.10 ～ 20 分钟　　B.20—30 分钟　　C.30 ～ 60 分钟　　D.60 分钟以上

附件 4：12 位专家通过层次分析法对不同年龄阶段的三个维度评定指标权重赋值均值（原始数据）情况

专家对 6 ～ 12 岁（儿童）年龄阶段三个维度评定指标权重赋值的均值（*n*=12）

	情感认知	运动技能	运动参与
情感认知	1	1/2	1
运动技能	2	1	2
运动参与	1	1/2	1

专家对 13 ～ 18 岁（少年）年龄阶段三个维度评定指标权重赋值的均值（*n*=12）

	情感认知	运动技能	运动参与
情感认知	1	0.2	2/3
运动技能	5	1	2
运动参与	3/2	1/2	1

专家对 19 ～ 35 岁（青年）年龄阶段三个维度评定指标权重赋值的均值（*n*=12）

	情感认知	运动技能	运动参与
情感认知	1	1/9	1/3
运动技能	9	1	2
运动参与	3	1/2	1

专家对 36 ～ 59 岁（中年）年龄阶段三个维度评定指标权重赋值的均值（*n*=12）

	情感认知	运动技能	运动参与
情感认知	1	1/5	1/7
运动技能	5	1	2/3
运动参与	7	2/3	1

专家对 60 岁及以上（老年）年龄阶段三个维度评定指标权重赋值的均值（*n*=12）

	情感认知	运动技能	运动参与
情感认知	1	1/4	1/9
运动技能	4	1	1/3
运动参与	9	3	1